Sylvie Gauthey/Danielle Spiekermann

Die Fundgrube für den Französisch-Unterricht
Das Nachschlagewerk für jeden Tag

Sylvie Gauthey
Danielle Spiekermann

Die Fundgrube für den Französisch-Unterricht

Das Nachschlagewerk für jeden Tag

Gedruckt auf chlorfrei gebleichtem Papier
ohne Dioxinbelastung der Gewässer

Deutsche Bibliothek – CIP-Einheitsaufnahme

Gauthey, Sylvie:
Die Fundgrube für den Französisch-Unterricht :
das Nachschlagewerk für jeden Tag / Sylvie Gauthey ;
Danielle Spiekermann. – 3., aktualisierte Aufl. –
Berlin : Cornelsen Scriptor, 1998
ISBN 3-589-21032-X

| 6. | 5. | 4. | 3. | Die letzten Ziffern bezeichnen |
| 01 | 2000 | 99 | 98 | Zahl und Jahr des Drucks. |

©1994 Cornelsen Verlag Scriptor GmbH & Co. KG, Berlin
Das Werk und seine Teile sind urheberrechtlich geschützt. Jede Verwertung in
anderen als den gesetzlich zugelassenen Fällen bedarf deshalb der vorherigen
schriftlichen Einwilligung des Verlags.
Redaktion: Maria Bley, München
Herstellung: Kristiane Klas, Frankfurt am Main
Umschlaggestaltung: Studio Lochmann, Frankfurt am Main, unter Verwendung einer Illustration von Uli Olschewski, München
Illustrationen: Christine Georg, Dortmund
Satz: FROMM MediaDesign GmbH, 65618 Selters/Ts.
Druck und Bindearbeiten: Clausen & Bosse, Leck
Printed in Germany
ISBN 3-589-21032-X
Bestellnummer 210320

Inhalt

Einführung 10

Kapitel 1 – Witze und Wortspiele 11

A **Witze** (Histoires drôles) 12
1. Lehrer und Schüler 12
2. Kinder 14
3. Beziehungen 16
4. Tiere 18
5. Menschliches Verhalten 19
6. Berufsgruppen 21
   a) Ärzte und Patienten 21
   b) Kellner 23
   c) Büroangestellte 25
7. Verschiedenes 25

B **Wortspiele** (Mots-valises) 26

Kapitel 2 – Sprachspiele und Rätsel 28

A **Sprachspiele** (Jeux linguistiques) 29
1. Spiele mit Buchstaben 29
   Galgenmännchen (Le pendu) 29
   Der Zauberstab (La baguette magique) 31
   Wörter vermehren (Faites le plus de mots possible) . . . 33
   Die Wortkette (La chaîne) 35
   Das Klassenalphabet (La classe dans l'alphabet) 36
2. Spiele mit Wörtern 36
   Le baccalauréat (nach: Stadt, Land, Fluß) 36
   Wortspiele als Rätsel (Jeux de mots en devinettes) . . . 37
   Der Eindringling (L'intrus) 38
3. Spiele mit Sätzen 39
   Satzverlängerungen (Les rallonges) 39
   Wiederholungen (Les répétitions) 41
   Ni oui, ni non, ni monsieur, ni madame 42
   Verben raten (Le Tirelipote) 43
   Personen raten (Les portraits) 44
   Wer sucht, der findet (Qui cherche trouve) 47

4. Spiele mit Zahlen 50
   Eins ruft Drei (Un appelle trois) 50
   Le téléphone 51

B Scharaden (Charades) 52

C Ratespiele 55
1. Rätselfragen (Devinettes) 55
2. Rätselhafte Geschichten (Enigmes) 57
3. Denksportaufgaben (Jeux de logique) 61

Kapitel 3 – Essen und Trinken in Frankreich 65

A Französische Tischgewohnheiten
   (Les habitudes de table des Français) 66
1. Quand, comment et que mange-t-on en France? 66
2. Boissons avant, pendant et après le repas 68
3. Quiz: Habitudes de table des Français 70

B Kochrezepte (Des recettes) 72
1. Soupes 73
2. Hors-d'œuvre ou entrées 75
3. Plats de résistance 80
4. Desserts 83
5. Spécialités 86
6. Übungen zu Kochrezepten 89

Kapitel 4 – Feste und Traditionen 90
Janvier 91
Février 94
Mars 96
Avril 98
Mai 100
Juin 102
Juillet 104
Août 106
Septembre 107
Octobre 108
Novembre 110
Décembre 112

Inhalt

Kapitel 5 – Texte für das Poesiealbum 118
A   Gedichte 119
B   Zitate 121
C   Sprichwörter 123

**Kapitel 6 – Fragen zum Sprachgebrauch
und zur Landeskunde** 125
A   Fragen zum französischen Sprachgebrauch 125
1. Comment coupe-t-on un mot à la fin d'une ligne? 125
   a) En fonction des syllabes 126
   b) En fonction de l'étymologie d'un mot 126
2. Quelle est la différence entre apporter et amener? 127
   a) Quelques verbes prêtant à confusion 127
   b) Quelques adverbes et adjectifs prêtant à confusion 130
   c) Quelques prépositions, conjonctions et adverbes
      prêtant à confusion 135
B   Fragen zur Landeskunde 137
1. Quels sont les pays francophones? 137
   a) Les pays de l'espace francophone 137
   b) Histoire de la francophonie 139
   c) Quelques pays parlant officiellement le français 140
2. Qu'est-ce que c'est que le créole? 147
3. Quelle est la différence entre un «beur» et un «pied-noir»? . . . 151
4. Le Minitel, qu'est-ce c'est? 152
5. Comment est organisée la France politiquement
   et administrativement? 155
   a) Le pouvoir central 156
   b) Le pouvoir local 157
   c) Lexique: L'administration politique et administrative . . . 161

Kapitel 7 – Die Sprache des Klassenzimmers 163
A   Die Sprache der Lehrer 164
1. Allgemeine Anweisungen 164
2. Prüfungen und Tests 167
3. Lob und Kritik 169

B	**Die Sprache der Schüler**	173
1.	Allgemeine Unterrichtssituationen	173
2.	Prüfungen und Tests	174
3.	Reaktionen auf Kritik und Beurteilungen	175

Kapitel 8 – Französischsprachige Musterbriefe 176

A	**Der Aufbau eines Briefes**	176
B	**Französischsprachige Musterbriefe**	181
1.	Gruppenunterkunft	181
2.	Gruppenausflüge und -besichtigungen	187
3.	Individuelle Besuche	191
4.	Schüleraustausch, Brieffreundschaften	194
C	**Tips fürs Telefonieren**	199
1.	Telefonieren in Frankreich	199
2.	Von Frankreich ins Ausland telefonieren	200
3.	Vom Ausland nach Frankreich telefonieren	200

**Kapitel 9 – Tips für Frankreichfahrten
und Schüleraustausch** 201

A	**Studienfahrten nach Frankreich**	202
1.	Tips für die Reisevorbereitung	202
2.	Zwei Studienfahrten im Umriß	203
	a) Dijon und Burgund	203
	b) Amiens und die Picardie	204
B	**Tips für den Schüleraustausch – kurz gefaßt**	206
1.	Wie findet man eine Partnerschule?	206
2.	Tips für den Schüleraustausch	207
C	**Kleiner Sprachführer**	209

Kapitel 10 – Nützliche Adressen 218

A	**Botschaften**	219
B	**Instituts Français in Deutschland**	219
1.	Instituts français	219
2.	Centres culturels français	220
3.	Institut culturel franco-allemand	220
4.	Centre culturel franco-allemand	220

Inhalt

C	**Brieffreundschaften**	220
D	**Schüler- und Lehreraustausch**	220
E	**Sprachkurse und Studienreisen nach Frankreich**	221
1.	Sprachkurse	221
2.	Studienreisen	222
F	**Reise- und Touristeninformationen**	222
1.	Allgemeine Informationen	222
2.	Unterbringung in Paris	222
3.	Unterbringung in Frankreich	223
G	**Studium in Frankreich**	224
1.	Allgemeine Informationen	224
2.	Übersetzer- und Dolmetscherinstitute	225
H	**Jobs in Frankreich**	225
I	**Landeskundliche Informationen**	226
J	**Nützliche Adressen in anderen französischsprachigen Ländern**	227
1.	Belgien	227
2.	Luxemburg	227
3.	Kanada	228
4.	Senegal	228

Kapitel 11 – Abkürzungen (Abréviations) 229

Weiterführende Literatur 241

Quellenverzeichnis 245

Register 246

Einführung

„Ihr als Französinnen habt bestimmt einen Tip für meine Klassenfahrt."
„Kennt Ihr das Originalrezept für *Mousse au chocolat?*" Diese und viele andere Fragen wurden uns während unserer langjährigen Tätigkeit als Lehrerinnen häufig gestellt. So kam im Laufe der Jahre eine ganze Fülle von Tips und Materialien zusammen, die wir nun zu dieser *Fundgrube für den Französisch-Unterricht* zusammengestellt haben. Einerseits möchten wir damit Lehrerinnen und Lehrern praktische Tips geben, andererseits können Teile des Buches auch direkt als Unterrichtsstoff genutzt werden.

Sprachspiele, nützliche Adressen, französischsprachige Witze, praktische Tips für Frankreichfahrten und Schüleraustausch – dies und vieles mehr bietet Ihnen die *Fundgrube*. Selbstverständlich haben wir nicht alles erfunden. Viele Informationen und Anregungen kommen aus Büchern, von französischen Kollegen und von Institutionen. Unsere Aufgabe war es, das zusammengetragene Material den Schul- und Unterrichtszwecken anzupassen.

Neben den Informationen für Sie als Lehrerin oder Lehrer bietet die *Fundgrube* Material für alle Lernstufen. Die Einleitungen der Kapitel enthalten Hinweise auf das Lernjahr, für das der Unterrichtsstoff geeignet ist. Alle für Unterrichtszwecke angebotenen Materialien sind zum Fotokopieren freigegeben.

Die *Fundgrube* ist in elf Kapitel unterteilt. Das Inhaltsverzeichnis bietet einen detaillierten Überblick über die Themen der einzelnen Kapitel. Daneben ist ein rascher Zugriff auch über das Stichwortverzeichnis möglich. Hinweise auf weitere Veröffentlichungen zu den Themen der verschiedenen Kapitel gibt der Abschnitt „Weiterführende Literatur".

Wir freuen uns, wenn die *Fundgrube* sich als eine praktische Hilfe für Ihren Französischunterricht erweist. Für Kritik und Anregungen, die bei einer Neubearbeitung und Aktualisierung dieses Buches berücksichtigt werden können, sind wir dankbar. (Cornelsen Verlag Scriptor, Grüneburgweg 95, 60323 Frankfurt/Main)

Besonders danken möchten wir Herrn Helmut Eisermann und Herrn Thomas Mößer, die uns mit vielfältigen Anregungen, Korrekturhinweisen und Ergänzungsvorschlägen sehr geholfen haben. Ein Dank gilt auch Christine Müller für ihre hilfreiche Unterstützung.

Sylvie Gauthey, Danielle Spiekermann

Kapitel 1 – Witze und Wortspiele

Witze eignen sich gut dazu, die Atmosphäre in der Klasse zu Beginn des Unterrichts oder nach einer Klassenarbeit etwas aufzulockern. Das Sprachniveau von Witzen ist allerdings recht hoch, so daß die meisten erst ab dem 3. Lernjahr eingesetzt werden können. Unbekannte Vokabeln sollten vorab erklärt und an die Tafel geschrieben werden, damit alle ungehindert mitlachen können.
Wenn Sie vermeiden möchten, daß Ihre Schüler die Witze nur „konsumieren", können Sie sie zur Hälfte erzählen und die Schüler bitten, selbst eine passende Pointe zu erfinden. Möglich ist auch, die Witze wie kleine Theaterstücke zu behandeln und die Episoden von den Schülern nachspielen zu lassen. Um Ihnen die Auswahl zu erleichtern, haben wir die folgende Witzesammlung nach Themen geordnet.
Die sogenannten *mots-valises* verdanken wir Lewis Carroll. Sie entstehen, wenn man zwei Begriffe zu einer Wortneuschöpfung zusammenfügt – wie es Kinder häufig tun. Das neue Wort hat dann natürlich auch eine neue Definition.

Ein Beispiel: mamanteau (maman + manteau): vêtement d'hiver destiné aux mères de famille.

Es empfiehlt sich, die *mots-valises* anzuschreiben, damit die Schüler erkennen, aus welchen Begriffen das neue Wort zusammengesetzt ist. Sie können dann selbst versuchen, eine Definition des neuen Wortes zu finden, oder auch weitere „Wortmontagen" bilden.

Das Sprachniveau dieses Abschnittes ist recht hoch. Die *mots-valises* eignen sich deshalb gut für die gymnasiale Oberstufe bzw. die Kollegstufe.

A **Witze** (Histoires drôles)

1. Lehrer und Schüler

Elève: – Monsieur, on ne peut pas être puni pour quelque chose que l'on n'a pas fait, n'est-ce pas?
Professeur: – Non, bien sûr!
Elève: – Alors, je n'ai pas fait mes devoirs!
être puni: bestraft werden

Professeur: – Pierre, dis-moi cinq choses dans lesquelles il y a du lait.
Pierre: – Le beurre, le fromage et trois vaches.

Professeur: – Dis-moi, Michel, qu'est-ce que nous voyons en levant la tête s'il fait beau?
Michel: – Le ciel, le soleil ...
Professeur: – Et si le temps est mauvais?
Michel: – Le parapluie.

Le professeur pose une question à un élève qui ne répond pas.
– La question est difficile? lui demande le professeur.
– Non, monsieur, la question est facile. C'est la réponse qui est difficile.

– Combien font douze fois douze?
– Cent quarante-quatre.
– Bien.
– Comment «bien»? Vous voulez dire que c'est parfait!

– Quelle est la réponse la plus courante aux questions des professeurs?
– Je ne sais pas.
– C'est exactement ça!
courant: geläufig

- Pourquoi pleures-tu, Thomas?
- Parce que je dois rester à l'école jusqu'à l'âge de 16 ans.
- Et c'est toi qui pleures! Moi, je dois y rester jusqu'à 65 ans.

pleurer: weinen

- Alain, si j'ai 20 billes dans ma poche gauche, 20 billes dans ma poche droite et 40 billes dans ma poche arrière, qu'est-ce que j'ai?
- Un pantalon lourd, monsieur.

la bille: Murmel; la poche: Tasche

- Pierre, si j'ai huit pommes dans la main droite et dix pommes dans la main gauche, qu'est-ce que j'ai?
- De grandes mains, monsieur.

- Il y a quelque chose que personne d'autre que moi à l'école ne sait faire, pas même les professeurs!
- Et quoi donc?
- Lire mon écriture!

une écriture: Handschrift; personne d'autre que moi: niemand außer mir

Julie fait sa prière: – Dieu, s'il te plaît, fais que Coblence soit la capitale de l'Allemagne! Fais que Coblence soit la capitale de l'Allemagne!
- Pourquoi veux-tu que Coblence soit la capitale de l'Allemagne? lui demande sa mère.
- C'est ce que j'ai écrit, ce matin, dans mon interro de géographie!

la capitale: Hauptstadt; une interro(gation écrite): schriftliche Prüfung

A l'oral d'un examen:
- Voyons, ne vous énervez pas, dit l'examinateur, que s'est-il passé en 1483?
- En 1483? C'est la naissance de Luther.
- Bravo, et en 1488?
- En 1488 ... heu ... eh bien! ... Luther avait cinq ans.

un oral: mündliche Prüfung; un examinateur: Prüfer; s'énerver: nervös werden; la naissance: Geburt

Toto est à l'école. La maîtresse lui demande de compter jusqu'à dix. Toto se lève et compte:
- Un, deux, trois, quatre, cinq, six, sept, huit ... heu! ... dix.
- Tu as oublié ton neuf! dit la maîtresse.
- Mais non, répond Toto, je l'ai mangé à midi!

la maîtresse: Grundschullehrerin; compter: zählen

– Au contrôle, j'ai rendu une feuille blanche, dit Jérémie à sa copine Patricia.
– Moi aussi, dit Patricia.
– Oh zut alors, la maîtresse va croire qu'on a copié.
le contrôle: Test; la feuille blanche: leeres Blatt; copier: abschreiben

Le maître dit à Bastien:
– Tu travailles lentement! Tu comprends lentement! Tu marches lentement! Y a-t-il quelque chose que tu fasses vite?
– Oui, je fatigue vite!
fatiguer: müde werden

Son père demande à Marcel:
– Où est ton carnet de notes?
– Je l'ai prêté au premier de la classe pour qu'il fasse peur à son père.
le carnet de notes: Zeugnis

A l'école, la maîtresse apprend la conjugaison aux élèves:
– Dis-moi, Pierre, si c'est toi qui chantes, tu dis …
– Je chante.
– Si c'est ton papa qui chante, tu dis …
– Arrête!
arrêter: aufhören

2. Kinder

– Regarde, maman, un chien qui ressemble à l'oncle Paul!
– Oh, Christian, comment peux-tu dire une chose pareille?
– Pourquoi? Tu crois que le chien a compris?
le chien: Hund; ressembler à: jmdm. ähneln; une chose pareille: so etwas

– Tu as des frères et sœurs? Vous êtes combien dans la famille?
– Nous sommes neuf.
– Alors, tu es le plus âgé?
– Oh, non, c'est grand-père!
frères et sœurs: Geschwister; âgé: alt

– Regarde, maman, en sortant de l'école, j'ai trouvé une pièce de dix francs!
– Es-tu sûr qu'elle était perdue?
– Oh oui! Il y avait un monsieur qui la cherchait …

– Marie, il y avait deux gâteaux au chocolat dans cette boîte et il n'en reste plus qu'un maintenant. Pourquoi?
– Parce que je n'ai pas vu le second!

– Je suis bien content de ne pas être né en Allemagne.
– Pourquoi?
– Parce que je ne parle pas allemand.

La maîtresse demande à Damien:
– Pourquoi arrives-tu toujours en retard à l'école?
– C'est à cause du panneau, madame!
– Quel panneau, Damien?
– Celui où est marqué: «Attention, Ecole, Ralentir.»
le panneau: Verkehrsschild; ralentir: langsam gehen/fahren

– Maman, tu sais ce que je vais t'offrir pour ton anniversaire?
– Non, ma chérie.
– Un joli vase.
– Mais j'en ai déjà un.
– Non, tu en avais un. Je viens de le casser.
casser: zerbrechen

Une petite fille est en voiture avec sa grand-mère qui ne conduit pas très bien:
– Mami, ne conduis pas si vite dans les virages, j'ai peur.
– Ne t'inquiète pas, ma chérie, tu n'as qu'à fermer les yeux comme moi.
conduire: fahren; le virage: Kurve

– Mélanie, regarde ta robe est toute tachée. Qu'est-ce que tu as fait?
– Je suis tombée dans une flaque, maman.
– Avec ta robe neuve!
– Bah, oui, je n'ai pas eu le temps de me changer avant!
la flaque: Pfütze; se changer: sich umziehen

– Maxime, viens m'aider, on va changer ton petit frère, dit la mère.
– Pourquoi, il est déjà usé?
changer: Windel wechseln/umtauschen; usé: abgenutzt

Une tante très sévère est venue passer un certain temps chez les parents de Caroline. Un jour, elle dit à la petite fille:
– Je pars demain matin. Tu es déçue?
– Oh, oui, tante Marthe, je pensais que tu partais aujourd'hui.
déçu: enttäuscht

La petite Annette dit à son papa:
– Nos voisins doivent être très pauvres, ils sont en train de crier très fort parce que leur bébé vient d'avaler une pièce de deux francs!
le voisin: Nachbar; avaler: schlucken

– Maman, pourquoi papa n'a-t-il pas de cheveux?
– Parce qu'il pense beaucoup.
– Alors toi, pourquoi as-tu tant de cheveux sur la tête?
– Tais-toi et mange ta soupe!
se taire: schweigen

– Papa, j'ai eu un neuf!
– En quelle matière?
– En chocolat!
un neuf: die Note Neun; un œuf: ein Ei; la matière: Fach

– Grand-père, est-ce que tu as de bonnes dents? demande Aurelia.
– Hélas! Non.
– Bien, alors tu peux garder mes noisettes.
la dent: Zahn; garder: aufbewahren; la noisette: Haselnuß

– Maman, maman, l'armoire est tombée!
– Mon Dieu, il faut prévenir ton père!
– Mais il le sait déjà, il est dessous!
une armoire: Schrank; dessous: darunter

Le petit Lucien qui visite le zoo avec son père, s'arrête devant le zèbre et s'exclame: – Oh! regarde, le cheval a déjà mis son pyjama!

3. Beziehungen

Une voix d'homme au téléphone: – Chérie, veux-tu m'épouser?
La jeune femme: – Oui, bien sûr, mais qui est à l'appareil?
épouser: heiraten; être à l'appareil: am Apparat sein

Denise: – Cela fait 25 ans que je prépare ton petit déjeuner!
Paul: – Et il n'est toujours pas prêt?
prêt: fertig

Denise: – Ça y est! J'en ai assez. Je m'en vais!
Paul: – C'est une menace ou une promesse?
la menace: Drohung; la promesse: Versprechen

Denise: – J'en ai assez. Je m'en vais!
Paul: – Laisse-moi t'aider à faire tes valises.
faire ses valises: Koffer packen

– Votre mari a-t-il l'habitude de parler tout seul?
– Je ne sais pas, je n'ai jamais été avec lui quand il était seul.
une habitude: Gewohnheit; parler tout seul: Selbstgespräche führen

– Tes champignons sont vraiment délicieux, ma chérie, où as-tu trouvé la recette?
– Dans un roman policier, mon chéri!
délicieux: köstlich; la recette: Rezept

Charlotte: – Quand je serai grande, je me marierai avec le garçon qui habite à côté.
La tante: – Ah bon! Et pourquoi?
Charlotte: – Parce que je n'ai pas le droit de traverser la rue.
se marier: heiraten; avoir le droit: dürfen; traverser: überqueren

Deux femmes discutent lors d'une fête.
– Oh! Regardez cet homme, là-bas! Il est vraiment affreux. Vous ne trouvez pas?
– C'est mon mari.
– Oh, je suis désolée.
– Pas autant que moi!
affreux: häßlich

Une famille part en vacances, écrasée sous le poids des valises:
– Nous aurions dû prendre le piano, dit le mari en arrivant à la gare.
– Pour quoi faire? demande sa femme étonnée.
– Parce que j'ai oublié les billets dessus!
écrasé: erdrückt

Jeune fille: – Tu me rappelles la mer.
Jeune homme: – Pourquoi? Parce que je suis sauvage, étrange et romantique?
Jeune fille: – Non, parce que tu me donnes mal au cœur.
sauvage: wild; étrange: seltsam; mal au cœur: Übelkeit

Un homme est bien malheureux:
– J'ai raté mes deux mariages, dit-il. Pour le premier, ma femme est partie.
– Et pour le deuxième?
– Elle est restée!
rater qc: scheitern in/mit etwas; le mariage: Ehe

Une dame est dans la salle de bains. Elle compte:
– Un, deux, trois, quatre, cinq, ...
Son mari l'interroge:
– Qu'est-ce que tu fais?
– 536, 537, 538, 539 ...
– Mais enfin, réponds-moi, qu'est-ce que ça veut dire?

– 998, 999, 1000, iiiihhhh, au secours! Il y a un mille-pattes dans la baignoire!
le mille-pattes: Tausendfüßler; la baignoire: Badewanne

4. Tiere

– Mon chien joue aux échecs.
– Votre chien joue aux échecs? Il doit être intelligent.
– Oh, je ne sais pas. Je le bats trois fois sur quatre.
les échecs (m): Schach; battre: schlagen

– J'ai perdu mon chien.
– Pourquoi ne mettez-vous pas une annonce dans le journal?
– Ne soyez pas stupide! Il ne sait pas lire.

– Papa, qu'est-ce qui a un corps rayé jaune et vert, six pattes poilues et de grands yeux noirs?
– Je ne sais pas, pourquoi?
– Il y en a juste un qui monte le long de ton pantalon.
rayé: gestreift; poilu: behaart; la patte: Tierbein

– Pourquoi les lézards aiment-ils les vieux murs?
– A cause des lézardes.
le lézard: Eidechse;
la lézarde: Mauerriß

– Elise, as-tu donné de l'eau fraîche à tes poissons rouges?
– Non maman, ils n'avaient pas encore bu l'ancienne.
le poisson rouge: Goldfisch

– Mon chien n'a pas de nez.
– Le pauvre, comment sent-il alors?
– Très mauvais.
sentir: riechen

– Les chats noirs portent-ils malheur?
– Cela dépend si l'on est un homme ou une souris.
porter malheur: Unglück bringen; la souris: Maus

Une souris tousse: – Oh, j'ai un chat dans la gorge.
tousser: husten;
avoir un chat dans la gorge: einen Frosch im Hals haben

Deux sardines voient passer un sous-marin:
– Qu'est-ce que c'est?
– Des hommes en conserve.
le sous-marin: U-Boot; en conserve: in Dosen

– Tu ne veux pas jouer avec notre nouveau chien?
– Il a l'air méchant. Est-ce qu'il mord?
– C'est ce que j'aimerais bien savoir.
avoir l'air: aussehen; mordre: beißen

Un éléphant et une souris marchent dans le désert. La souris marche à l'ombre de l'éléphant. Au bout d'une heure, la souris dit:
– Allez, à mon tour de te faire de l'ombre!
la souris: Maus; à mon tour: ich bin dran; une ombre: Schatten

Un petit chien demande à sa mère: – Dis, comment je m'appelle?
Assis ou couché?

Une mère moustique dit à son enfant:
– Tu sais les humains sont très dangereux!
– Oh, non, moi je les trouve très gentils, répond l'enfant moustique. Ils applaudissent toujours sur notre passage.
le moustique: Mücke

L'animal le plus sourd est la grenouille. Elle demande tout le temps:
– Quoi? Quoi?
sourd: taub; la grenouille: Frosch

Un chat photographie un autre chat et lui dit: – Souris!
la souris: Maus; sourire: lächeln

Une maman kangourou dit à une autre: – Vous vous grattez toujours le ventre, vous êtes malade?
– Non, mais j'ai un enfant qui n'aime que les biscottes.
se gratter: sich kratzen; le ventre: Bauch; la biscotte: Zwieback

Deux puces sortent du théâtre. La première dit à l'autre: – On rentre à pied ou on prend un chien?
la puce: Floh

5. Menschliches Verhalten

– Pourquoi as-tu mis une araignée dans mon lit?
– Parce que je n'ai pas trouvé de grenouille.
une araignée: Spinne; la grenouille: Frosch

Un homme porte avec difficulté une grande armoire.
- Pourquoi n'as-tu pas demandé à Yves de t'aider? demande sa femme.
- Il est dans l'armoire. Il porte les vêtements.

une armoire: Schrank; le vêtement: Kleidung

- Vous avez fait du ski nautique pendant les vacances?
- Non, je n'ai pas pu trouver de lac en pente!

la pente: Hang

- Eh! Il est interdit de pêcher ici.
- Je ne pêche pas. Je donne un bain à mon ver.

pêcher: fischen; le ver: Wurm

- Vous écrivez avec votre main droite ou votre main gauche?
- J'écris généralement avec un stylo.

- Maman, tu sais où sont les Alpes?
- Oh! Gilles, fais donc attention, tu perds toujours tout.

- Quel temps fait-il aujourd'hui?
- Je ne sais pas. Il y a tellement de brouillard que je ne vois rien.

le brouillard: Nebel

- J'ai acheté un piano il y a 20 ans et je ne sais toujours pas en jouer.
- Pourquoi pas?
- Parce que je n'arrive pas à ouvrir le couvercle.

le couvercle: Deckel

- Qu'est-ce que tu as eu pour Noël?
- Un harmonica. C'est le plus beau cadeau que j'aie jamais eu.
- Et pourquoi?
- Ma mère me donne 10 F par semaine pour que je n'en joue pas!

un harmonica: Mundharmonika

Un vieil homme et un jeune homme sont assis l'un en face de l'autre sur deux bancs dans un parc. Soudain, le vieil homme s'écrie:
- Ce n'est pas la peine de me parler de si loin, jeune homme.
  Rapprochez-vous car je suis sourd.
- Je ne vous parle pas, répond le jeune homme. Je mange un chewing-gum.

sourd: taub

- Je fais une fête samedi prochain. Tu veux venir?
- Oui, avec plaisir. Quelle est ton adresse?
- 33, rue du Pont Neuf. Tu n'auras qu'à appuyer sur la sonnette avec le coude.

– Et pourquoi pas avec le doigt?
– Tu ne vas pas venir les mains vides, je suppose.
appuyer sur: drücken; la sonnette: Klingel; le coude: Ellbogen; le doigt: Finger; vide: leer

– J'ai vu six hommes sous un parapluie et ils n'étaient pas mouillés.
– Ça devait être un grand parapluie.
– Non, il ne pleuvait pas.
mouillé: naß

Une dame très snob entre dans un bureau de tabac pour acheter un timbre. Et elle dit au buraliste:
– Enlevez-moi le prix, c'est pour un cadeau.
le bureau de tabac: Tabakladen, in dem auch Briefmarken verkauft werden

Un monsieur distrait:
– Je voudrais un timbre à 2,50 F, s'il vous plaît.
– Voilà, monsieur.
– Je vous dois combien?
distrait: zerstreut

Il y a des personnes tellement menteuses qu'on ne peut même pas croire le contraire de ce qu'elles disent.
menteur, menteuse: Lügner(in); croire: glauben

Mme Dupont rencontre M. Durand à quatre pattes dans les rayons du supermarché. Elle s'étonne:
– Mais pourquoi vous baissez-vous ainsi?
– Pour pouvoir trouver les prix les plus bas, bien sûr!
à quatre pattes: auf allen vieren; dans les rayons: zwischen den Regalen; se baisser: sich beugen

6. Berufsgruppen

a) Ärzte und Patienten

– Docteur, venez vite.
– Que se passe-t-il?
– Nous ne pouvons pas ouvrir la porte d'entrée.
– Ce n'est pas un problème médical.
– Mais si. C'est notre bébé qui a avalé la clé.
avaler: verschlucken

– Avez-vous fait ce que je vous avais conseillé pour dormir? Vous avez compté les moutons?
– Oui, docteur, j'ai compté jusqu'à 482 354.
– Et vous vous êtes endormi?
– Non, c'était l'heure de se lever.
le mouton: Schaf; s'endormir: einschlafen

– Docteur, je commence à perdre la mémoire.
– Quand cela a-t-il commencé?
– Quand a commencé quoi?
la mémoire: Gedächtnis

Chez le dentiste:
– Maintenant sois un gentil garçon et fais «Ahhhh» ... Je voudrais retirer mon doigt de ta bouche.

– Docteur, mon bras droit me fait très mal.
– C'est sans doute l'âge.
– Pourtant le gauche est aussi vieux mais il ne me fait pas mal du tout.
faire mal: weh tun; sans doute: wahrscheinlich; le bras: Arm

– Docteur, quand je me lève, j'ai la tête qui tourne.
– Et bien alors, ne vous levez pas.
avoir la tête qui tourne: schwindelig sein

– Docteur, je ronfle si fort que je me réveille moi-même.
– Alors, levez-vous et changez de pièce.
ronfler: schnarchen

– Docteur, tout le monde m'ignore.
– Au suivant, s'il vous plaît.

Jean sort du cabinet du médecin très inquiet.
– Alors, que t'a-t-il dit? demande sa femme.
– Il m'a dit de prendre un comprimé par jour et cela jusqu'à la fin de mes jours.
– Ce n'est pas terrible, mon chéri. C'est le cas de beaucoup de gens.
– Oui, mais il ne m'a donné que trois comprimés.
inquiet: beunruhigt; le comprimé: Tablette

Le chirurgien à son assistant:
– Vous faites toujours la même erreur au même moment. Allez me chercher un autre patient mais, je vous préviens, c'est la dernière fois que je vous montre.
prévenir: warnen

- Pourquoi les chirurgiens portent-ils un masque quand ils opèrent?
- Comme ça, s'ils font une erreur, personne ne sait qui l'a faite.

une erreur: Fehler

Dans une pharmacie:
- Bonjour, je voudrais de l'acide acétylsalicylique.
- De l'acide acétylsalicylique? Vous voulez dire de l'aspirine?
- Ah, c'est ça! De l'aspirine. Je n'arrive jamais à me rappeler le nom.

se rappeler qc: sich erinnern

- Montez sur la balance. 110 kg! Regardez le tableau, vous êtes beaucoup trop gros.
- Non, docteur. Il me manque seulement 20 cm.

la balance: Waage; gros: dick

- Docteur, je viens d'avaler un harmonica.
- Heureusement que vous ne jouez pas de piano!

avaler: verschlucken; un harmonica: Mundharmonika

Un médecin débutant examine un patient.
- Vous avez déjà eu ça avant? demande-t-il sans reconnaître les symptômes.
- Oui, docteur.
- Et bien, vous avez encore une fois la même chose!

- Docteur, qu'avez-vous pour mes rides?
- Le plus profond respect, madame.

la ride: Falte

Pendant l'auscultation, un médecin dit à sa patiente:
- Madame, votre cœur est tout à fait normal. Je donnerais beaucoup pour avoir ce cœur.
- Mais docteur, je vous en prie, je suis encore libre …

une auscultation: Untersuchung

b) Kellner

- Garçon, ce plat est immangeable. Je veux voir le cuisinier.
- Désolé, monsieur, il vient de sortir pour déjeuner.

immangeable: nicht eßbar

- Garçon, enlevez votre doigt de ma soupe.
- Ne vous inquiétez pas, monsieur, elle n'est pas chaude.

le doigt: Finger

- Garçon, enlevez votre pouce de mon steak.
- Bon d'accord, mais s'il tombe encore par terre, ce ne sera pas ma faute.

le pouce: Daumen

- Garçon, je ne peux pas manger ça.
- Pourquoi, monsieur?
- Je n'ai ni couteau ni fourchette.

- Garçon, il y a une mouche sur le beurre.
- Non, il n'y en a pas!
- Enfin, regardez.
- Voyons, monsieur, ce n'est pas une mouche mais un moustique et ensuite, ce n'est pas du beurre mais de la margarine.

la mouche: Fliege; le moustique: Mücke

- Garçon, vous avez des cuisses de grenouilles?
- Oui, monsieur.
- Bon, alors apportez-moi vite un steak.

les cuisses (f) de grenouilles: Froschschenkel

- Garçon, il y a une mouche morte dans ma soupe!
- Oui, monsieur, c'est l'eau chaude qui l'a tuée.

la mouche: Fliege; tuer: töten

- Garçon, apportez-moi un thé sans lait.
- Je regrette mais nous n'avons plus de lait. Vous voulez un thé sans crème?

- Garçon, les nappes ont-elles déjà été changées dans ce restaurant?
- Je ne sais pas, monsieur, je ne travaille ici que depuis un an.

la nappe: Tischdecke

Un homme a dîné très simplement dans un bistro. Il demande l'addition qu'il trouve trop excessive, il appelle le garçon:
- Embrassez-moi! lui dit-il.
- Mais monsieur ...
- Embrassez-moi, voyons.
- Mais pourquoi, monsieur? lui demande le garçon étonné.
- Parce que vous ne me verrez plus!

le bistro: Kneipe; excessif: übertrieben; embrasser: küssen, umarmen

Un client proteste auprès du patron du restaurant:
- Mais ce poulet n'a que la peau et les os!
- Si vous désirez, monsieur, je peux vous rajouter quelques plumes.

le poulet: Hühnchen; la peau: Haut; un os: Knochen; la plume: Feder

Un client dit au garçon:
- Alors ce demi-poulet, ça vient?
- Dès qu'un client commande l'autre moitié, monsieur: on ne peut pas tuer un demi-poulet!

- Garçon! Ce café a le goût de vinaigre!
- Excusez-moi, monsieur, on a dû vous donner un thé! Le café ici a le goût d'essence!

le goût: Geschmack; le vinaigre: Essig; l'essence: Benzin

c) Büroangestellte

Chef: – Vous ne répondez jamais au téléphone?
Secrétaire: – Et pourquoi le ferais-je? Ce n'est jamais pour moi.

- Combien de personnes travaillent dans ce bureau?
- Oh, la moitié, je pense.

la moitié: Hälfte

Un jeune homme s'entretient avec le chef du personnel en vue d'obtenir un emploi de bureau.
- Vous aurez 4000 F par mois pour commencer et 6000 F dans six mois.
- Bien, alors, je reviendrai dans six mois.

s'entretenir: sich unterhalten; en vue de: um ... zu; un emploi: Arbeitsstelle

Chef: – Votre lettre n'est pas claire. Vous devez écrire de telle manière que même le roi des imbéciles vous comprenne.
Secrétaire: – Bon d'accord. Et maintenant, dites-moi ce que vous n'avez pas compris.

de telle manière: so daß; un imbécile: Schwachsinniger

7. Verschiedenes

L'homme descend du singe et le singe descend ... de l'arbre.
le singe: Affe; descendre: absteigen/abstammen

Un morceau de sucre est amoureux d'une petite cuillère.
- Je voudrais bien vous rencontrer, lui dit-il.
- Que diriez-vous de nous voir dans un café? propose-t-elle.

amoureux: verliebt

Un chauffeur de taxi dit à son client:
- Ça fait 55 francs!
- Je n'ai que 50 francs, vous ne pourriez pas reculer un peu?

reculer: zurückfahren

Chez les cannibales, le plus difficile pour de jeunes parents, c'est de trouver une baby-sitter végétarienne.

Des vacanciers vont à Calais. Ils passent la frontière et voient la pancarte: «Pas-de-Calais». Alors ils repartent.
le Pas-de-Calais: französisches Departement

– Cet hiver, je crois que je serai à Courchevel, dit l'un.
– Nous, nous pensons aller à Courmayeur, dit l'autre.
– Eh bien, moi, dit le troisième, je serai à court d'argent.
à court d'argent: knapp bei Kasse

Le juge à l'accusé:
– Vous affirmez n'avoir lancé que des tomates à la tête de votre voisin?
– Absolument!
– Alors, comment expliquez-vous les bosses et les blessures qu'il porte?
– Parce qu'elles étaient en conserve, c'est tout!
un accusé: Angeklagter; lancer: werfen; la bosse: Beule; la blessure: Verletzung

B Wortspiele (Mots valises)

Veuvedette (veuve + vedette): artiste célèbre qui a perdu son mari.

Aujourd'huîtres (aujourd'hui + huîtres): fruits de mer arrivant quotidiennement sur le marché.

Chemince (chemin + mince): route très étroite.

Journalcool (journal + alcool): quotidien lu par les ivrognes.

Fourmilitaire (fourmi + militaire): petit insecte très répandu dans les casernes.

Sourisible (souris + risible): petit rongeur un peu ridicule.

Hebdrolmadaire (hebdomadaire + dromadaire + drôle): chameau qui rit tous les lundis.

Armoure (amour + armure): ensemble des défenses qui protègent l'individu contre la douleur d'aimer.

Toutriste (touriste + triste): voyageur parti à l'aventure et à qui il n'est absolument rien arrivé d'intéressant.

Promeuhnade (promenade + meuh!): déambulation des vaches.

Pense-heures (penseur): philosophe spécialisé dans les problèmes du temps.

Nuicide (nuit + suicide): le fait de se donner la mort par une nuit d'insomnie.

Luniversité (lune + université): école supérieure qui propose aux bacheliers des cours de distraction, de rêveries ou de changements d'humeur.

Kantgourou (Kant + kangourou): philosophe australien, professant la doctrine de l'idéalisme transcendantal.

Hésistation (hésiter + station): gare incertaine, dans un pays lointain.

Grolétaire (gros + prolétaire): ouvrier embourgeoisé.

Escargros (escargot + gros): personne ventrue qui avance avec peine et à petits pas très lents.

Kapitel 2 – Sprachspiele und Rätsel

Oft werden Spiele als Lückenbüßer betrachtet und nur am Ende der Stunde oder des Halbjahres eingesetzt. Damit wird ein motivierendes methodisches Mittel zu Unrecht herabgestuft. Vor allem im Bereich der Vokabelfestigung, der Aussprache, der Rechtschreibung und des Umgangs mit Zahlen, aber auch bei schwierigen Grammatikkapiteln können Sprachspiele zu einem spürbaren Lernerfolg beitragen.

Wie bei allen Aktivitäten im Klassenzimmer empfiehlt es sich auch bei Spielen, den Grundsatz zu beachten: „Wenig, aber häufig!" Viel wirksamer, als ein- oder zweimal im Jahr eine ganze Stunde mit Spielen auszufüllen, ist es, Spiele als ein regelmäßiges Element in den Unterricht zu integrieren.

Beginnen Sie Ihren Unterricht doch einmal mit einem der folgenden Spiele. Sie werden sehen, Ihre Schüler arbeiten sofort konzentriert mit. Bis auf wenige Ausnahmen wird für die hier vorgestellten Spiele nur wenig Zeit benötigt.

A Sprachspiele (Jeux linguistiques)

Die Wahl eines Spieles hängt von der vorhandenen Zeit und der Zielsetzung ab. Wenn Sie wissen, daß Ihre Schüler nach einem bestimmten Spiel in der Lage sind, die *si*-Sätze richtig zu benutzen, werden Sie auch bereit sein, eine halbe Stunde Ihres Unterrichtes dafür zu „opfern". Denn Sie können mit bestimmten Spielen dasselbe Resultat erreichen wie mit traditionellen Übungen.

Für Spiele mit Buchstaben und Wörtern benötigt man meist nur wenig Zeit. Hierbei wird vor allem die Rechtschreibung geübt und der Wortschatz erweitert.

Spiele mit Sätzen oder grammatikalischen Strukturen erfordern normalerweise ein bißchen mehr Zeit, weil die Anforderungen hier höher sind. Bedenken Sie aber auch, daß die Zeitangaben variabel sind. Alle Spiele können nach Bedarf verlängert oder verkürzt werden.

1. Spiele mit Buchstaben

Galgenmännchen (Le pendu)

Anwendung	mündlich, mit Hilfe der Tafel oder einer Folie; auch zu zweit oder in Gruppen
Stufe	ab dem 1. Lernjahr
Zeit	5 Minuten
Schwerpunkte	Alphabet, Rechtschreibung, Fragen

Beschreibung: Sie wählen ein Wort, ohne es den Schülern zu nennen, und schreiben den ersten und letzten Buchstaben an die Tafel. Die anderen Buchstaben ersetzen Sie durch Striche.
Die Schüler müssen die fehlenden Buchstaben erraten. Wenn der genannte Buchstabe nicht in dem Wort vorkommt oder nicht korrekt ausgesprochen wird, beginnen Sie, einen Galgen mit einem Strichmännchen zu zeichnen: ein Strich für jeden falschen Buchstaben (höchstens elf). Sie können für dieses Spiel alle Wörter verwenden, auch die schwierigsten.
Dies ist ein sehr schnelles Spiel.

Beispiele

Berufe: S - - - - - - - - E
Sec r é t a i r E

E - - - - - É - - B - - - - E
E m p l o y É   d e   B a n q u E

Sport: P - - - - - - - E
P a r a p e n t E (Gleitschirm)

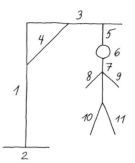

Mögliche Themen (mit Wörterlisten)

Berufe: charcutier, infirmière, informaticien, dessinateur industriel, agent commercial, président-directeur général, avocat, peintre en bâtiment, pharmacien, …

Transportmittel: (en, à, par) bus, train, avion, moto, hélicoptère, solex, voiture, car, bateau, pied, planche à voile, deltaplane, U.L.M. (ultraléger motorisé: Ultraleichtflugzeug), parachute, trottinette, montgolfière, …

Sport: le parachutisme, la gymnastique, la course à pied, le saut en hauteur, la natation, le foot, la voile, la planche à voile, le ping-pong, le parapente, la plongée sous-marine, …

Weitere Themen

Les fruits, les légumes, les produits alimentaires, les verbes, les adjectifs, les adverbes, les départements français, …

Variante

Vom Ende des 1. Lernjahres an kann auch die folgende Variante eingesetzt werden: Um das Wort zu erraten, werden die Schüler gebeten, Fragen zu stellen, anstatt das Alphabet zu benutzen. Wenn die Antwort negativ oder die Frage nicht korrekt formuliert ist, beginnen Sie oder ein Schüler, das Galgenmännchen zu zeichnen. Ist die Antwort positiv, darf der Schüler weiterfragen. Wir empfehlen, hierbei das Thema vorzugeben.

Diese Variante verlangt etwas mehr Zeit. Dabei geht es nicht nur um Rechtschreibung, sondern auch um die Fertigkeit, Fragen richtig zu formulieren. Man kann auch ohne das Galgenmännchen auskommen. Mit ihm wird die Zeit aber auf elf Fragen begrenzt und das Spiel so automatisch beschleunigt.

Beispiel

Beruf: S - - - - - - - - E
S e c r é t a i r E

Est-ce que c'est un travail d'homme? Oui et non, les deux.

A Sprachspiele

Est-ce qu'on travaille à l'intérieur? Oui.
Est-ce qu'on doit beaucoup étudier? Non, deux ans.
Travaille-t-on dans un bureau? Oui.
Travaille-t-on pour quelqu'un? Oui, pour un chef.
Est-ce «secrétaire»? Oui.

Der Zauberstab (La baguette magique)

Anwendung	mündlich oder schriftlich, mit Hilfe der Tafel
Stufe	ab Ende des 1. Lernjahrs
Zeit	5–30 Minuten
Schwerpunkte	Wortschatz, Satzbildung

Beschreibung: Die Buchstaben eines Wortes werden „durcheinandergeschüttelt" und in dieser Form an die Tafel geschrieben. Die Schüler müssen das richtige Wort herausfinden.
Wie man verfährt, hängt natürlich von der Größe, der Spielerfahrung und vor allem dem Unterrichtsverhalten der Lerngruppe ab. In größeren oder schwierigeren Gruppen ist es angebracht, das Spiel von der Tafel aus zu leiten. Die Schüler müssen sich melden oder werden namentlich aufgefordert, Vorschläge zu machen. Wo das Unterrichtsverhalten der Lerngruppe es zuläßt, läuft das Spiel natürlich flotter, wenn die Schüler ihre Ideen einfach zurufen.

Achtung: Dies ist ein relativ schwieriges Spiel. Deshalb empfehlen wir Ihnen, mit leichten Wörtern zu beginnen. Sie können zur Erleichterung die ersten und letzten Buchstaben auch vorgeben.
Wir haben die Beispiele nach Themen sortiert.

Beispiele
Personnes ou choses qui se trouvent dans la classe

LATUBAE	tableau	ERACI	craie
RYCANO	crayon	MOGEM	gomme
LERVI	livre	SACEHI	chaise
HEACRI	cahier	BATLE	table
EEEVL	élève	REFUET	feutre
OEPRT	porte	NETEFER	fenêtre
EEOPNG	éponge	LEUFEIL	feuille
RUESSEFORP	professeur	ALLETI	taille

Choses à manger

REUBRE	beurre	ERVIOP	poivre
NIPA	pain	MATOET	tomate
GEMEUSL	légumes	NEBAAN	banane
FUOTCNIER	confiture	NICHOCORN	cornichon
RIOPE	poire	LIEM	miel
POUSE	soupe	DEVAIN	viande
XEAGTAU	gâteaux	SNOBONB	bonbons
RUCES	sucre	TEPSA	pâtes
TAMOURED	moutarde	ELS	sel

Choses à boire

TILA	lait	NIV	vin
ED USJ MOMPE	jus de pomme	AUE	eau
ETH	thé	REIBE	bière
DEMOLINA	limonade	PAGMEANHC	champagne
D'SJU RAGONE	jus d'orange	FARITEIP	apéritif

Des bâtiments dans une ville

STEPO	poste	RIEAMI	mairie
GISELE	église	TISSAMMORIAC	commissariat
LIVLE ED TELOH	Hôtel de ville	RAGE	gare
SERTRANTAU	restaurant	ESUME	musée
D'TIATIIEVIN TADYNSIC	Syndicat d'initiative		

Des choses dans ta chambre

TIL	lit	GERETAE	étagère
REVIL	livre	OLERILER	oreiller
LIVREE	réveil	REAUUB	bureau
DORNITAREU	ordinateur	PAMLE	lampe
TOSUJE	jouets	MAROIRE	armoire
TERPOS	poster	SECHAI	chaise
QUIESDS	disques	VUROTECURE	couverture

Weitere Themen (mit Wörterlisten)

Des choses dans la cuisine: table, chaise(s), cuisinière, lampe, réfrigérateur, four à micro-ondes, congélateur, armoire, buffet, cafetière, bol(s), verre(s), fourchette, cuillère (cuiller), couteau(x), ouvre-boîtes, tire-bouchon, bouteille(s), épices …

Les vêtements: pull-over, jupe, gant, manteau, chaussette, chaussure, chemise, corsage, robe, écharpe, chapeau, veste, culotte, slip, pyjama …

Parties du corps: cou, fesse, bras, jambe, bouche, main, pied, doigt, genou, ongle, yeux, œil, nez, ventre, poitrine, tête, épaule, nombril, cheveux, sourcil, joue, lèvre, cœur, estomac, poumon, foie, intestin, rein, gorge, dos, doigt de pied …

Les animaux: chat, chien, renard, corbeau, cigale, fourmi, cheval, tigre, vache, serpent, araignée, souris, rat, ours, oiseau, bœuf, veau, mouton, chèvre, poisson, cigogne, canard …

Variante 1
Sie können auch eine Liste mit Wörtern zusammenstellen, die sich alle auf ein Schlüsselwort aus einem Sachfeld (centre d'intérêt) beziehen und einen oder mehrere Buchstaben verändern. Hierdurch wird das Spiel vereinfacht.

Beispiel
Schlüsselwort *informaticien:* ordinateur, disque dur (Festplatte), clavier (Tastatur), écran (Bildschirm), souris, logiciel (Software), programmer, taper, curseur, mémoire (Speicher), informatique, ordre, disquette, …

Variante 2
Die folgende Variante läßt sich gut als Rechtschreibübung einsetzen. Erfragt werden dann nicht nur bestimmte Sachfelder, sondern zum Beispiel Vokabeln der letzten Lektion. Die Hausaufgabenkontrolle findet also als Spiel statt.
Die Schüler suchen auch gerne selbst Wörter aus und schreiben sie „durcheinandergeschüttelt" an die Tafel.

Variante 3
Sie wählen fünf Wörter aus. Die Schüler müssen diese entschlüsseln und mit ihnen fünf Sätze bilden oder eine Geschichte erzählen.

Wörter vermehren   (Faites le plus de mots possible)

Anwendung	mündlich oder schriftlich, mit Hilfe der Tafel
Stufe	ab dem 2. Lernjahr
Zeit	10–15 Minuten
Schwerpunkte	Wortschatz, Präfixe, Suffixe, Satzbildung, Umgang mit dem Wörterbuch

Beschreibung: Schreiben Sie ein längeres Wort an die Tafel. Die Schüler sollen nun aus den Buchstaben dieses Wortes möglichst viele neue Wörter bilden. Alle Formen sind erlaubt. Akzente und *cédilles* bleiben unberücksichtigt.

Mündlich: Schreiben Sie die genannten Wörter nacheinander an die Tafel, damit sie nicht wiederholt werden.
Schriftlich: Lassen Sie die Schüler fünf Minuten überlegen und die Wörter in ihrem Heft notieren. Anschließend werden die Wörter an der Tafel gesammelt (und korrigiert).
Als Hausaufgabe geben Sie ein besonders langes Wort vor.

Beispiel
internationales
à, an, ans, anal, et, en, élire, élan, il, île, îles, îlot, interne, on, ôter, otite, lis, lie, lit, lisent, lisons, lire, lait, les, le, lent, lier, laine, ris, rit, rions, rot, rat, raton, râle, ras, ration, rationalité, ta, ton, tention, tente, tenter, tante, train, non, nation, nationales, nationalités, natalités, sel, sale, saleté, salaire, salir, salière, soleil, sans, satan, satanée ...

Variante
Sie geben ein kurzes Wort vor. Die Schüler müssen so viele Wörter wie möglich finden, die den selben Stamm haben. Als Hilfe können Sie Präfixe und Suffixe angeben.
Präfixe: a, an, ab, abs, ad, anté, bi, ex, il, in, im, ir, per, par, pé, ré, sub, trans, tri, dé, em, r, ré, rétro ...
Suffixe: ment, (i)fier, iser, aire, al, el, ier, if, ique, âtre, able, u, ain, ais, ois, aud, eux, et, ette, aille, ée, ateur, eur, isseur, ance, ence, erie ...
(Siehe: Dictionnaire étymologique, Larousse oder Dictionnaire de français, Larousse/Cornelsen.)

Beispiel
port
porte, porter, porteur, portuaire, portage, portant, portatif, portail, portillon, portière, report, reporter, reporteur, reportage, rapport, rapporter, rapporteur, emporter, emportement, remportement, déporter, exporter, exportateur, exportation, réexporter, portemanteau, porte-bonheur, porte-cigares, support, supporter, supportable, insupportable, importer, importation, transport, transporter, transporteur, transportable, intransportable, triporteur ...

Weitere Beispiele
chant, fermer, partir, lire, dicter, fort (confort), venir ...

Die Wortkette (La chaîne)

Anwendung	mündlich, mit Hilfe der Tafel, oder schriftlich
Stufe	ab dem 2. Lernjahr; Variante 1 ab dem 3. Lernjahr
Zeit	10–15 Minuten
Schwerpunkte	Wortschatz, Umgang mit dem Wörterbuch

Beschreibung: Eine Wortkette entsteht, wenn der Endbuchstabe eines Wortes als Anfangsbuchstabe für ein neues Wort genommen wird. Je länger die Kette wird, um so besser. Jedes Wort darf allerdings nur einmal benutzt werden. Auch hier spielen Akzente keine Rolle (zum Beispiel oliv*e* → *é*léphant).

Achtung: Im Französischen enden viele Wörter mit einem *e* und wenige fangen damit an. Vermeiden Sie deshalb Wörter, die mit *e* enden. Das ist zwar nicht einfach, aber möglich.

Beispiel
styl**o**liv**e**léphan**t**rai**n**or**d**u**r**ouge**v**ite**r**adi**s**olei**l**ampe
egou**t**hy**m**ardi**d**éa**l**ou**d**ource**u**ruba**n**oire**s**oulapi**n**ai**n**ui**t**ar**d**ue**l**ecture …

Variante 1
Statt des letzten Buchstabens nimmt man die letzte Silbe oder auch das letzte Wort, um ein neues Wort zu bilden. Auch homophone, aber verschieden geschriebene Silben dürfen benutzt werden (zum Beispiel tau*reau* → *rô*ti). Diese Variante ist schwierig und zeitintensiv.

Beispiele
bateau, *taureau*, rôti, tirade, radeau, domino, Noël, éléphant, fanfaron, ronronnement, manger, gémi, migraine, grainetier, tiercé, sécher, chéri, ricanement, manteau, *taureau*.

J'en ai marre, marabout, bout de ficelle, selle de cheval, cheval de course, course à pied, pied de cochon, cochon de ferme, ferme ta boîte, boîte à sucre, sucre de canne, canne à pêche, pêche à la ligne, ligne de fond, fond de culotte, culotte de Jean, *j'en ai marre*.

Variante 2
Die Schüler können aus einem Wörterbuch fünf oder sechs Beispiele (eventuell mit Definition) heraussuchen, um die Wortkette zu bilden, und danach mit den gefundenen Wörtern Sätze formulieren.

Das Klassenalphabet (La classe dans l'alphabet)

Anwendung	mündlich, mit Hilfe der Tafel, oder schriftlich
Zeit	ab Ende des 1. Lernjahrs
Zeit	10–15 Minuten
Schwerpunkt	Wortschatz

Beschreibung: Die Schüler sollen bei diesem Spiel zu möglichst vielen Buchstaben des Alphabets Gegenstände im Klassenzimmer suchen, die mit diesen Buchstaben beginnen. Personennamen sind nicht erlaubt. Verfahren wird wie beim Spiel «La baguette magique» (siehe Seite 31).

Beispiele

A	comme armoire, ardoise
B	comme banc, bouton, bras
C	comme chaise, chose, cahier, crayon, craie, ciseaux, cartable
D	comme doigt, dame, date, dossier, dictionnaire
E	comme élève, écolier, étui, étourdi
F	comme femme, fille, feuille, fiche
G	comme gomme, garçon
I	comme idiot!
…	

Achtung: Es ist fast unmöglich, Wörter zu finden, die mit den Buchstaben H, I, K, Q, W, X, Y, Z beginnen.

2. Spiele mit Wörtern

Le baccalauréat (nach: Stadt, Land, Fluß)

Anwendung	mündlich, mit Hilfe der Tafel, oder schriftlich
Stufe	ab dem 2. Lernjahr; mit Adverbien ab dem 3. Lernjahr
Zeit	10–15 Minuten
Schwerpunkte	Verben, Adjektive, Adverbien, Wortschatz, Satzbildung

Beschreibung: Es werden vier Spalten mit folgenden Überschriften an die Tafel gezeichnet: un nom, un verbe, un adjectif, un adverbe.
Lassen Sie die Schüler in jede Spalte Wörter eintragen, die alle mit einem bestimmten Buchstaben anfangen (A, B, C …).

Beispiele

un nom	un verbe	un adjectif	un adverbe
allumette	allumer	attentif	attentivement
achat	acheter	amoureux	amoureusement
beurre	bavarder	bon	bien
banane	boire	bête	bêtement
confiture	courir	chaud	chaudement
dormeur	dormir	doux	doucement
élève	enlever	épais	également

Variante 1
Die Schüler können versuchen, mit allen Wörtern derselben Reihe einen (lustigen) Satz zu bilden.

Beispiele
– Une allumette attentive «allume» très attentivement son amie la bougie.
– Le bon beurre bavarde très bien avec son ami le pain.
– La banane essaie bêtement de boire dans un verre. Qu'elle est bête!

Diese Variante ist etwas schwieriger und dauert etwas länger, da hier nicht nur mit einzelnen Wörtern, sondern mit grammatikalischen Strukturen gespielt wird.

Variante 2
Sie können dieses Spiel natürlich auch mit folgenden Überschriften spielen: pays, villes françaises, fleuves français, professions, couleurs, ustensiles de travail, meubles, verbes ...

Wortspiele als Rätsel (Jeux de mots en devinette)

Anwendung	mündlich, mit Hilfe der Tafel
Stufe	ab dem 3. Lernjahr
Zeit	5–10 Minuten
Schwerpunkt	Homophone Wörter

«Papa sait tout» dit le garçon qui est très fier de son père. Et que dit le fils qui n'est pas content de son argent de poche?
«Papa, c'est tout?»

«Il faut des armées, mon général!» dit le ministre de la Défense. Et que dit l'objecteur de conscience (Wehrdienstverweigerer)?
«Il faut désarmer, mon général!»

«Il faut respecter l'avis des autres!» disent les vrais démocrates. Trouvez une phrase qui correspond au 5e commandement de Dieu.
«Il faut respecter la vie des autres!»

Voilà le titre d'un livre qui contient des histoires drôles: «Cent blagues». (Witz) Et que dit-on quand on est étonné?
«Sans blague!» (Ach! Wirklich?)

Un jour, Frédéric le Grand a écrit à Voltaire (philosophe français) une lettre:

$$\frac{p}{venez} \quad à \quad \frac{si}{sans}$$

Voltaire a répondu à la lettre de Frédéric II: G a
Qu'est-ce que Frédéric II a écrit à Voltaire?
Qu'est-ce que Voltaire a répondu à Frédéric II?
Lösung:
«Venez souper à Sanssouci.» (venez sous P à sans sous si)
«J'ai grand appétit.» (G grand a petit)

Dieses Rätsel können Sie zum Anlaß nehmen, über Voltaire und die guten deutsch-französischen Beziehungen unter *Frédéric le Grand* (Friedrich II., der Große, gestorben 1786 in Sanssouci bei Potsdam) zu sprechen.

Der Eindringling   (L'intrus)

Anwendung	mündlich, mit Hilfe der Tafel; auch zu zweit oder in Gruppen
Stufe	ab dem 1. Lernjahr
Zeit	5–10 Minuten
Schwerpunkte	Wortschatz, Satzbildung

Beschreibung: Sie geben fünf Wörter vor, wovon ein Wort entweder inhaltlich nicht zu den anderen paßt oder weil es beispielsweise mit einem anderen Buchstaben beginnt. Für lernschwächere Schüler empfiehlt es sich, die fünf Wörter an die Tafel zu schreiben.

Beispiele
1. poste, syndicat d'initiative, cinéma, livre, mairie
2. charcuterie, pharmacie, boulangerie, librairie, mairie
3. vache, cheval, fourmi, araignée, poison, serpent
4. jaune, bleu, pauvre, rouge, violet

A Sprachspiele 39

5. vélo, route, avion, bateau, patins à roulettes
6. pain, beurre, miel, confiture, fromage
7. aller, partir, marcher, mourir, sortir
8. à gauche, à côté, devant, près, beaucoup
9. avoir, être, marcher, se promener, boire
10. pouvoir, vouloir, devoir, recevoir, falloir
11. problème, table, chaise, leçon, lecture
12. le, la, les, lui, en
13. je peux prendre, tu veux partir, il va sortir, ils doivent manger, il faut travailler

Lösungen:
1. *Livre* est l'intrus parce que ce n'est pas un bâtiment.
2. *Mairie* est l'intrus parce que ce n'est pas un magasin.
3. *Poison* est l'intrus parce que ce n'est pas un animal.
4. *Pauvre* est l'intrus parce que ce n'est pas une couleur.
5. *Route* est l'intrus parce que ce n'est pas un moyen de locomotion.
6. *Pain* est l'intrus parce que les autres choses se mettent sur le pain.
7. *Marcher* est l'intrus parce qu'il ne se conjugue pas avec être.
8. *Devant* est l'intrus parce qu'il n'a pas de *de* après.
9. *Se promener* est l'intrus parce que c'est un verbe pronominal.
10. *Recevoir* est l'intrus parce que ce n'est pas un verbe auxiliaire.
11. *Problème* est l'intrus parce qu'il est masculin.
12. *Lui* est l'intrus parce que c'est le seul pronom personnel datif.
13. *Il va sortir* est l'intrus parce que c'est le seul verbe au futur.

Erweiterung (als schriftliche Hausaufgabe)
Nach dem Spiel können Sie die Schüler auffordern, Sätze mit diesen fünf Wörtern zu bilden. Leistungsstarke Gruppen können auch eine Geschichte schreiben, in der die fünf Begriffe vorkommen.

3. Spiele mit Sätzen

Satzverlängerungen (Les rallonges)

Anwendung	mündlich
Stufe	ab Ende des 1. Lernjahrs
Zeit	10–20 Minuten
Schwerpunkte	Wortschatz, Zeiten, Artikel, Adjektive, Relativpronomen, Possessivpronomen, Konditional, *subjonctif*

Beschreibung: Dieses Spiel trainiert das Kurzzeitgedächtnis und die Konzentration. Zugleich festigt es die sprachlichen Strukturen. Es gibt von diesem Spiel verschiedene Varianten.
Die Schüler müssen den Satz ihres linken Nachbarn wiederholen und ihn am Anfang oder am Ende verlängern. Der Satz muß ohne Fehler wiederholt werden. Wer einen Fehler macht, scheidet aus.
Man kann mehrere Runden spielen, wobei die erste Runde die schwierigste ist. Deshalb empfehlen wir, den Schülern anfangs mit Gesten zu helfen. Es ist außerdem wichtig, die Aussprache sofort zu korrigieren.
Rallonges kann gespielt werden mit Zeiten (Präsens, *passé composé*, Imperfekt, Futur, Konditional, *subjonctif* ...), mit Adjektiven, Wortfeldern (les vêtements, les professions ...), Relativpronomina, Artikeln etc.

Beispiele   (Satzverlängerung am Ende)
Passé composé
Sie beginnen: Hier, je suis allé/e chez le dentiste.
Der/die erste Schüler/in wiederholt ihren Satz, setzt dabei die 3. Person Singular ein und verlängert ihn:
        Hier, madame/monsieur X (votre nom) est allé/e chez le dentiste, et moi, je suis allé/e au cinéma.
Zweite/r Schüler/in: Hier, madame/monsieur X est allé/e chez le dentiste, Anna est allée au cinéma, et moi, j'ai regardé/e la télévision.
... Hier, madame/monsieur X est allé/e chez le dentiste, Anna est allée au cinéma, Christoph a regardé la télévision, et moi, je ...

Imparfait et conditionnel
Sie sagen: Si j'avais de l'argent, je partirais en vacances.
Erste/r Schüler/in: Si madame/monsieur X avait de l'argent, elle/il partirait en vacances, et moi, j'achèterais une guitare.
Zweite/r Schüler/in: Si madame/monsieur X avait de l'argent, elle/il partirait en vacances, Peter achèterait une guitare, et moi, je ...

Articles partitifs
Sie sagen: Je voudrais *du* pain.
Erste/r Schüler/in: Elle/il voudrait du pain, et moi, je voudrais *de la* confiture.
Zweite/r Schüler/in: Elle/il voudrait du pain, elle/il voudrait de la confiture, et moi, je voudrais un litre *de* lait ...

A Sprachspiele 41

Variante 1
La maison du Petit Bonhomme   (Satzverlängerung am Anfang)
Articles partitifs et pronoms relatifs
Sie sagen: Je vends le Petit Bonhomme.
Erste/r Schüler/in: Je vends la maison *du* Petit Bonhomme.
Zweite/r Schüler/in: Je vends la porte *de la* maison *du* Petit Bonhomme.
… Je vends la clé *de la* porte *de la* maison …
… Je vends la fille qui a caché la clé *de la* porte …
… Je vends le chapeau *de la* fille *qui* a caché la clé …

Variante 2
Je pars en voyage
Déterminants possessifs
Sie sagen: Je pars en voyage et j'emporte dans *ma* valise *ma* brosse à dents.
Erste/r Schüler/in: Elle/il part en voyage et elle/il emporte dans *sa* valise *sa* brosse à dents, et moi, j'emporte *mon* savon.
Zweite/r Schüler/in: Elle/il part en voyage et elle/il emporte dans *sa* valise *sa* brosse à dents, elle/il emporte *son* savon, et moi, j'emporte *mon* pyjama …

Wiederholungen   (Les répétitions)

Anwendung	mündlich; eventuell mit Hilfe der Tafel
Stufe	ab dem 2. Lernjahr
Zeit	5 Minuten
Schwerpunkt	Aussprache

Beschreibung: Bei diesem Spiel wird ein Satz, dessen Aussprache schwierig ist, mehrmals und immer schneller wiederholt. Als Hilfestellung können Sie den Satz an die Tafel schreiben oder ihn diktieren.
Diese „verbale Gymnastik" eignet sich sehr gut als Ausspracheübung.

Bekannte Beispiele
«Didon dîna, dit-on, du dos dodu d'un dindon.»
«Chasseur sachant chasser, il faut que je sache si je sais chasser sans cesse et sans chien.»
«Un chasseur sachant chasser ne doit jamais chasser sans son chien.»

«Un gros gras grain d'orge disait à un autre gros gras grain d'orge:
– Quand donc te dégrosgrasgraind'orgeras-tu?
– Je me dégrosgrasgraind'orgerai quand les autres gros gras grains d'orge se dégrosgrasgraind'orgeront.»
«Les chaussettes de l'archiduchesse sont-elles sèches, archisèches?»

Bei diesen Beispielen sind die Schwierigkeiten offensichtlich. Es gibt aber auch kleine, einfache Sätze, die man nur „sehr schwer schnell aussprechen" kann:
«J'ai trop tôt cru.»
«Carotte cuite, carotte crue.»

Variante 1
Es gibt auch Sätze, die sich kaum aussprechen lassen, solange man den Sinn nicht versteht. Zum Beispiel:
«Si six scies scient six cigares, six cent six scies scient six cent six cigares.»
«Si six scies scient six cyprès, six cent six scies scient six cent six cyprès.»
«Tonton, ton thé t'a-t-il ôté ta toux?»

Variante 2
Auch Sätze, in denen Homophone oder Wörter mit gleicher Schreibweise (Homographe) vorkommen, wie zum Beispiel:
«Les poules du couvent ([kuvã] Kloster) couvent ([kuv] brüten) quand tout à coup, un coup de vent découvre leur cou.»
«Il était une fois une marchande de foie qui vendait du foie dans la ville de Foix. Elle me dit ma foi!, c'est la première fois, mais la dernière fois que je vends du foie dans la ville de Foix.» (une fois: ein Mal; ma foi!: wahrhaftig! von: la foi, der Glaube; le foie: die Leber; Foix: une ville en Ariège, entre Lourdes et Perpignan)

Ni oui, ni non, ni monsieur, ni madame

Anwendung	mündlich
Stufe	ab dem 2. Lernjahr
Zeit	5–10 Minuten
Schwerpunkte	Fragen und Antworten

Beschreibung: Ein Schüler stellt der Klasse kreuz und quer irgendwelche Fragen. Die Mitschüler müssen antworten, ohne „oui", „non", „monsieur" oder „madame" zu sagen. Wer eines dieser Wörter benutzt, muß als nächster die Frage stellen.

A Sprachspiele

Dieses Spiel eignet sich besonders gut dazu, das Formulieren und die präzise Beantwortung von Fragen sowie die richtige Verwendung der Personalpronomen zu üben.

Beispiel
- Est-ce que ton prénom est Stephan? – Je ne comprends pas.
- Alors tu es Stephan? – Bien sûr.
- Tu aimes les bonbons? – Je les adore.
- Qui est-ce (en vous montrant du doigt)? – C'est *madame* X.

Der Schüler, der „madame" gesagt hat, muß als nächster die Frage stellen.

Verben raten (Le Tirelipote)

Anwendung	mündlich; Zettel erforderlich
Stufe	ab dem 3. Lernjahr
Zeit	5–10 Minuten
Schwerpunkte	Präsens, *passé composé*, Fragen

Beschreibung: Ein Schüler wählt ein Verb aus und schreibt es auf einen Zettel. Die anderen Schüler stellen ihm so lange Fragen, bis sie das Verb erraten haben. Das Verb wird durch das Phantasiewort „tirelipoter" ersetzt. Wenn eine Frage mit Ja beantwortet worden ist, kann der Schüler, der sie gestellt hat, ein Verb vorschlagen. Wurde die Frage mit Nein beantwortet, stellt der nächste seine Frage.
Es können alle Verben benutzt werden, allerdings sind die abstrakten Verben schwieriger zu erraten.
Dieses Spiel eignet sich auch gut für Klassenfahrten.

Beispiel
Das Verb *chanter* ist zu erraten:
Est-ce que je peux tirelipoter en classe? Normalement non.
Est-ce que j'ai besoin d'un objet pour tirelipoter? Non.
Est-ce que je peux tirelipoter tout seul? Oui, à quoi penses-tu? Rire? Non.
Est-ce que je tirelipote en dormant? Non.
Est-ce que je peux tirelipoter sous la douche? Oui, à quoi penses-tu? Se laver? Non, tu as besoin d'un savon!
Est-ce que c'est agréable de tirelipoter? Oui, à quoi penses-tu? Rêver? Non.
Est-ce qu'on peut tirelipoter à plusieurs? Oui, à quoi penses-tu? Jouer? Non.
Est-ce que je fais du bruit en tirelipotant? Oui, à quoi penses-tu? Crier?

Non.
Est-ce que certaines personnes tirelipotent bien et d'autres faux? Oui, à quoi penses-tu? Chanter? Oui!

Personen raten (Les portraits)

Anwendung	mündlich; eventuell mit Hilfe der Tafel; für Variante 3 sind kleine Zettel und Tesafilm erforderlich
Stufe	3.–4. Lernjahr
Zeit	20–30 Minuten
Schwerpunkte	irreale Bedingungssätze, *passé composé*

Beschreibung: Dies ist ein Frage- und Antwortspiel, bei dem der Name einer den Schülern bekannten Person, einer berühmten Persönlichkeit oder eines Schülers herausgefunden werden soll. Eine Person stellt Fragen und muß versuchen, die Antworten mit der zu erratenden Person in Verbindung zu bringen. Es gibt von diesem Spiel mehrere Varianten.

Variante 1
Le portrait chinois
Dieses Spiel eignet sich gut zur Festigung der irrealen Bedingungssätze oder auch des Imperfekt und Konditional.
Da dies ein Assoziationsspiel ist, müssen die Antworten spontan kommen. Das Interessante dabei ist, daß die Schüler sich persönlich näherkommen. Unsere Erfahrung hat gezeigt, daß das Spiel sie anregt, miteinander zu diskutieren und sich auszutauschen. Aus diesem Grund eignet sich das Spiel auch gut für Klassenfahrten und Austauschbegegnungen.

Beschreibung: Zunächst verläßt ein Schüler die Klasse, damit die anderen eine Person auswählen können, die er erraten soll. Ein Schüler meldet sich freiwillig, um „erraten zu werden". Nachdem Sie die Klasse darauf aufmerksam gemacht haben, daß sie während des Spiels die zu erratende Person nicht zu auffällig anschauen soll (der Ratende wird dies sofort bemerken), holen Sie den wartenden Schüler in die Klasse zurück. Er muß die Schüler der Reihe nach befragen und dabei folgende Frageform benutzen:
«*Si* cette personne *était* …, quel(le) … *serait*-elle?»
Bei ihren Antworten benutzen die Schüler ebenfalls diese Form:
«*Si* cette personne *était* …, ce *serait* …»
Wenn der Schüler glaubt, den Namen der Person erraten zu haben, nennt er ihn. Er hat insgesamt drei Versuche frei.

Bei größeren Gruppen (mehr als 15 Personen) können Sie auch mehrere Schüler gleichzeitig hinausschicken. Sie werden dann gemeinsam versuchen den Namen des „Freiwilligen" zu erraten, indem sie abwechselnd Fragen stellen.

Wenn Sie gleichzeitig neue Vokabeln einführen wollen, schreiben Sie vor Spielbeginn Wörterlisten zu Themen wie zum Beispiel Tiere, Blumen, Werkzeuge, Früchte, Kleidungsstücke, Speisen, Möbelstücke, Berufe an die Tafel. Diese Listen können Sie auch gemeinsam mit den Schülern erstellen.

Themen	*Mögliche Antworten*
une boisson non alcoolisée	du thé à la menthe, du lait, de l'eau …
une boisson alcoolisée	du champagne, du vin rouge, du cognac …
un outil	une pince, un tournevis, un marteau …
une saison	le printemps, l'été, l'automne, l'hiver
une voiture	une 2CV, un camion, une Porsche …
un livre	un roman policier, un dictionnaire …
une profession	un représentant, un médecin, un ouvrier …
une couleur	rouge, jaune, bleu, vert, violet …
un paysage	une mer en colère, la montagne …
un instrument de musique	une trompette, un violon, une batterie …
un genre de musique	le Jazz, le Rock, le Blues …
un art	la danse, la peinture, la sculpture …
une femme/un homme célèbre	Gérard Depardieu, Madonna, Picasso …
un fruit	une pomme, une pêche, une groseille …
une habitation	un HLM, un château, une tente …
un meuble	un canapé Louis XVI, un bureau, une lampe …
un moyen de locomotion	une fusée, un vélo, le métro …
un pays	l'Italie, la France, la Nouvelle-Zélande …
un vêtement	un déshabillé, des tennis, des gants …
un plat culinaire	un couscous, des nouilles, des escargots …

Beispiel
Mark geht hinaus. Michaela meldet sich freiwillig, um sich erraten zu lassen. Mark kommt zurück in die Klasse und beginnt, seinen Mitschülern einzeln Fragen zu stellen, wie zum Beispiel:
«Si cette personne était une fleur, quelle fleur serait-elle?»
Der gefragte Schüler assoziiert mit Michaela eine Blume und antwortet spontan:
«Si cette personne était une fleur elle/ce serait un tournesol (Sonnenblume).»
Mark fragt nun einen anderen Schüler:
«Si cette personne était un animal, quel animal serait-elle?»
Als Antwort bekommt er zum Beispiel:
«Si cette personne était un animal elle/ce serait un lion.»
Nach mehreren Fragen, jedesmal zu verschiedenen Bereichen (une boisson non alcoolisée, …), muß Mark die Antworten mit einer Person aus der Klasse in Verbindung bringen. Wer könnte eine Sonnenblume, ein Löwe, … sein?
Wenn Mark glaubt, den Namen der Person zu kennen, nennt er ihn. Falls er nicht richtig geraten hat, muß er weiterfragen. Er hat insgesamt drei Versuche.

Variante 2
Le portrait par actions
Der zu erratende Schüler wird bei dieser Variante durch seine Aktionen oder Reaktionen in bestimmten Situationen charakterisiert.
Die Fragen und Antworten lauten hierbei also beispielsweise folgendermaßen:

S'il avait des bonbons, que ferait-il?	S'il …, il les partagerait.
S'il faisait du sport, quel sport ferait-il?	…, il jouerait au foot.
S'il voyait un fantôme, que ferait-il?	…, il n'aurait pas peur.
S'il était riche, que ferait-il?	…, il serait un bon président.
S'il était en discothèque, que ferait-il?	…, il ne danserait pas.
Si son pantalon se déchirait, …?	…, il irait vite aux WC.
…	

Diese Variante des Spiels ist schwieriger, aber auch interessanter. Die Schüler müssen hierbei viel mehr Verben benutzen und ihre Fragen präziser formulieren. Wenn Sie dieses Spiel das erste Mal einsetzen, empfiehlt es sich deshalb, einen oder mehrere gute Schüler als Rater hinauszuschicken.

Variante 3
Le personnage célèbre

Dieses Spiel besteht aus Fragen und Antworten, wobei der Name einer den Schülern bekannten Person oder einer berühmten Persönlichkeit herauszufinden ist. Für diese Variante benötigen Sie kleine Zettel und Tesafilm.

Jeder Schüler bekommt einen Zettel, auf den er den Namen einer berühmten oder bekannten Person schreibt (in großen Blockbuchstaben). Die Schüler kleben sich die Zettel gegenseitig auf die Stirn. Dabei ist darauf zu achten, daß niemand sieht, welchen Zettel er bekommt. Jeder repräsentiert nun eine Persönlichkeit, deren Identität er durch Fragen herausbekommen muß. Die Fragen können nur mit Ja oder Nein beantwortet werden. Es geht der Reihe nach – wenn eine Frage verneint wird, fragt der nächste Schüler weiter.

Beispiel

Auf einem Zettel steht Napoleon. Die Person, die diesen Zettel auf der Stirn hat fragt:
– Est-ce que je suis un homme? Oui. (Sie darf weiterfragen.)
– Est-ce je suis vivant? Non. (Der/die nächste ist an der Reihe.)

Wenn Napoleon wieder an der Reihe ist, könnte er folgendermaßen fragen:
– Je suis un homme mort? Oui.
– Est-ce que j'étais un politicien? Oui.
– Est-ce que j'étais Européen? Oui.
– Est-ce que j'étais Français? Oui.
– Est-ce que j'étais grand? Non. (Donc il était petit.)
– …

Wer sucht, der findet (Qui cherche trouve)

Anwendung	mündlich und schriftlich; erforderlich ist ein Plan ohne und ein Plan mit Beschriftung, jeweils in der Anzahl der halben Gruppe
Stufe	ab dem 2. Lernjahr
Zeit	etwa 20 Minuten
Schwerpunkte	Wegbeschreibung, Ordnungszahlen

Beschreibung: Das Ziel dieses Spiels ist es, bestimmte Orte in einer Stadt zu suchen, zu erfragen und zu finden. Hierfür brauchen Sie einen groben Stadtplan, den Sie selbst zeichnen können.

Von Ihrem ersten Plan (ohne Straßennamen) machen Sie eine Kopie (zweiter Plan). In diesen zweiten Plan tragen Sie nun Straßennamen, Geschäfte, Sehenswürdigkeiten, das Rathaus etc. ein.
Von diesen vorbereiteten Plänen machen Sie Kopien: Die eine Hälfte der Klasse erhält den ersten Plan, die andere bekommt den zweiten Plan. Die Schüler arbeiten zu zweit (eine/r mit Plan 1, der/die andere mit Plan 2). Die Person mit dem leeren Plan hat die Aufgabe, die Stadt zu rekonstruieren. Sie muß die Straßennamen einsetzen und die Position der Gebäude etc. herausfinden, indem sie ihren Partner fragt. Dieser gibt ihr Erklärungen (Richtungsangaben …) – natürlich auf französisch!

Beispiel
- Quel est le nom de la rue principale? – C'est l'avenue de la République.
- Où est la mairie? – Tu prends l'avenue de la République jusqu'au feu, là, tu tournes à droite. C'est la deuxième maison à droite.
- Qu'est-ce qu'il y a à gauche de la mairie? – Il y a un restaurant chinois.
- Comment s'appelle la place où se trouve l'église? – C'est la place de la Paix.
- Quel est le nom de la rue qui passe derrière l'église? – C'est la rue de Rivoli …

Variante
Anstelle eines Stadtplans können Sie ebensogut den Grundriß einer Wohnung, in den Sie Türen und Fenster einzeichnen, benutzen. Auf den zweiten Plan tragen Sie die Namen der Zimmer ein.

Beispiel
- Où est la chambre à coucher? – La porte à droite, au fond du couloir.
- Quelle est la pièce qui se trouve en face de la chambre? – C'est la salle de bains.
- Où est-ce que je regarde la télé? – Dans la salle de séjour qui est à gauche quand tu entres …

Erweiterung: Wenn alle Zimmer bestimmt wurden, können die Schüler in ihren Plänen zwei oder drei Zimmer möblieren (jeder wählt verschiedene Zimmer). Sie können sich dann gegenseitig nach der Position der Möbelstücke fragen. Beide haben nun die Möglichkeit, sowohl Fragen zu stellen als auch zu antworten.

A *Sprachspiele*

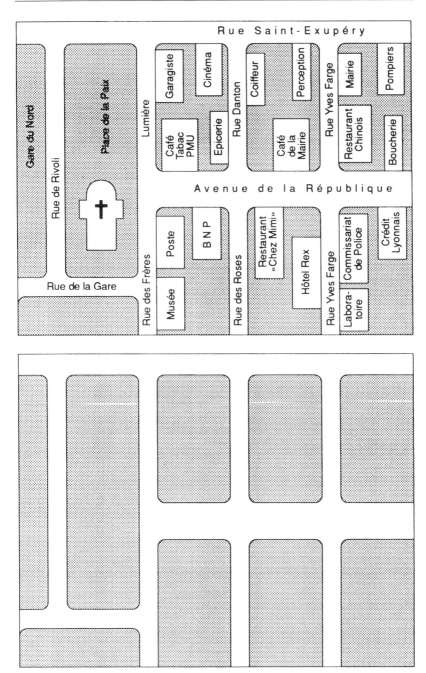

4. Spiele mit Zahlen

Eins ruft Drei (Un appelle trois)

Anwendung	mündlich; Sitzumstellung erforderlich
Stufe	ab dem 1. Lernjahr
Zeit	10–15 Minuten
Schwerpunkte	Zahlen

Günstig ist es, wenn die Gruppe bei diesem Spiel im Kreis sitzt (ohne Tische). Wenn die Sitzordnung in Ihrer Klasse in „U-Form" ist, brauchen Sie die Stühle nur zu verrücken.

Sitzen die Schüler in Reihen hintereinander, bilden je zwei Reihen eine Spielgruppe. Die jeweils vordere Reihe dreht sich um, damit alle Mitglieder derselben Gruppe einander sehen können.

Beschreibung: Jeder Schüler sitzt auf einem Stuhl, der eine Nummer zwischen 1 und 20 ... hat, und bekommt diese Nummer als Namen. Ein Stuhl, der frei bleibt, wird ebenfalls numeriert (es soll eine Zahl sein, die in der Mitte liegt, zum Beispiel 10, 11, 12 ...). Eine Nummer muß nun eine andere aufrufen. Die aufgerufene Nummer wiederholt diese und ruft eine weitere auf. (Die Nummer des freien Stuhls darf nicht aufgerufen werden.) Das Ganze geschieht im Dreiertakt, der durch Klatschen unterstützt wird. Alle Schüler schlagen sich zuerst mit beiden Händen auf die Knie, klatschen dann in die Hände, und zum Schluß heben sie beide Daumen in Richtung der Schultern.

Beispiel
«3 appelle 7.»
Beim ersten Takt schlagen sich alle auf die Knie, und ein Schüler sagt seine Nummer, zum Beispiel „3".
Beim zweiten Takt schlagen alle in die Hände, und der gleiche Schüler sagt: „appelle".
Beim dritten Takt haben alle ihre Daumen in Richtung der Schultern, und der Schüler nennt eine weitere Nummer, zum Beispiel „7".
Die Sieben muß sofort reagieren, denn beim nächsten Takt muß sie/er „7" wiederholen und weitermachen:
«7 appelle 17, 17 appelle 1, 1 appelle 12, 12 appelle 9, 9 appelle ...»

Der Schüler, der die Nummer des leeren Stuhls aufruft, muß auf diesen Stuhl wechseln und nimmt dabei die Nummer des leeren Stuhls an. Seine alte Nummer bleibt frei, sie darf nun nicht mehr aufgerufen werden.

Variante

Sie können die Zahlen durch etwas anderes ersetzen, zum Beispiel durch Verben in allen Zeitformen, Vornamen, Nachnamen, Adjektive, Adverbien, Substantive, Präpositionen etc.

Für diese Variante werden etwa 20 bis 30 Minuten benötigt. Geübt wird neben Vokabeln auch die richtige Konjugation der Verben.

Diese Variante ist schwieriger, weil jeder Schüler sich vor Spielbeginn einen „Namen" aussuchen muß. Alle Schüler müssen alle Namen verstehen und benutzen können.

Dieses Spiel eignet sich auch gut für Klassenfahrten und Austauschbegegnungen.

Beispiele

Tiernamen: Chien appelle chat, chat appelle lion, lion appelle oiseau, oiseau appelle poisson, poisson appelle cigale, cigale appelle fourmi, …

Verben im Imperfekt: chantait appelle mangeait, mangeait appelle finissait, finissait appelle écrivait, écrivait appelle lisait, lisait appelle …

Le téléphone

Anwendung	mündlich
Stufe	ab dem 1. Lernjahr
Zeit	5–10 Minuten
Schwerpunkte	Zahlen, schwierige Begriffe

Sicherlich kennen Sie dieses Spiel. Es ist sehr einfach, aber man denkt selten daran, es beim Einüben der Zahlen einzusetzen.

Beschreibung: Es geht darum, eine hohe Zahl in der Klasse „herumgehen zu lassen". Sie wählen eine Zahl, die die Schüler schon kennen (zum Beispiel trois mille cinq cent quatre-vingt-sept 3 587 oder 5 555 !)

Sie flüstern Ihrem Nachbarn die Zahl ins Ohr, er flüstert sie dann seinem Nachbarn ins Ohr, …

Der letzte Schüler muß die Zahl, die er verstanden hat, laut wiederholen. Meistens, und das ist ganz normal, kommt eine falsche Zahl dabei heraus. Schreiben Sie am Ende die richtige Zahl an die Tafel.

Variante 1

Sie können die Zahl durch eine Rechenaufgabe (Multiplikation oder Addition) ersetzen:
– huit fois huit soixante-quatre (8 x 8 = 64)
– dix et dix vingt (10 + 10 = 20)

Variante 2
Sie können auch ein Wort oder einen Satz „herumgehen lassen". Das Wort kommt selten ganz an, aber Sie haben Ihre Schüler motiviert. Und wenn Sie das Wort an die Tafel schreiben, behalten sie es auch.
Auch mit den Spielen „Schiffe versenken" (La bataille navale) und „Bingo" (Le loto) können Zahlen geübt werden. Da sie international bekannt sind, erklären wir sie hier nicht näher.

Es gibt noch sehr viele weitere für den Sprachgebrauch geeignete Spiele, die wir hier nicht vorstellen können. Unter den Literaturhinweisen am Ende des Buches finden Sie einige Buchtitel zum Thema Spiele im Unterricht (siehe Seite 241).

Wenn Sie in Frankreich sind, sollten Sie die Gelegenheit nutzen und sich in einem Spielwarengeschäft umsehen. Es gibt kleine, preiswerte Spiele, die für den Unterricht sehr nützlich sein können.
Hier ist eine kleine Auswahl:
– Jeux de cartes (Kartenspiele mit je 52 Karten)
– Jeu de sept familles (Quartett mit sechs Karten pro „Familie")
– «Scrabble» français
– Jeu de Diamino (Buchstabenspiel)
– Jeu «la sympathie» (Konversation)
– Un jeu de boules
– Le Tour de France
– Un memory
– Trivial Pursuit

B Scharaden (Charades)

Anwendung	mündlich, mit Hilfe der Tafel
Stufe	ab dem 2. Lernjahr
Zeit	5 Minuten pro Scharade
Schwerpunkte	Wortschatz, Homonyme, Präsens, Relativpronomen, Verneinung

Beschreibung: Sie wählen ein längeres Wort aus und zerlegen es in Silben. Jede dieser Silben muß wiederum ein neues Wort bilden. Sie geben die Definition dieser Silben vor. Die Schüler müssen diese Silben erraten und durch Zusammensetzen das gesuchte Wort wiederherstellen. Wir geben Ihnen hier einige Beispiele für solche Definitionen. Suchen

Sie sich diejenigen aus, die dem Kenntnisstand Ihrer Schüler entsprechen. Als Hausaufgabe können die Schüler selbst jeweils ein Silbenrätsel bilden. Diese werden dann am folgenden Tag von der Klasse erraten.

Beispiele

cha-ra-de
Mon premier est un animal domestique (chat).
Mon deuxième est un animal peu aimé (rat).
Mon troisième est une préposition (de).
Mon tout est un jeu (charade).

des-si-ner
Mon premier est un article indéfini pluriel (des) / un jeu (dé).
Mon deuxième est une note de musique (si) / un instrument utilisé par les bricoleurs (scie) / «wenn» en français (si).
Mon troisième se trouve au milieu du visage (nez).
Mon tout est une activité artistique (dessiner).

é-cri-vez
Mon premier est une lettre de l'alphabet avec un accent (é).
On pousse mon second quand on a peur ou mal / «Schrei» en allemand (cri).
Mon troisième est la 22e lettre de l'alphabet (v = [ve]).
Mon tout est un verbe, à l'impératif, qu'emploie le professeur avant de faire une dictée (écrivez).

in-ven-ter
Mon premier est seul / un article indéfini / un chiffre (un).
Mon deuxième souffle très fort au bord de la mer (vent).
Mon troisième est une boisson anglaise (thé) / la 20e lettre de l'alphabet (t = [te]).
Mon tout est un verbe à l'infinitif appliqué aux savants (inventer).

gra(m)-maire
Mon premier est une unité de poids (gramme) / on trouve beaucoup de mon premier dans le beurre et l'huile (gras).
Mon deuxième est le chef d'une ville (maire) / on se baigne dans mon deuxième (mer) / n'est pas le père (mère).
Mon tout comporte beaucoup de règles / on a besoin de mon tout pour apprendre une langue (grammaire).

pan-ta-lon
Mon premier fait du bruit (pan) / est un bel oiseau (paon).
Les petits enfants aiment bien faire mon deuxième dans le sable (tas) / un déterminant possessif féminin (ta).

Mon troisième est un adjectif qui n'est pas court (long).
Mon tout est un vêtement (qui cache les jambes) (pantalon).

ba-var-der
Mon premier est un vêtement féminin pour les jambes (bas) / le contraire de haut (bas).
Mon deuxième est un département du sud de la France, n° 83 (Var).
Mon troisième est la quatrième lettre de l'alphabet (d = [de]) / un cube dont on se sert pour jouer (dé = [de]) / un article indéfini pluriel (des) / un instrument que l'on utilise pour coudre (dé).
Mon tout est un verbe à l'infinitif pour lequel il faut utiliser la bouche / les élèves aiment bien faire mon deuxième, quand le cours est trop ennuyeux (bavarder).

im-pé-ra-tif
Mon premier est seul / un chiffre / un article indéfini (un).
Mon deuxième est la 16e lettre de l'alphabet (p = [pe]).
Mon troisième est un animal intelligent, peu aimé, avec quatre pattes, une queue très longue, de grandes dents, et il aime l'eau (rat) / un adjectif synonyme de court; les cheveux des militaires sont mon troisième (ras).
Mon quatrième veut dire cheveux en argot (tifs ou tiffes) / signifie profond en allemand („tief").
Mon tout est un mode qui n'est ni l'indicatif, ni le subjonctif, ni le conditionnel, il exprime un ordre (impératif).

hé-li-cop-tère
Mon premier est une voyelle avec un accent (é) / une préposition (et) / une interjection (hé !).
On dort dans mon deuxième (le lit) / on trouve mon deuxième au fond des bouteilles de vin, c'est un dépôt (la lie) / le verbe lire à l'impératif (lis).
Mon troisième est l'abréviation de coopérative (coop).
Mon quatrième tourne autour du soleil / nous habitons tous sur mon quatrième (terre).
Mon tout est un moyen de transport aérien (hélicoptère).

Pi-ca(s)-so
Mon premier est le nom de plusieurs papes (Pie) / est un oiseau très bavard qui vole les objets brillants (pie) / la vache en a plusieurs que l'on tire pour avoir du lait (pis, Euter) / est le comparatif de l'adverbe «mal».
Mon deuxième est la onzième lettre de l'alphabet (k = [ka]) / est une forme déclinée d'un nom allemand ou latin.

Mon troisième n'est pas intelligent (sot) / on utilise mon troisième pour porter de l'eau (seau) / une allemande, Heike Henkel est devenue, en Septembre 1991, championne du monde de mon troisième (saut) / les rois utilisaient mon troisième pour fermer leurs lettres (sceau).
Mon tout est un peintre espagnol très connu (Picasso).

bon-a(p)-pétit
Mon premier est le contraire de mauvaise (bonne) / est l'ancien mot pour femme de ménage (bonne).
Mon deuxième est une voyelle (a).
Mon troisième n'est pas grand, il est prononcé avec l'accent allemand (petit). (Attention, on dit: petit [pəti]).
On souhaite mon tout avant de manger (bon appétit).

Andere Beispiele
bon-jour, fer-mez, a-jou-ter, ré-pon-dez, re-gar-der, a(f)-faire, jou-er, pro-non-cer, ré-pé-ter, cou-leur, chau(s)-sure, chau(s)-son, chau(s)-set-te, cu-lotte, pu(l)-(l)o-ver, sou-tien-gorge, gar-çon, lun-di, mar-di, jeu-di, sa-me-di, di-manche, voi-tu-re, em-bras(s)-(s)er, im-par-fait, pa(s)-sé-com-posé, plus-que-par-fait, pa(s)-sé-simple, fu-tur, con-di-tion-(n)el, pro-no-mi-naux, a-ni-maux, ci-gale, four-mi, sy-no-nyme (Nîmes).

Variante
Wenn die Schüler einige Scharaden gelöst haben, können sie Sätze mit ihnen bilden.
Haben Sie für eine Silbe mehrere Definitionen gegeben, kann auch mit diesen Homonymen (zum Beispiel sot, saut, seau, sceau) jeweils ein Satz gebildet werden.

C Ratespiele

1. Rätselfragen (Devinettes)

Anwendung	mündlich oder schriftlich
Stufe	ab dem 2. Lernjahr
Zeit	5 Minuten
Schwerpunkte	Fragen, Fragepronomen, Relativpronomen, Steigerung der Adjektive

Beschreibung: Rätselfragen sind leicht zu stellen. Sie brauchen nur die Sache oder Person, die zu erraten ist, in Form von Aussagen oder Fragen zu beschreiben. Für die Anfänger werden Sie diese einfach formulieren, zum Beispiel: elle/il est/a, c'est, on ..., qu'est-ce que c'est.
Für Fortgeschrittene können Sie Fragepronomen oder Relativpronomen benutzen, zum Beispiel: qu'est-ce que, qu'est-ce qui, où, dont, qui, que, duquel, quel(les) ...

Beispiele

1. Elle a presque 50 millions d'habitants, elle a quatre grands fleuves, elle a beaucoup de côtes, elle était deux fois plus grande que l'Allemagne (avant la réunification), elle fait partie de la C.E.E. Qui est-ce?

2. Qu'est-ce qui a presque 50 millions d'habitants, où coulent quatre grands fleuves, qui a beaucoup de côtes, qui était deux fois plus grande que l'Allemagne (avant la réunification) et qui fait partie de la C.E.E.?

3. Qu'est-ce qui est rond, rouge, vert ou jaune, que l'on peut manger en dessert et qui est un fruit?

4. Qu'est-ce qui est rond, ovale, carré ou rectangulaire, dont les chiffres ont une grande importance, qui a deux ou trois aiguilles, qui fait tic-tac et qui se porte au poignet?

5. Qu'est-ce qui est long, pointu, en bois, de toutes les couleurs, dont on se sert pour écrire et qui se trouve sur votre table?

6. Qu'est-ce qui est féminin, que les élèves redoutent, que l'on trouve dans les livres d'école, que l'on peut apprendre en jouant et dont les règles parfois compliquées doivent être utilisées correctement en parlant?

7. Ce sont deux petites bêtes, deux insectes. On trouve la première dans le sud de la France et la deuxième partout. L'une chante tout l'été et l'autre n'arrête pas de travailler. La Fontaine en a fait une fable très connue. Quels sont ces animaux?

8. Qu'est-ce qui a été construit en 1899, qui porte le nom de son constructeur dont le prénom est Gustave, qui est en fer, qui mesure maintenant 320 mètres et que l'on peut visiter à Paris?

9. Quel est le roi de France qui a vécu de 1638 à 1715, a régné 72 ans, qui a fait beaucoup de guerres, dépensé beaucoup d'argent, qui parlait à la première personne du pluriel, qui a fait construire beaucoup de châteaux dont Versailles, qui était un monarque absolu et qu'on a appelé «le Roi-Soleil»?

10. Qu'est-ce qui est très savant, que l'on peut acheter dans les librairies, dont il ne faut pas arracher les pages, où l'on trouve toutes sortes d'explications et que l'on peut consulter quand on n'est pas sûr de l'orthographe d'un mot?

Lösungen:

1. la France	2. la France
3. la pomme	4. la montre
5. le crayon	6. la grammaire
7. la Cigale et la Fourmi	8. la tour Eiffel
9. Louis XIV	10. le dictionnaire

Weitere Beispiele

Verwenden können Sie alle möglichen Sach- und Personenbezeichnungen, aber auch Ländernamen, Titel, Gefühle, Krankheiten oder sogar mathematische Begriffe. Sie erleichtern den Schülern das Erraten der Substantive, wenn Sie den Artikel vorgeben.

Professeur: C'est la …? Elève: … France!

Wenn Sie Verben erraten lassen möchten, sollten Sie lieber ein anderes Spiel wählen, zum Beispiel „Le Tirelipote" (siehe Seite 43).

Variante

Sie können Ihren Schülern die Hausaufgabe stellen, selbst Rätselfragen zu formulieren. In der folgenden Stunde können diese dann vorgetragen, gegebenenfalls korrigiert und erraten werden.

Diese Variante eignet sich auch als Partner- und Gruppenspiel.

2. Rätselhafte Geschichten (Enigmes)

Bei dieser Art Rätsel wird eine mysteriöse Geschichte erzählt. Aufgabe der Schüler ist es, durch Fragen die Geschichte zu rekonstruieren und so eine plausible Erklärung für den verblüffenden Ausgang der Geschichte zu geben.

Wenn die Schüler Schwierigkeiten haben, die Lösung zu finden, können Sie ihnen einige Schlüsselwörter nennen und sie so auf den richtigen Weg bringen. Achten Sie auf die Zeiten, in denen die Fragen gestellt werden.

In der Oberstufe sind diese Geschichten als Impulse für spontane Konversation geeignet.

Eine andere Möglichkeit besteht darin, die Geschichten als schriftliche Texte zu verwenden. Sie können sie zum Beispiel diktieren und die Schüler dann bitten, das Rätsel zu lösen. Sie können die Handlung aber auch in einer anderen Zeit (Gegenwart oder Vergangenheit) wiedergeben oder Aktiv in Passiv umwandeln lassen.

Die *enigmes* können auch zu zweit oder in Gruppen entschlüsselt werden. In diesem Fall verfügt eine Person oder Gruppe über die Lösung, die andere stellt die Fragen.

L'homme bizarre

Anwendung	mündlich oder schriftlich; auch zu zweit oder in Gruppen
Stufe	ab dem 3. Lernjahr
Zeit	20–40 Minuten
Schwerpunkte	Ordnungszahlen, Präsens, Fragen: Präsens, Imperfekt, *passé composé*

Un homme habite au quinzième étage d'un immeuble. Tous les matins, il prend l'ascenseur pour descendre. Le soir, il prend l'ascenseur jusqu'au septième étage et il monte les huit derniers étages à pied. Quand il pleut, il prend l'ascenseur jusqu'au quinzième étage. Pourquoi?

Lösung: Il s'agit d'un nain. Il est trop petit pour appuyer sur le bouton du quinzième étage qui se trouve tout en haut, il ne peut appuyer que jusqu'au septième étage, c'est pourquoi il monte le reste à pied. Le matin il peut appuyer sans problème sur le bouton du premier étage qui se trouve tout en bas. Quand il pleut, il a un parapluie dont il se sert pour appuyer sur le bouton du quinzième étage.

Schlüsselwörter: ascenseur, parapluie, boutons.

Vokabeln: un immeuble (Hochhaus), un ascenseur (Aufzug), le nain/la naine (Zwerg), le bouton (Knopf), appuyer (drücken).

L'homme nu

Anwendung	mündlich oder schriftlich
Stufe	3. Lernjahr
Zeit:	20–40 Minuten
Schwerpunkte	*passé composé*, Imperfekt, Fragen: *passé composé*, Imperfekt

Dans le désert, on a retrouvé un homme tout nu, mort. Il tenait dans sa main un petit morceau de ficelle.
Que s'est-il passé? Comment est-il arrivé là?

Lösung: L'homme est arrivé dans le désert en ballon dirigeable. Il était avec un ami. Quand le ballon a commencé à descendre dangereusement, ils ont jeté tout ce qui était dans la nacelle mais ça ne suffisait pas. Ils se sont déshabillés, ça ne suffisait toujours pas. Alors, ils ont tiré à la courte paille pour savoir qui serait … jeté par-dessus bord. L'homme a tiré le plus petit bout de ficelle, et il a donc sauté du ballon tout nu et il s'est tué. Dans sa main il tenait le petit bout de ficelle.

Schlüsselwörter: un petit morceau de ficelle, le ciel.

Vokabeln: le désert (Wüste), nu (nackt), la ficelle (Schnur), tirer à la courte paille (Streichholz ziehen).

Le mystérieux pendu

Anwendung	mündlich oder schriftlich
Stufe	ab dem 3. Lernjahr
Zeit	20–40 Minuten
Schwerpunkte	Präsens, *passé composé*, Imperfekt, Passiv, Fragen, Personalpronomen

En plein été, un homme est retrouvé pendu dans un silo à huit mètres de hauteur. Il n'y a rien dans le silo ni dans la vieille voiture qui se trouve devant le silo. Que s'est-il passé?
Comment est-il arrivé en haut?

Lösung: L'homme est arrivé en voiture. Celle-ci était chargée de blocs de glace. Il les a mis dans le silo et les a montés les uns sur les autres. Il est monté accrocher une corde pour se pendre et s'est assis sur ses blocs de glace. Comme c'était en plein été, il a attendu que la glace fonde. Après quelques heures, il était pendu à huit mètres de hauteur.

Schlüsselwörter: voiture, été, chaud.

Vokabeln: pendu (erhängt), se pendre (sich erhängen), accrocher (aufhängen, befestigen), fondre (schmelzen).

La femme aux gants rouges

Anwendung	mündlich oder schriftlich; auch zu zweit oder in Gruppen
Stufe	ab dem 4. Lernjahr
Zeit	20–40 Minuten
Schwerpunkte	*passé simple*, Imperfekt, Aktiv und Passiv, Personalpronomen, Fragen: Plusquamperfekt

Un homme, qui venait de sortir de prison, monta dans un train. Il s'installa dans un compartiment qui était presque vide. Seule une femme avec des gants rouges était assise en face de lui. Quand elle enleva ses gants, il la regarda fixement, avec haine et la tua. Quelques heures plus tard, l'homme fut arrêté par la police. On le garda 24 heures au commissariat, puis les policiers furent obligés de le relâcher.
Pourquoi?

Lösung: Il y a 30 ans, la femme aux gants rouges était mariée avec l'homme assis dans le compartiment. Elle et son amant avaient disparu et quitté le pays.
Avant de disparaître, ils avaient coupé deux doigts de la main gauche de la femme et les avaient enterrés dans le jardin de sa maison. La police les a retrouvés lors de l'enquête menée sur sa disparition. Le mari a été accusé d'avoir tué sa femme et d'avoir caché ses «restes» autre part. Il a été emprisonné pendant 30 ans pour un meurtre qu'il n'avait pas commis. Dans le train, l'homme n'a pas reconnu sa femme tout de suite mais plus tard quand elle a enlevé ses gants. Il a décidé alors de la tuer.
La police a dû le relâcher puisqu'il avait déjà purgé sa peine pour un crime qu'il a commis 30 ans après sa condamnation.

Schlüsselwörter: jardin, amant, 30 ans, disparaître, prison.

Vokabeln: le compartiment (Abteil), le gant (Handschuh), la prison (Gefängnis), relâcher (freilassen), un amant (Liebhaber), le doigt (Finger), enterrer (vergraben), une enquête (Untersuchung), être accusé (angeklagt sein), commettre un meurtre (einen Mord begehen), tuer (umbringen), purger une peine (eine Strafe absitzen), condamnation (Verurteilung).

3. Denksportaufgaben (Jeux de logique)

Anwendung	schriftlich (als Hausaufgabe); auch zu zweit oder in Gruppen
Stufe	ab dem 2.–4. Lernjahr
Zeit	30–60 Minuten
Schwerpunkte	Präsens, Imperfekt, Personalpronomen, Steigerung der Adjektive, Relativpronomen, Demonstrativpronomen, Verneinung, indirekte Rede

Bei diesen Rätseln wird das logische Denken geschult. Es handelt sich um kleine, verwirrende Geschichten oder Situationen, die nicht vollständig beschrieben sind. Wichtige Informationen fehlen, die man durch eine Art Ausschlußverfahren herausbekommen muß.
Diese Rätsel lassen sich leichter entschlüsseln, wenn man die Angaben in einer Tabelle notiert.

Quel est le métier de chacun?

Lebrun, Lenoir et Leblanc travaillent ensemble dans une même entreprise. Ils sont comptable, magasinier et représentant, mais peut-être dans un ordre différent.
– Le représentant, qui est célibataire, est le plus petit des trois.
– Lebrun, qui est le gendre de Lenoir, est plus grand que le magasinier.
Quel est le métier de chacun?

Lösung: Lebrun est comptable, Lenoir est magasinier, Leblanc est représentant.

Puisque Lebrun est plus grand que le magasinier, il n'est pas magasinier. Il n'est pas non plus représentant (qui est le plus petit). Il est donc comptable.
Lenoir a un gendre, il n'est donc pas célibataire, il n'est donc pas représentant. Il ne peut être que magasinier puisque Lebrun est comptable.
Leblanc ne peut être que représentant.

	comptable	magasinier	représentant
Lebrun	oui	non	non
Lenoir	non	oui	non
Leblanc	non	non	oui

Quelle est la profession de Duroc?

Durand est boucher. Il préside la table ronde des commerçants de la rue qui comprend également un épicier, un boulanger et un marchand de tabac.
– Durand est assis à gauche de Dupont.
– Duroc est à droite de l'épicier.
– Dubois qui est assis en face de Dupont, n'est pas boulanger.
Quelle est la profession de Duroc?

Lösung: Duroc est boulanger.

Durand est boucher, donc les autres ne peuvent pas l'être et lui ne peut être ni épicier, ni boulanger, ni marchand de tabac.
Durand est assis à gauche de Dupont (donc Dupont est à droite).
Dubois est assis en face de Dupont (donc Duroc est assis en face de Durand), Dubois n'est pas boulanger.
Puisque Duroc est à droite de l'épicier, il n'est pas épicier, c'est Dupont qui est épicier puisqu'il est à gauche de Duroc.
Dubois ne peut être ni boucher, ni épicier, ni boulanger, il est donc marchand de tabac.
Duroc est boulanger.

	boucher	épicier	boulanger	marchand de tabac
Durand	oui	non	non	non
Dupont	non	oui	non	non
Duroc	non	non	oui	non
Dubois	non	non	non	oui

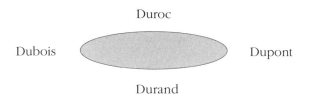

Qui est la femme de Roger?

Quatre couples passent la soirée ensemble. Leurs prénoms sont: Elisabeth, Jeanne, Marie, Anne, Henri, Pierre, Louis et Roger.
A un certain moment, on peut observer que:
La femme d'Henri ne danse pas avec son mari, mais avec celui d'Elisabeth.
Roger et Anne ne dansent pas.
Pierre joue de la trompette, accompagné au piano par Marie.
Anne n'est pas la femme de Pierre.
Qui est la femme de Roger?

Lösung: La femme de Roger est Anne.

Henri n'est pas marié à Elisabeth parce que sa femme (Jeanne? Marie? Anne?) ne danse pas avec son mari, mais avec le mari d'Elisabeth (Pierre? Louis? Roger?).
Comme le mari d'Elisabeth danse, celui-ci n'est ni Roger ni Pierre, qui ne dansent pas.
Elisabeth est donc marié à Louis.
La femme d'Henri n'est ni Elisabeth, ni Anne, ni Marie.
Henri est donc marié à Jeanne.
La femme de Pierre ne peut être ni Elisabeth, ni Jeanne, ni Anne.
Pierre est donc marié à Marie.
La femme de Roger est donc Anne.

	Henri	Pierre	Louis	Roger
Elisabeth	non	non	oui	non
Jeanne	oui	non	non	non
Marie	non	oui	non	non
Anne	non	non	non	oui

Quel est le signalement de l'agresseur?

Après un hold-up, quatre employés d'une banque décrivent le signalement de l'agresseur.
- Selon l'hôtesse, il avait les yeux bleus, était de grande taille et portait une veste et un chapeau.
- Selon le caissier, il avait les yeux noirs, était de petite taille et portait une veste et un chapeau.
- Selon la secrétaire, il avait les yeux verts, était de taille moyenne et portait un imperméable et un chapeau.
- Selon le directeur, il avait les yeux gris, était de grande taille, portait une veste mais ne portait pas de chapeau.

En réalité, chaque témoin a décrit correctement un seul détail sur quatre.
Pour chaque détail, un témoin l'a décrit correctement.
Quel est le signalement exact de l'agresseur?

Lösung: L'agresseur avait les yeux bleus, était de petite taille, portait un imperméable et n'avait pas de chapeau.

Il y a quatre détails et quatre témoins. Chaque détail a été décrit correctement par un seul témoin. Chaque témoin a décrit correctement un détail. On sait donc qu'*à chaque détail correspond un témoin et un seul qui l'a décrit correctement*.

Trois témoins ont dit qu'il avait un chapeau, d'après notre conclusion ce n'est pas possible. Il n'avait donc pas de chapeau. Le directeur a donc raison sur ce point, il a donc tort sur les autres points: l'agresseur n'était pas de grande taille, ne portait pas de veste (il portait donc un imperméable) et n'avait pas les yeux gris.

L'hôtesse s'est donc trompée sur la taille, la veste et le chapeau. Puisqu'elle doit avoir raison sur un point, les yeux sont bleus.

L'agresseur portait un imperméable, ce qui donne raison à la secrétaire mais ce qui veut dire que les yeux n'étaient pas verts, que l'homme n'était pas de taille moyenne (il était donc petit comme le disait le caissier) et ne portait pas de chapeau.

	yeux	taille	vêtement	chapeau
hôtesse	bleus	~~grande~~	~~veste~~	~~oui~~
caissier	~~noirs~~	petite	~~veste~~	~~oui~~
secrétaire	~~verts~~	~~moyenne~~	imperméable	~~oui~~
directeur	~~gris~~	~~grande~~	~~veste~~	non

Kapitel 3 – Essen und Trinken in Frankreich

In diesem Kapitel finden Sie landeskundliche Informationen zu den französischen Tischgewohnheiten sowie Rezepte für beliebte und sehr typische französische Gerichte.
Auch wenn Ihre Schüler noch zu jung sind, um einen guten Wein zu trinken und zu schätzen, können ihnen Kenntnisse über die Eß- und Trinkgewohnheiten der Franzosen für einen Ferienaufenthalt in Frankreich oder den Besuch bei einer französischen Familie sehr nützlich sein. Die Informationstexte sind in französisch verfaßt, damit Fachausdrücke und Redewendungen gleich in der Originalsprache vermittelt werden. Sie sind für Schüler ab dem 4. Lernjahr geeignet. Am Ende des landeskundlichen Abschnitts finden Sie ein Quiz, mit dem die Schüler ihre neu erworbenen Kenntnisse sicher gerne überprüfen.
Die Rezepte dieses Kapitels eignen sich für sprachliche Übungen ebenso wie für ein Klassenfest „à la française".

A Französische Tischgewohnheiten
(Les habitudes de table des Français)

La cuisine française est réputée mondialement. Beaucoup de personnes pensent que les Français mangent chaque jour pendant des heures. Ce n'est pas tout à fait exact. Il y a une différence entre le «dîner» (le soir) à la maison et le «déjeuner» (le midi) que l'on prend souvent à l'extérieur. Au «dîner», toute la famille est réunie et on prend son temps pour manger et pour parler. Le «déjeuner» est pris souvent plus vite, à la cantine, à la maison ou au restaurant, pendant la pause du midi qui est généralement d'une heure ou d'une heure et demie. Les enfants ont une heure et demie de pause, de midi à une heure et demie. Ils retournent à l'école l'après-midi d' une heure et demie à quatre heures et demie ou cinq heures.
Beaucoup d'entreprises proposent à leur personnel des «tickets restaurant» (Gutscheine) qui sont échangés contre un déjeuner dans presque tous les restaurants.
Le dimanche et les jours fériés, les repas peuvent effectivement durer deux, trois ou même quatre heures.

Quand un allemand est invité dans une famille française, il n'est pas rare qu'il n'ait plus faim avant le plat principal parce qu'il a pris trop de hors-d'œuvre ou mangé trop de pain qui est toujours sur la table. Il ne faut en aucun cas dire «je suis plein» (ich bin voll) mais:
«(non) merci, je n'ai plus faim»,
«(non) merci, c'était très bon»,
«(non) merci, c'était délicieux mais je n'ai plus faim»,
«merci beaucoup mais je suis rassasié(e)»,
«merci beaucoup, je suis pleinement satisfait(e)».

1. Quand, comment et que mange-t-on en France?

Les Français mangent trois ou quatre fois par jour. Le midi et le soir ils prennent traditionnellement des repas chauds. Les quatre repas français se composent habituellement comme ceci:

Le petit déjeuner (Frühstück)

Le petit déjeuner français est très simple. Beaucoup de Français ne mangent pas le matin. Il se compose de la façon suivante:
– de café, de café au lait, de thé ou de chocolat,
– de pain avec du beurre («une tartine»), parfois de la confiture,
– d'un croissant ou de la brioche, le dimanche.

A Französische Tischgewohnheiten 67

La plupart des Français boivent leur café, café au lait, etc. dans des bols (Trinkschale) et non dans des tasses pour pouvoir tremper leur pain dans leur café.
Attention: «En avoir ras le bol» veut dire «die Nase voll haben».

Le déjeuner (Mittagessen)

Autrefois un repas se composait de quatre, cinq ou six plats (Gängen) et le premier était le «hors-d'œuvre». Actuellement, un repas se compose normalement de trois plats et le premier est appelé soit hors-d'œuvre soit entrée. La salade et le fromage ne comptent pas comme plat. Un menu comprend en général:
- un apéritif (en semaine de temps en temps, le week-end plus souvent, quand il y a des invités toujours) avec des amuse-gueule (Appetitanreger) une demi-heure avant le repas: des gâteaux à apéritif, des olives, des cacahuètes (Erdnüsse), des petites saucisses, du saucisson sec, des cubes de fromage, des petits toasts avec des œufs de lump (lompe) ou du caviar, du pâté ou du saumon, ...,
- un hors-d'œuvre ou une entrée chaude ou froide,
- un plat de résistance (Hauptgericht): de la viande ou du poisson avec des légumes,
- de la salade: comme la laitue (Kopfsalat), la chicorée, les endives, la frisée, la scarole (wilder Lattich), ...
- du fromage (les fromages sont si nombreux en France que l'on pourrait en changer chaque jour de l'année),
- un dessert: un entremet (de la crème, de la mousse au chocolat, un yaourt), un fruit ou du gâteau que l'on mange avec le café à la fin du repas (pas l'après-midi comme en Allemagne),
- un café et quelquefois un digestif.

Le goûter ou «le quatre heures» (Zwischenmahlzeit)

Les enfants qui rentrent de l'école à quatre heures et demie ont faim. En attendant le dîner qui se prend entre sept heures et demie et huit heures, ils mangent du pain (avec du beurre) et du chocolat (deux carrés... ou une barre de chocolat mais pas une tablette entière!). Ils peuvent remplacer le chocolat par de la confiture, du camembert ou même une banane.

Le dîner ou le souper (Abendessen)

- Un apéritif,
- un potage ou une soupe (en hiver), un hors-d'œuvre ou une entrée,

- un plat de résistance (viande ou poisson avec des légumes),
- de la salade,
- du fromage,
- un dessert (entremets, fruit ou gâteau),
- un café ou une infusion/tisane (Kräutertee) avec quelquefois, seulement pour certains adultes, un digestif.

Le *souper* était autrefois un repas froid que l'on prenait tard le soir après le théâtre ou le cinéma. Aujourd'hui, on utilise ce mot comme le *dîner*.
Attention: En Suisse française, on dit *dîner* pour «Mittagessen» et *souper* pour «Abendessen».

2. Boissons avant, pendant et après le repas

Prendre «un pot», c'est prendre un verre, boire quelque chose avec un ami dans un café ou à la maison. Si c'est l'heure de l'apéritif, on prend un apéritif, autrement, en général, on boit quelque chose de froid.

Avant le repas

L'apéritif se prend une demi-heure ou une heure avant les repas. Il se prend quand il y a des invités, rarement seul. (Un invité ou une invitée est une personne connue de la famille qui vous rend visite spontanément ou une personne invitée à manger.) L'heure de l'apéritif est entre 11 heures 30 et 12 heures 30 au déjeuner et entre 19 heures et 20 heures le soir.
En France, si quelqu'un vous rend visite à l'heure des repas, on l'invite à boire un apéritif, c'est l'usage. Les apéritifs de tous les jours ne sont accompagnés que de cacahuètes ou de gâteaux à apéritif.

«Qu'est-ce que je vous sers comme apéritif?» Normalement on doit présenter un choix d'apéritifs, par exemple:
- un apéritif anisé comme le Ricard, le Pastis, le Pernot avec de l'eau plate (Wasser ohne Kohlensäure, Quellwasser oder Wasser aus der Leitung) et des glaçons (Eiswürfel),
- un Porto ou un vin doux naturel,
- un Xérès ou Jerez (vin andalou que les Anglais nomment «Sherry»!), un whisky, un Campari, un punch, un kir (liqueur de cassis ou de mûres avec du vin blanc), un kir royal (liqueur avec du champagne), ...
- un vermouth blanc, un Martini, ...

Les enfants et les jeunes prennent de l'eau, un jus d'orange, un jus de pomme, ...
Tout le monde trinque (anstoßen) en disant «à la vôtre» (à votre santé).

Pendant le repas

Les Français boivent beaucoup d'eau plate (eau du robinet ou eau minérale non gazeuse) comme la Contrexéville, la Vittel, l'Evian ou de l'eau minérale gazeuse comme la Saint-Yorre, la Badoit, la Vichy, le Perrier (la plus gazeuse). C'est pourquoi il y a toujours une carafe ou une bouteille d'eau sur une table française. On boit souvent un verre d'eau entre deux plats quand on change de vin.

Les enfants et les jeunes boivent en général de l'eau du robinet ou en bouteille, du sirop de menthe, de grenadine ou de citron, du jus de fruits et parfois, vers 15 ans, de l'eau avec du vin.

Avec un bon repas, bien français, le vin et l'eau ne doivent pas manquer. La tradition des vins en France est une grande et longue tradition qui comporte beaucoup de règles, en voici quelques-unes:
- On ne boit pas avec la soupe et la salade (le vinaigre ou le citron tuent le vin).
- Avec le melon, on ne boit pas d'eau (ça donne mal au ventre), on peut boire un Porto ou un vin de liqueur sucré comme le Banyuls, le Frontignan, …
- Avec les hors-d'œuvre/entrées, on sert un vin blanc sec ou un vin rosé sec.
- Avec les escargots (Schnecken), on sert un vin rouge léger: Beaujolais, Bordeaux ou même Bourgogne.
- Avec les fruits de mer, on sert un vin blanc sec.
- Avec les poissons, on sert du vin blanc sec ou demi-sec. Exception: le poisson en matelote qui se sert avec le même vin ayant servi à la cuisson.
- Avec les viandes blanches (le poulet, le lapin, la poularde), on sert du vin rouge.
- Avec le rôti, uniquement des grands vins rouges.
- Avec le gibier à poil (Wild), on sert de très grands vins rouges.
- Avec le gibier à plumes (Federwild), petits oiseaux, vins rouges à grand bouquet.
- Avec les fromages, on sert généralement de grands vins rouges. Avec des bleus (Schimmelkäse) comme le Roquefort, le Bleu d'Auvergne … avec des fromages cuits et à pâte molle comme le Reblochon ou le Port-Salut, on sert des vins blancs secs ou demi-secs.
- Avec les desserts, on sert des vins liquoreux (en général blancs et doux) et des vins de dessert étrangers comme le porto, le Xérès, le Marsala, le Samos ou, évidemment, du champagne brut ou demi-sec.

A chaque vin sa température:
- Vin blanc: frais ou légèrement frappé (auf Eis gelegt).
- Vin rosé: non frappé mais toujours très frais.
- Vin rouge: chambré (sortir le vin de la cave et le laisser séjourner dans une pièce tempérée pour qu'il en prenne la température; débouchez la bouteille une demi-heure avant de passer à table).
- Vins blancs liquoreux: 5° C non frappés.
- Champagne et mousseux: frappés entre 2 et 4° C.

Après le repas
- Le café: Un bon repas se termine obligatoirement par du café que l'on prend soit en même temps que le dessert quand celui-ci est un gâteau, soit après le dessert.
- Le digestif: Une vieille tradition française est de présenter après le café les digestifs qui sont des liqueurs ou des alcools. Comme pour les apéritifs, on doit présenter un choix de digestifs: un cognac ou une fine champagne, un alcool blanc: kirsch, quetsche, mirabelle, framboise, poire, une liqueur: liqueur de mandarine, cassis, mûres, Bénédictine, Génépi ...

3. Quiz: Habitudes de table des Français

1. Que dit-on quand on est rassasié?
   - ☐ a) «Je suis plein.»
   - ☐ b) «Je n'en peux plus.»
   - ☐ c) «Je n'ai plus faim.»

2. Qu'est-ce que le goûter?
   - ☐ a) le repas de quatre heures
   - ☐ b) le repas pour les gens qui n'ont plus de dents
   - ☐ c) un petit morceau de viande que l'on goûte avant de manger

3. On vous demande: «Est-ce que vous voulez une infusion?»
   A quoi pensez-vous?
   - ☐ a) à l'hôpital
   - ☐ b) à une boisson chaude
   - ☐ c) à un volcan

4. Qu'est-ce qu'on peut tremper et où?
   - ☐ a) le fromage dans le ketchup
   - ☐ b) la salade dans la vinaigrette
   - ☐ c) le pain dans le café au lait

5. On vous propose des cacahouètes. Vous pensez qu'il s'agit:
   - ☐ a) de petits animaux
   - ☐ b) d'un instrument de musique
   - ☐ c) du fruit de l'arachide (Erdnußpflanze)

6. Qu'est-ce que les enfants prennent comme goûter?
   - ☐ a) des cacahuètes
   - ☐ b) du pain avec du beurre et du chocolat
   - ☐ c) un sirop de grenadine

7. Que fait-on pour chambrer le vin?
   - ☐ a) mettre la bouteille dans une pièce tempérée avant le repas
   - ☐ b) cacher la bouteille de vin dans la chambre avant le repas
   - ☐ c) boire la bouteille de vin dans une chambre

8. Quand est-ce qu'on boit du café en France?
   - ☐ a) à quatre heures
   - ☐ b) après le repas
   - ☐ c) avant le repas

9. Qu'appelle-t-on familièrement «amuse-gueule»?
   - ☐ a) un clown
   - ☐ b) un chien de race
   - ☐ c) quelque chose que l'on mange en prenant l'apéritif

10. Ton ami te dit: «J'en ai ras le bol.» Qu'est-ce qu'il veut dire?
    - ☐ a) que son bol de café va déborder (überlaufen)
    - ☐ b) qu'il en a assez (die Nase voll haben)

11. Vous êtes invité chez des Français à 18 heures trente pour un «pot». Qu'est-ce qu'on vous propose?
    - ☐ a) de manger un «Eintopf»
    - ☐ b) de prendre l'apéritif
    - ☐ c) de dîner

12. Qu'est-ce qu'un «plat de résistance»?
    - ☐ a) un plat que les «résistants» mangeaient pendant la guerre
    - ☐ b) un plat qui donne de la force pour résister aux microbes
    - ☐ c) un plat entre l'entrée et le dessert

13. On vous propose de l'eau plate. Que pensez-vous recevoir?
    - ☐ a) de l'eau minérale non gazeuse ou de l'eau du robinet
    - ☐ b) de l'eau minérale gazeuse
    - ☐ c) «Stilles Wasser»

Lösungen: 1c, 2a, 3b, 4c, 5c, 6b, 7a, 8b, 9c, 10b, 11b, 12c, 13a

B Kochrezepte (Des recettes)

Als Ergänzung zu landeskundlichen Themen, im Rahmen einer Projektwoche oder als kulinarische Bereicherung eines Schulfestes finden französische Gerichte häufig großen Anklang. Mit Hilfe der folgenden Rezepte können Sie je nach Wunsch und zur Verfügung stehenden Kochmöglichkeiten gemeinsam mit Ihren Schülern ein typisch französisches Menü zusammenstellen.

Einige Rezepte dieses Abschnitts sind in Deutschland wenig bekannt, bilden aber einen traditionellen Teil der französischen Eßkultur (le pot au feu, la galette des rois, ...). Andere Rezepte sind typisch für verschiedene französische Regionen (le far breton, les moules marinières, la salade martiniquaise, les crêpes bretonnes, ...).

Kochrezepte sind sprachlich recht anspruchsvoll, weil sie gleichzeitig mehrere Schwierigkeiten beinhalten: den Imperativ, Mengen- und Maßangaben, den Teilungsartikel, neue Vokabeln, ... Sie eignen sich daher auch gut zur Übung dieser grammatischen Strukturen. Auch die verschiedenen Zeiten lassen sich mit Hilfe von Kochrezepten üben. Anregungen hierzu finden Sie am Ende dieses Kapitels.

Die Rezepte dieses Abschnitts sind nach Gängen geordnet. Hier ein Überblick über die beschriebenen Gerichte:

1. Soupes
Soupe à l'oignon
Potage aux fanes de radis

2. Hors-d'œuvre ou entrées
Œufs mimosa
Quiche lorraine
Salade martiniquaise
Moules marinières

3. Plats de résistance
Gigot d'agneau
Rôti de bœuf
Lapin à la moutarde
Pot-au-feu

4. Desserts
Mousse au chocolat
Galette des rois
Le quatre-quarts

5. Spécialités
Crêpes de Bretagne
Far breton

Für jedes Rezept geben wir vorab kurze Informationen über den Schwierigkeitsgrad, die Zubereitungs- und Garzeit, den Preis des Gerichtes sowie die Personenzahl, auf die sich die Mengenangaben beziehen (im allgemeinen 4 Personen).
Aus Gründen der Energie- und Zeitersparnis haben wir auch einige Speisen ausgewählt, die in einem Schnellkochtopf gegart werden können. In diesen Fällen haben wir aber zusätzlich die Garzeiten für herkömmliche Kochgefäße angegeben.

Für Schwierigkeitsgrad und Preis haben wir Sterne gewählt:

*	leicht	*	preiswert
**	nicht besonders schwierig	**	mittlere Preislage
***	schwierig (oder zeitaufwendig)	***	teuer

1. Soupes

La soupe à l'oignon

difficulté	temps de préparation: 45 minutes	prix	4 personnes
*	temps de cuisson: 20 minutes	*	

Origine: Alsace, Lorraine

Ustensiles:
- une grande casserole
- une cuiller en bois
- une poêle (Pfanne)
- un couteau
- un four (facultatif)

Ingrédients:
- 3 gros oignons
- 60 grammes de beurre ou de margarine
- une cuiller à soupe de farine
- 4 tranches de pain de mie (Toastbrot) ou de pain grillé
- 50 grammes de gruyère râpé
- du sel et du poivre

Préparation:
- Epluchez les oignons et coupez-les en rondelles minces.
- Faites-les revenir dans une grande casserole avec une noix de beurre.
- Saupoudrez de farine et remuez.
- Laissez brunir légèrement.
- Ajoutez 1½ litre d'eau, le sel et le poivre.
- Faites bouillir 20 minutes.
- Coupez le pain en petits morceaux et faites-les revenir dans du beurre à la poêle.

Présentation:
- Mettez les croûtons (geröstete Brotwürfel) au fond d'un bol ou d'une assiette creuse.
- Quand la soupe est cuite, versez-la dans le bol et saupoudrez de gruyère râpé.
- Si vous voulez, vous pouvez la faire gratiner au four quelques minutes.

Potage aux fanes de radis

difficulté	temps de préparation:	20 minutes	prix	4 personnes
*	temps de cuisson:	20 minutes	*	

Ustensiles:
- 2 casseroles moyennes
- un couteau
- une cuiller à soupe

Ingrédients:
- les fanes (tiges et feuilles) fraîches d'une botte de radis
- 2 oignons blancs
- 30 grammes de beurre ou 2 cuillerées à soupe d'huile
- 1½ litre d'eau, du sel

Préparation:
- Lavez les fanes et coupez-les grossièrement ainsi que les 2 oignons.
- Faites-les revenir doucement (leicht anrösten) pendant 5 minutes, sans couvrir, dans une casserole contenant le beurre ou 2 cuillerées d'huile.
- Mettez à bouillir 1½ litre d'eau salée dans une casserole et versez-la sur les légumes qui mijotent dans l'autre casserole.
- Couvrez et laissez cuire doucement 20 minutes.

Présentation: Servez bien chaud. Vous pouvez l'accompagner avec du gruyère rapé si vous voulez.

2. Hors d'œuvre ou entrées

Œufs mimosa

difficulté *	temps de préparation: 30 minutes temps de cuisson: 15 minutes	prix *	4 personnes

Origine: Les œufs «mimosa» doivent leur nom à une fleur originaire du Brésil, le mimosa.

Ustensiles:
- une casserole
- un saladier
- un plat
- un fouet
- une cuiller à café

Ingrédients:
- 4 œufs
- une petite laitue (salade)
- de la mayonnaise
- du persil

Pour la mayonnaise:
- un œuf
- ½ cuillerée de moutarde forte
- une cuiller à café de vinaigre ou de citron
- une tasse à café d'huile
- du sel et du poivre

Préparation:
- Faites cuire 4 œufs pendant 10 à 15 minutes.
- Lavez la salade.

Faites la mayonnaise:
- Mélangez un jaune d'œuf avec la moutarde et le vinaigre.
- Ajoutez l'huile peu à peu.
- Battez avec le fouet sans vous arrêter.
- Ajoutez à la fin le sel et le poivre.

Ecalez les œufs (enlevez la coque des œufs):
- Coupez-les en deux dans le sens de la longueur.
- Retirez les jaunes d'œufs, écrasez-en 3 avec une fourchette et mélangez-les avec la mayonnaise et le persil haché.

	– Remplissez les blancs d'œufs de ce mélange.
Présentation:	Présentez les œufs mimosa sur les feuilles de salade que vous aurez disposées sur le plat. Décorez avec le dernier jaune d'œuf émietté, rappelant la fleur jaune du mimosa.

Quiche lorraine

difficulté **	temps de préparation: 45 minutes temps de cuisson: 35 minutes	prix *	4 personnes

Origine:	Comme le nom l'indique, cette quiche vient de Lorraine.
Ustensiles:	– un four! – un rouleau et une planche à pâtisserie – une spatule en bois – une tourtière (un moule à tarte) – une poêle – un saladier
Ingrédients:	*Pour la pâte:* – 200 g de farine – 50 g de beurre et 50 g de saindoux (ou 100 g de beurre) – 2 cuillers à soupe d'huile – du sel et de l'eau *Pour la garniture:* – 3 œufs – un verre de lait – 100 g de crème fraîche – 100 g de lard fumé maigre – un peu de sel, du poivre et une pointe de muscade
Préparation:	*Faites votre pâte:* – Mettez la farine sur la planche à pâtisserie. – Déposez le saindoux et le beurre en petits morceaux sur la farine, faites un puits (hier: Mulde) et mettez l'huile. – Travaillez du bout des doigts pour incorporer les matières grasses, mouillez avec l'eau en tournant avec la spatule. Pétrissez rapidement et étendez au

rouleau à ½ cm d'épaisseur. Mettez la pâte sur la tourtière huilée.
- Faites cuire au four préchauffé 20 minutes (150° C).

Pour la garniture:
- Coupez la poitrine fumée en petits dés, mettez-les dans la poêle et faites-les rissoler tout doucement. Enlevez-les du feu.
- Battez ensemble les œufs, le lait, la crème fraîche.
- Salez un petit peu (les lardons sont salés). Poivrez et parfumez avec de la muscade.
- Ajoutez les lardons à cette préparation et remplissez le fond de tarte précuit.
- Remettez à four chaud (180° C) pendant 15 à 20 minutes.

Présentation: Servez bien chaud, avec de la salade verte. Accompagnez ce plat d'un vin blanc d'Alsace ou d'un rosé bien frais ou d'un bon jus de pommes pour les jeunes.

Salade martiniquaise

difficulté **	temps de préparation: 1 heure temps de cuisson: –	prix **	4 personnes

Origine: Cette salade vient de Martinique, département français d'outre-mer, île des Antilles.

Ustensiles:
- un petit couteau pointu
- une petite cuiller
- un bol
- un saladier

Ingrédients:
- 2 ananas
- 2 pamplemousses
- une grosse pomme
- 50 g de raisins secs
- ½ verre de rhum (facultatif)
- une boîte de crevettes décortiquées
- un morceau de gouda ou de gruyère
- un concombre et un radis pour la décoration
- quelques olives noires dénoyautées

Pour la mayonnaise:
- un œuf
- ½ cuillerée de moutarde forte
- une cuiller à café de vinaigre ou de citron
- une tasse à café d'huile, du sel et du poivre
- du ketchup

Préparation:
- Coupez les ananas en deux dans le sens de la longueur. Videz-les avec un couteau, coupez la chair de l'ananas en dés.
- Pelez les pamplemousses, séparez les quartiers, retirez-en les pépins (Kerne) ainsi que les peaux et coupez-les en morceaux.
- Epluchez la pomme et coupez-la en morceaux.
- Coupez le fromage en dés.
- Faites macérer (einlegen) les raisins secs dans le rhum (facultatif).
- Lavez le concombre et coupez-le en très fines tranches sans retirer la peau (réservez-les pour la décoration).

Faites la mayonnaise:
- Mélangez un jaune d'œuf avec la moutarde et le vinaigre.
- Ajoutez l'huile peu à peu en battant au fouet sans vous arrêter.
- Ajoutez le sel et le poivre et incorporez y délicatement le ketchup.
- Mettez les morceaux d'ananas, de pamplemousse et de pomme, les raisins secs, le fromage ainsi que les olives coupées en petits morceaux dans le saladier. Ajoutez les crevettes.
- Disposez les tranches de concombre tout autour des demi-ananas.
- Mélangez très délicatement tous les ingrédients et ajoutez la mayonnaise.
- Remplissez les demi-ananas avec la préparation.
- Décorez avec un radis «en fleur», une olive noire et mettez au frais quelques minutes.

Présentation: Attention, il est recommandé de ne pas boire avec ce plat.

Moules marinières

difficulté *	temps de préparation: 30 minutes temps de cuisson: 10 minutes	prix *	4 personnes

Origine: Les provinces des bords de mer (Nord-Pas-de-Calais, Bretagne, Vendée, le Sud-Ouest, la Méditerranée)

Ustensiles:
- un couteau
- un grand fait-tout (Kochtopf) avec un couvercle
- une écumoire (Schaumlöffel)
- une louche (Suppenkelle)

Ingrédients:
- 3 kilos de moules
- 4 tomates
- 3 oignons
- une branche de céleri
- du thym, du persil
- du poivre (pas de sel)
- 2 verres de vin blanc sec (ou deux verres d'eau)
- un petit pot de crème fraîche

Préparation:
- Triez les moules en enlevant celles qui sont ouvertes ou cassées. Grattez-les bien sous l'eau froide. Ne laissez pas les moules tremper dans l'eau.
- Prenez le fait-tout et mettez-y les moules propres.
- Ajoutez le poivre, le persil, le thym, la branche de céleri, les oignons coupés, les tomates et le vin.
- Laissez bouillir, couvert, plein feu, jusqu'à ce que tous les coquillages s'ouvrent.
- Après 5–10 minutes, ajoutez la crème fraîche, laissez mijoter 2 minutes.

Présentation:
- Présentez le fait-tout sur la table.
- Servez les convives (Tischgäste) avec une écumoire ou une louche.
- Vous pouvez servir les moules avec des frites ou seules.

3. Plats de résistance

Gigot d'agneau

difficulté	temps de préparation: 1 heure	prix	6 personnes
*	temps de cuisson: 50 minutes	***	

Ustensiles:
– un plat allant au four
– un petit couteau
– une saucière

Ingrédients:
– un gigot de 1,5 kg
– 2 à 3 gousses d'ail
– du beurre
– du sel et du poivre

Préparation:
– Préchauffez le four pendant 10 minutes, 200–220° C.
– Dégraissez la viande au maximum.
– Epluchez l'ail, percez le gigot à plusieurs endroits, mettez-y les gousses d'ail, salez et poivrez.
– Parsemez la viande de noix de beurre.
– Mettez au four pendant 50 minutes.
– A mi-cuisson, arrosez le gigot avec son jus.

Présentation:
– Présentez le gigot entier dans un grand plat préalablement tenu au chaud et décoré de salade.
– Servez la sauce à part, après avoir ajouté un peu d'eau très chaude, dans une saucière.
– On accomode le gigot avec des flageolets, des frites, de la purée, des légumes frais comme par exemple: des haricots verts, sans oublier la salade verte.
– Un gigot est un plat pour les repas de fêtes, donc il s'accompagnera d'un bon vin rouge (un Bourgogne …) ou d'un bon jus de pommes.

Rôti de bœuf

difficulté	temps de préparation:	prix	4 personnes
*	40–60 minutes	**	
	temps de cuisson:		
	30–40 minutes		

Ustensiles:	– un plat allant au four
	– un couteau
Ingrédients:	– un rôti de bœuf d'un kilo (dans le filet)
	– du beurre, du sel et du poivre, de la moutarde
Préparation:	– Préchauffez le four (200–220° C) 10 minutes.
	– Pendant ce temps, préparez le rôti: mettez-le dans un plat allant au four, déposez des petits morceaux de beurre dessus, salez peu et poivrez.
	– Mettez-le au four une demi-heure (saignant) ou 40–45 minutes (bien cuit).
Présentation:	Coupez le rôti en tranches et servez la sauce à part dans une saucière. Accompagnez de frites, de purée ou d'un gratin dauphinois.

Lapin à la moutarde

difficulté	temps de préparation: 1 h 15	prix	4 personnes
*	temps de cuisson: 1 heure	**	

Ustensiles:	– un four
	– un plat qui va au four
	– une cuiller
	– de la ficelle
Ingrédients:	– un lapin (1,5 kg)
	– de la moutarde
	– de la crépine de porc
	– un petit pot de crème fraîche
	– un verre à liqueur de fine champagne
	– du sel et du poivre
Préparation:	– Prenez le lapin et badigeonnez-le entièrement (à l'intérieur et à l'extérieur) d'une moutarde très aromatisée.
	– Enveloppez d'une crépine de porc ficelée aux deux bouts.
	– Mettez au four chaud (180° C) une bonne heure.
	– Enlevez la toilette (die Umhüllung abnehmen) et découpez le lapin.

Présentation: Servez, à part, la sauce dégraissée et liée à la crème fraîche et relevez la sauce d'un peu de fine champagne ou de cognac (une ou deux cuillerées) si vous voulez.

Le Pot-au-feu (Bauerneintopf)

difficulté **	temps de préparation: 1 h 45 temps de cuisson – avec autocuiseur: 1 h 30 – sans autocuiseur: 3 h 30	prix **	4 personnes

Origine: Vieille recette française. En 1673, Madame de Sévigné, femme écrivain connue pour ses nombreuses lettres, utilisa déjà ce mot dans un de ses livres.

Ustensiles:
– un autocuiseur (Schnellkochtopf)
– un couteau

Ingrédients:
– 800 grammes de viande de pot-au-feu: gîte ou griffe plus un peu de plat de côtes (Beinscheibe; Zwischenrippenstück vom Rind)
– un os à moelle (Markknochen)
– 3 poireaux
– 4 carottes
– 2 navets
– une branche de céleri
– un oignon piqué de 2 clous de girofle (Gewürznelken)
– un gousse d'ail
– un bouquet garni (hier: Sträußchen Gewürz- kräuter aus Thymian, Lorbeerblättern und Petersilie)
– un kilo de pommes de terre
– du sel

Préparation:
– Faites bouillir environ 2 litres d'eau avec du sel et tous les légumes et les aromates indiqués ci-dessus.
– Quand l'eau bout, plongez-y la viande et fermez l'autocuiseur.
– Laissez bouillir doucement 1 h 10 à partir de la mise en marche de la soupape automatique (Automatikventil mit Kochanzeigestift).
– Passez la cocotte sous l'eau froide avant de l'ouvrir.

Présentation:	– Ajoutez-y les pommes de terre épluchées et refermez la cocotte. – Laissez cuire encore 10 minutes à partir de la mise en marche de la soupape. – Ecumez (abschöpfen) et égouttez la viande et les légumes. – Le bouillon peut être servi tel quel en entrée avec une biscotte dans chaque assiette ou épaissi avec une cuillerée de vermicelle (Glasnudeln) par personne. Dans ce cas, laissez bouillir 5 minutes en plus à découvert. – Servez la viande entourée des légumes, accompagnée de gros sel, de moutarde et de cornichons.

4. Desserts

Mousse au chocolat

difficulté **	temps de préparation: 40 minutes temps decuisson: 10 minutes	prix *	4 personnes

Ustensiles:	– 2 terrines – une spatule en bois – un fouet – un plat de service – une casserole
Ingrédients:	– 4 œufs – une tablette de 125 g de chocolat à cuire
Préparation:	– Cassez le chocolat en petits morceaux dans la terrine. – Faites chauffer de l'eau dans une casserole un peu plus large que la terrine. – Déposez la terrine, avec le chocolat, dans la casserole et faites ramollir doucement le chocolat. Retirez la terrine dès que le chocolat est malléable. – Mélangez le chocolat afin d'obtenir une pâte bien lisse. – Cassez les œufs en séparant les blancs des jaunes. – Mettez les jaunes directement avec le chocolat. Mélangez bien.

- Battez les blancs en neige ferme.
- Mélangez délicatement les deux préparations.
- Versez la mousse dans un plat creux.

Présentation: La mousse peut être consommée immédiatement ou, mieux, être mise au frais, au réfrigérateur, 2 ou 3 heures.

Galette des rois

difficulté *	temps de préparation: 60 minutes temps de cuisson: 30 minutes	prix **	4 personnes

Origine: On «tire les Rois» (on mange la galette) le jour de l'Epiphanie, le 6 janvier (siehe Seite 91).

Ustensiles:
- un four
- une belle assiette
- un saladier
- un pinceau
- une cuiller en bois
- une fève (petit objet, 2 cm maximum, en terre ou en porcelaine, ou un haricot sec, ou un tout petit objet ne fondant pas à la chaleur)

Ingrédients:
- 250 g de farine (20 cuillerées à soupe et une petite)
- un sachet de levure (Backpulver)
- 3 œufs entiers
- un jaune d'œuf, pour dorer
- 125 g de beurre
- 3 cuillers à soupe de sucre en poudre
- une pincée de sel
- 2 cuillers à soupe de sucre cristallisé

Préparation:
- Pétrissez (kneten) la farine, la levure, les œufs entiers.
- Battez la pâte.
- Mélangez-y le beurre, le sucre et le sel.
- Travaillez le tout, puis pétrissez avec la paume des mains, la pâte doit être très élastique.
- Façonnez-la en forme de couronne.

	– Faites, dessus, des croisillons avec la pointe d'un couteau, puis dorez avec un pinceau trempé dans le jaune d'œuf. – Soupoudrez de sucre cristallisé. – Beurrez la plaque du four. – Faites préchauffer le four 20 minutes (180° C). – Faites cuire la galette à four moyen (bei mittlerer Hitze) pendant ½ heure.
Présentation:	– Présentez la galette sur une belle assiette. – Soulevez-la délicatement, retournez-la et insérez la fève à l'endroit que vous avez choisi. – Remettez-la dans l'assiette et n'oubliez pas de disposer dessus une couronne en carton doré.

Le quatre-quarts

difficulté *	temps de préparation: 1 h 45 temps de cuisson: 1 h 30	prix *	8 personnes

Origine:	Gâteau de Bretagne
Ustensiles:	– un plat creux – un petit couteau – une grosse spatule en bois – un moule à gâteau carré
Ingrédients:	– 250 g de beurre (le sortir du réfrigérateur une heure avant pour qu'il ne soit pas trop dur) – 250 g de sucre en poudre – 250 g de farine – 4 œufs – le zeste d'un citron (Zitronenschale) – un sachet de levure
Préparation:	– Préchauffez le four (180° C). – Dans un plat creux, mettez le beurre et le sucre. – Mélangez bien pour obtenir une pâte onctueuse (geschmeidige Teigmasse). – Ajoutez un à un les œufs, en battant bien entre chaque œuf. – Ajoutez le zeste du citron.

	– Mélangez la farine et la levure et versez dans le mélange.
	– Mélangez bien le tout et versez cette pâte dans un moule à gâteau carré, après l'avoir graissé et légèrement fariné.
	– Faites cuire à four modéré (180° C) environ une heure et demie jusqu'à ce que le gâteau soit «pris» et se détache légèrement des parois du moule.
Présentation:	– Laissez refroidir 30 minutes avant de démouler en le retournant sur une grille.
	– Après complet refroidissement, on peut le servir avec une crème anglaise ou Chantilly (Sahne) et l'accompagner d'un café, un vin blanc liquoreux ou un bon jus d'orange.

5. Spécialités

Crêpes de Bretagne («crampouez» en breton)

difficulté **	temps de préparation: 15 minutes temps de cuisson: 4 minutes par crêpe	prix *	4 personnes

Origine:	Les crêpes viennent de Bretagne mais elles sont aussi une vieille tradition française (Seite 94, «la Chandeleur»). Il y a plusieurs variantes: avec du lait ou avec de la bière. On peut également faire des crêpes salées (avec du jambon, des champignons …) ensuite on les passe au four.
Ustensiles:	– une poêle – un grand plat creux – un fouet – une spatule en bois et un couteau (pour retourner les crêpes) – une petite louche
Ingrédients:	– 250 g de farine blanche (froment) – 4 cuillers à soupe de sucre en poudre (2 suffisent aussi!) – 3 œufs entiers – 2 jaunes d'œufs

- ½ litre de lait froid (ou ¼ litre de lait + ¼ de litre de bière, ou ½ litre de bière sans lait)
- 75 g de beurre fondu (3 grosses noix)
- une cuiller à soupe d'huile
- une pincée de sel fin
- parfum au choix (de la vanille, du cognac …)

Préparation:
- Dans le plat creux mettez la farine, le sucre, le sel, la vanille, les 3 œufs entiers et les 2 jaunes.
- Mélangez le tout avec un fouet, ajoutez peu à peu le lait froid et battez pour obtenir une pâte lisse (geschmeidige Teigmasse).
- Quand la pâte est bien lisse rajoutez le beurre fondu (que vous aurez, avant, fait fondre doucement dans la poêle), l'huile et le parfum.
- Il est recommandé de laisser «reposer» la pâte, plat couvert avec un linge, pendant une heure minimum (elles seront plus faciles à faire et seront meilleures).
- Prenez votre poêle, mettez-y une noix de beurre et faites-la chauffer à feu très chaud (c'est très important!)
- Quand votre poêle est très chaude, versez-y une petite louche de pâte en tournant rapidement votre poêle d'un mouvement circulaire, reposez-la sur le feu.
- Laissez-la chauffer une minute puis retournez-la à l'aide d'une spatule en bois, que vous posez au milieu de la poêle, et d'un couteau, avec lequel vous soulevez le bord de la crêpe pour le reposer ensuite sur la spatule. Avec la spatule vous retournez la crêpe pliée en deux et vous l'étalez dans la poêle.
- Laissez cuire encore une à deux minutes le deuxième côté et disposez votre crêpe sur une assiette.

Présentation:
- Vous pouvez manger la crêpe tout de suite (c'est meilleur) mais normalement, on attend, en les tenant au chaud au four, qu'il y ait plusieurs crêpes préparées pour que tout le monde mange en même temps (c'est plus sympathique!).
- On les mange dans une assiette avec du beurre, du sucre en poudre, de la confiture, de la compote de pomme … et on peut les faire flamber avec une

liqueur ou du cognac (pour cela, il faut qu'elles soient encore très chaudes).
– Avec les crêpes, on sert du cidre bien frais, doux ou brut (spécialité de Normandie et de Bretagne).

Le Far breton («Fars fourn» en breton)

difficulté *	temps de préparation: 40 minutes temps de cuisson: 30 minutes	prix *	4 personnes

Origine: Spécialité de Bretagne

Ustensiles:
– un four
– une fourchette
– un fouet
– une grande terrine
– un plat en terre allant au four (feuerfest)
– une spatule en bois

Ingrédients:
– 150 g de farine
– 150 g de sucre en poudre
– 3 œufs
– ½ litre de lait
– 300 g de raisins secs
– un verre de cognac (facultatif)
– une pincée de sel
– 50 g de beurre

Préparation:
– Préchauffez le four (150° C).
– Disposez la farine dans une terrine et mettez-y le sucre, les œufs battus à la fourchette, le cognac (facultatif) et le sel.
– Mélangez au fouet en ajoutant peu à peu le lait pour obtenir une pâte onctueuse, épaisse comme une bonne pâte à crêpe.
– Beurrez un plat allant au four.
– Disposez les raisins secs lavés et séchés dans le plat.
– Versez la pâte dans le plat.
– Faites cuire une demi-heure à four chaud (180° C).

Présentation:
– Servez tiède, accompagné d'une bolée de cidre doux ou brut selon les goûts.

6. Übungen zu Kochrezepten

Übung 1 (schriftlich; in Gruppen oder zu zweit)

Ordne die Maßangaben richtig zu. (recette de la salade martiniquaise)

1. deux
2. un quartier
3. un morceau
4. une tranche
5. un jaune
6. une cuiller à café
7. ½ cuillerée
8. 50 grammes
9. des dés
10. un ½ verre
11. une boîte
12. quelques

a) de raisins secs
b) d'œuf
c) olives
d) de rhum
e) pommes
f) d'ananas
g) de concombre
h) de pamplemousse
i) de crevettes
j) de gruyère
k) de moutarde forte
l) de vinaigre

Erweiterung: Ähnliche Übungen sind bei zusammengesetzten Substantiven und bei Kollokationen möglich:
- le fond de pâte, la spatule en bois, la planche à pâtisserie, la cuiller à soupe, la tasse à café, ...
- ajouter de la crème fraîche, laisser reposer la pâte, préchauffer le four, faire revenir à la poêle, ajouter la farine, couper en petits morceaux, laisser bouillir à découvert, ...

Übung 2 (mündlich oder schriftlich)

Ersetze den Imperativ durch:
subjonctif, passé composé, futur simple, futur composé und *imparfait.*

Beispiel (recette du Far breton)
préchauffez: il faut que je préchauffe, j'ai préchauffé, je préchaufferai, je vais préchauffer, je préchauffais ...
disposez: il faut que tu disposes, tu as disposé, tu disposeras, tu vas disposer, tu disposais ...
mettez: il faut qu'il mette, il a mis, il mettra, il va mettre, il mettait ...

Weitere Verben: mélangez, beurrez, versez, faites cuire, servez.

Kapitel 4 – Feste und Traditionen

In diesem Kapitel finden Sie Erläuterungen zu französischen Festen und Traditionen – außerdem Sprichwörter, Texte und Spiele, die sich mühelos in den Unterricht einbauen lassen.

Das Kapitel ist chronologisch aufgebaut.

1. Zu jedem Monat gibt es ein passendes französisches Sprichwort (le dicton du mois). Sie können es am Anfang des Monats an die Tafel schreiben und mit den Schülern über seine Bedeutung sprechen. Oft läßt sich auch ein deutsches Pendant finden.

2. Es folgen Erläuterungen zu den Festen, Traditionen und kulturellen Veranstaltungen eines Monats. Diese Texte sind so formuliert, daß sie vom 3. Lernjahr an eingesetzt werden können.

3. Ergänzt werden diese Informationen durch kurze Texte, Zeichnungen, Gedichte oder Fragen, die als Anregung zur Konversation dienen können (activités linguistiques).

4. Abschließend finden Sie ein Quiz (le questionnaire du mois) mit Fragen, die mit dem jeweiligen Monat in Zusammenhang stehen. Diese Quizfragen können mit einigen Übersetzungshilfen vom 3. Lernjahr an eingesetzt werden. Auf Karten geschrieben (vorne die Frage, hinten die Antwort), können sie auch an Spielgruppen verteilt werden, die sich gegenseitig befragen.

Janvier

1. Le dicton du mois

Il neige en janvier, fermez vos greniers.

2. Les fêtes et traditions du mois

Jour de l'An (1er janvier)

L'année commence exactement à minuit ou zéro heure. Dans les maisons, où la soirée du réveillon bat son plein, on s'arrête de danser, de manger pour aller s'embrasser sous la boule de gui et prononcer les vœux traditionnels de bonheur, de santé et de prospérité. C'est également le moment de prendre de bonnes résolutions pour l'année qui vient. On se donne aussi des étrennes, encore des cadeaux, sept jours après Noël. Janvier n'est le premier mois de l'année que depuis le VIIe siècle avant J.-C. Auparavant, l'année commençait en mars et cela explique les noms bizarres des mois de la fin de l'année à partir de septembre qui était bien le septième mois, octobre le huitième, etc.

la soirée du réveillon: Silvesterabend; la boule de gui: Mistelbeere (Mistelzweig); le vœu: Wunsch; prendre de bonnes résolutions: gute Vorsätze fassen; une étrenne: Neujahrsgeschenk

L'Epiphanie (6 janvier)

C'est le jour où l'on tire les rois. Chez tous les boulangers et pâtissiers, on peut acheter une galette accompagnée d'une couronne en papier doré. La galette des rois est un gâteau en pâte feuilletée, quelquefois garnie de pâte d'amende, dans lequel est cachée la fève. La fève est un légume sec (une sorte de haricot sec) qui a été remplacé aujourd'hui par de petites figurines en … plastique. Pour tirer les rois, il suffit de partager la galette, et celui ou celle qui, dans sa part, trouve la fève est sacré(e) roi ou reine.

Il ou elle coiffe la couronne, choisit sa reine ou son roi et l'on boit à la santé du couple royal.

la couronne: Krone; le papier doré: Goldpapier; la pâte feuilletée: Blätterteig; la pâte d'amende: Marzipan; la fève: dicke Bohne

3. Activités linguistiques

Sous la boule de gui

En quoi trouvez-vous drôle ce dessin humoristique?

Une petite enquête

a) En pensant à l'année à venir, quel serait votre vœu le plus cher?
- ☐ vous réveiller chaque jour de bonne humeur
- ☐ devenir le/la premier/ère de la classe
- ☐ recevoir un superbe cadeau de la part de votre petit/e ami/e
- ☐ aller passer huit jours avec mère Térésa pour soigner les malades
- ☐ passer un week-end dans un palace avec une star célèbre
- ☐ sans opinion

b) En pensant à l'année à venir, qu'est-ce qui vous fait le plus peur?
　　☐ tomber malade
　　☐ ne pas réussir vos examens
　　☐ perdre vos amis et vous ennuyer à mourir
　　☐ être victime d'un vol
　　☐ avoir un accident de voiture
　　☐ le fait que vous n'avez peur de rien
c) Quel vœu formulez-vous à l'intention de l'humanité tout entière?
　　☐ que plus un seul enfant ne meure de faim
　　☐ que la drogue et ses dealers disparaissent
　　☐ que les guerres enfin s'arrêtent
　　☐ qu'on trouve un remède efficace au cancer et au sida
　　☐ que chacun regarde son voisin avec moins d'indifférence
　　☐ sans opinion

Les bonnes résolutions

Faites une liste des bonnes résolutions que vous avez prises pour l'année à venir à l'aide des formules suivantes:

　　Cette année,
　　je serai plus …, moins…,
　　je ferai …, je ne ferai plus …,
　　j'essaierai de …,
　　je m'efforcerai de …

et en utilisant le plus d'adjectifs possible:

　　patient, tolérant, gentil, sportif, courageux, entreprenant, travailleur, consciencieux, désagréable, paresseux, indifférent, insensible, …

Meilleurs vœux

A quelle occasion formule-t-on les vœux suivants?

bon anniversaire	bon appétit
bon courage	bonne route
bonne année, bonne santé	bon séjour
bonne fête	bonne chance
bonne soirée	bon voyage

A propos de souhaits, en France, il est permis d'adresser ses vœux pour le Nouvel An jusqu'à la fin du mois de janvier!

4. Le questionnaire du mois

1. Que fête-t-on le 1er janvier?
2. A quel dieu les Romains consacraient-ils le mois de janvier?
3. Quelle est la plus froide des quatre saisons?
4. Que cache le pâtissier dans la galette des rois?
5. Quelle est la température de l'eau sous la couche de glace d'un lac?
   a) – 12° C
   b) 4° C
   c) 37° C
6. Où la coccinelle (Marienkäfer) passe-t-elle l'hiver?
7. Quels arbres restent verts en hiver?
8. De quel célèbre monument parisien posa-t-on la première pierre le 25 janvier 1887?
9. Sous quelle plante a-t-on coutume de s'embrasser pour se souhaiter la bonne année?
10. Lequel de ces trois animaux hiberne (Winterschlaf halten)?
    a) le chat
    b) le pingouin
    c) l'escargot (Schnecke)

Lösungen: 1. le nouvel an 2. à Janus, dieu des «commencements» 3. l'hiver 4. une fève 5. 4° C, ce qui permet aux poissons de ne pas mourir de froid 6. Elle s'endort sous l'écorce (Rinde) d'un arbre ou dans le coin d'une fenêtre. 7. les conifères: le pin, le sapin, le cyprès, ... 8. la tour Eiffel 9. le gui 10. l'escargot

Février

1. Le dicton du mois

En février, pieds mal chaussés gèlent dans les souliers.

2. Les fêtes et traditions du mois

La Chandeleur (2 février)

Il semble que le nom de cette fête vienne d'une coutume qui faisait que, ce jour-là, les femmes allumaient des chandelles pour protéger la maison de la foudre et du feu. Aujourd'hui, la tradition a changé. Dans les familles, on fait des crêpes que l'on doit, pour respecter la tradition, faire sauter en l'air pour les retourner.

la Chandeleur: Lichtmeß; la coutume: Brauch; la chandelle: Kerze; la foudre: Blitzschlag

Le Carnaval

Le carnaval se fête, en France, beaucoup moins qu'en Allemagne. Le jour du Mardi gras, dernier jour avant le Carême, les enfants se déguisent. Dans certaines villes comme Nice, il y a des défilés colorés; on se lance des fleurs et des confettis.

le Mardi gras: Faschingsdienstag; le Carême: Fastenzeit; se déguiser: sich verkleiden; des défilés colorés: bunte Umzüge

Vacances d'hiver

Les élèves disposent d'une semaine. Les privilégiés en profitent pour aller faire du ski. Pour ces vacances-là, la France est divisée en plusieurs zones; ainsi tout le monde ne part pas en même temps et cela évite quelques bouchons.

La Saint-Valentin (14 février)

Une autre fête à ne pas oublier, c'est la Saint-Valentin, la fête des amoureux. Les fleuristes se chargent bien de rappeler leur «devoir» aux amoureux.

3. Activités linguistiques

Mauvaise réputation

«Février, c'est le mois le plus petit, c'est aussi le plus méchant», a dit l'écrivain Ferdinand Céline.
Pouvez-vous expliquer cette phrase?
Essayez de caractériser d'autres mois de l'année à la manière de Céline.
Exemple: Août, c'est le mois le plus chaud, c'est aussi le plus …

4. Le questionnaire du mois

1. Le mois de février a deux particularités, lesquelles?
2. Que mange-t-on le 2 février, jour de la chandeleur?
3. Que signifie le mois de février?
   a) mois de la fièvre
   b) mois férié
   c) mois de la purification

4. En quoi la neige protège-t-elle la terre du froid?
5. Qui fête-t-on le 14 février?
6. Lequel de ces trois légumes récolte-t-on en février?
   a) le chou de Bruxelles (Rosenkohl)
   b) le petit pois
   c) la fève
7. Le compositeur Frédéric Chopin est né un 22 février. En quelle année?
   a) 1810
   b) 1879
   c) 1905
8. Qui a créé la première année bissextile (Schaltjahr)?
9. Le 26 février 1802 est né l'auteur des «Misérables». Quel est son nom?
10. Lequel de ces trois légumes doit-on semer en février?
    a) l'artichaut
    b) le chou
    c) l'oignon

Lösungen: 1. C'est le mois le plus court et il peut avoir 28 ou 29 jours. 2. des crêpes 3. le mois de la purification, février vient du mot latin februare qui signifie purifier 4. Elle l'empêche de geler en profondeur. 5. les amoureux, la Saint-Valentin 6. le chou de Bruxelles 7. en 1810 8. Jules César, en 46 av. J.-C. 9. Victor Hugo 10. l'oignon

Mars

1. Le dicton du mois

En mars chaque jour de soleil est une farce.

2. Les fêtes et traditions du mois

Les Rameaux

Ce jour-là, sept jours avant Pâques, on met dans la maison et dans les champs des rameaux ou des branches bénites pour être protégé des catastrophes.

Les Rameaux (m): Palmsonntag; la branche bénite: gesegneter Zweig

Pâques

La fête de Pâques a été fixée par le concile de Nicée en 325 au premier dimanche après la pleine lune qui a lieu soit le jour de l'équinoxe de printemps soit aussitôt après cette date. Pâques est donc au plus tôt le 22 mars et au plus tard le 25 avril. De sa date dépendent toutes les autres fêtes mobiles.

Ce sont les cloches venues de Rome qui apportent des œufs en chocolat ou en sucre aux enfants. Chez les pâtissiers et les confiseurs, on peut donc trouver des cloches, des poules, des œufs en chocolat souvent remplis de petits œufs. C'est seulement en Alsace que le lièvre de Pâques, symbole de la fécondité, pond des œufs décorés. Pâques est toutjours fixé un dimanche et le lundi qui suit est un jour férié en France.

un équinoxe: Tagundnachtgleiche; le lièvre: Hase; la fécondité: Fruchtbarkeit

3. Activités linguistiques

Poème

Lisez le petit poème suivant, dites ce qu'il décrit et donnez-lui un titre:

> Le temps a laissé son manteau
> de vent, de froidure et de pluie
> et s'est vêtu de broderies,
> de soleil riant, clair et beau …
> *Charles d'Orléans*

Lösung: L'arrivée du printemps qui commence le 21 ou le 22 mars. Le titre original de ce poème est également *le printemps.*

4. Le questionnaire du mois

1. Qu'est-ce qui, dans la galaxie, porte le même nom que le troisième mois de l'année?
2. Qu'est-ce qu'une giboulée?
   a) une pluie soudaine et de courte durée
   b) une fleur orange
   c) une danse folklorique
3. Dans la mythologie romaine, Mars est-il le dieu:
   a) de l'amour
   b) de la guerre
   c) des récoltes
4. Quelle est la couleur du forsythia?
5. Le perce-neige est-il un oiseau ou une fleur?
6. Quelle ville devient capitale de la Russie soviétique à la place de Saint-Pétersbourg, le 12 mars 1918?

7. Quand commence le printemps?
8. Qu'est-ce qu'un équinoxe?
9. Que fêtent les chrétiens le dimanche des Rameaux?
10. Quelle grande tour a-t-on achevée le 31 mars 1889?

Lösungen: 1. la planète Mars 2. une pluie soudaine et de courte durée 3. le dieu de la guerre 4. une fleur jaune 5. C'est une fleur blanche qui fleurit en février-mars. 6. Moscou 7. le 21 ou le 22 mars 8. C'est le moment où le jour et la nuit ont la même durée: Il y a deux équinoxes. Un en mars, l'autre en septembre. 9. l'entrée de Jésus dans la ville de Jérusalem; les gens l'ont accueilli avec des rameaux d'olivier 10. la tour Eiffel

Avril

1. Le dicton du mois

En avril ne te découvre pas d'un fil.

2. Les fêtes et traditions du mois

Le 1er avril

C'est le jour des farces. Les enfants découpent des poissons en papier et les accrochent subrepticement dans le dos des autres. Quand la personne s'en aperçoit, ils s'écrient «poisson d'avril». Les adultes aussi font des plaisanteries entre eux: fausses informations, faux rendez-vous, …

découper: ausschneiden; subrepticement: heimlich

3. Activités linguistiques

Poisson d'avril

Imaginez quelques «poissons d'avril» à faire à vos camarades de classe!

Petit poème

Poisson d'avril

Il était un petit poisson
Qui naquit le premier avril

Jamais personne, paraît-il,
Ne le regarda sans sourire.

Avril

Il avait beau dire et redire
Qu'il était vraiment un poisson,

Jamais personne, paraît-il,
Ne crut un mot de ses discours.

Et le petit poisson, un jour,
Regarda le ciel d'avril

Et se mit à rêver tout haut
Qu'il était un petit oiseau.
Jean-Louis Vanham

4. Le questionnaire du mois

1. D'où reviennent les hirondelles (Schwalben) en avril?
2. Quel nouveau droit les femmes françaises ont-elles acquis le 21 avril 1944?
3. De quelle couleur sont les genêts (Ginster)?
4. Dans le langage des fleurs, que signifie le lilas?
    a) la jalousie
    b) l'amitié
    c) l'amour
5. Le 16 avril 1889 est né à Londres un acteur dont la canne (Stock) et la drôle de démarche sont restées célèbres. Quel est son nom?
6. Le coucou représente deux choses différentes. Lesquelles?
7. Qui laisse tomber, dit-on, des poules et des petits œufs en chocolat dans les jardins et dans les maisons?
8. Quel est le roi qui déclarait en avril 1655 au parlement: «L'Etat, c'est moi.»?
9. Que font les marmottes (Murmeltier) en avril?
10. Qu'est-ce qu'on plante en avril et qui donne de petits fruits rouges en juin?

Lösungen: 1. d'Afrique 2. le droit de vote 3. jaune 4. l'amitié 5. Charlie Chaplin 6. un oiseau (Kuckuck) et une fleur (Primel) 7. les cloches de tous les clochers; parties à Rome le jeudi, elles reviennent le matin de Pâques se secouer au-dessus des jardins 8. Louis XIV 9. Elles se réveillent et prennent leur premier bain de soleil. 10. les fraisiers

Mai

1. Le dicton du mois

En mai tout renaît, fais donc ce qu'il te plaît.

2. Les fêtes et traditions du mois

Fête du travail (1er mai)

En France, fête légale depuis 1947, c'est une fête en l'honneur des travailleurs. Mais avant d'être une fête légale, le 1er mai a été un jour de lutte où les travailleurs ont combattu, souvent au prix de leur vie, pour défendre leurs droits.

De nos jours s'ajoute, à l'aspect purement social, l'envie de fêter le printemps. Il est de coutume de s'offrir un brin de muguet dont on dit qu'il porte bonheur.

un jour de lutte: Kampftag; un brin de muguet: Maiglöckchen; être de coutume: üblich sein

Victoire de 1945 (8 mai)

C'est un jour férié en France où l'on commémore la victoire des Alliés (France, Angleterre, Etats-Unis, Union soviétique, ...) sur l'Allemagne nazie. L'Allemagne a capitulé à la fin d'une guerre commencée en 1939 et l'armistice a été signé à Reims le 8 mai 1945.

les Alliés: Verbündete; un armistice: Waffenstillstand

L'Ascension

C'est une fête chrétienne qui célèbre, 40 jours après Pâques, la montée du Christ au ciel. En France, c'est un jour férié. (Ce n'est pas la «fête des pères», comme en Allemagne.)

La Pentecôte

C'est une fête chrétienne qui commémore, cinquante jours après Pâques, la descente du Saint-Esprit sur les apôtres du Christ. Pentecôte est un mot d'origine grecque qui veut dire «cinquantième jour». Elle a toujours lieu un dimanche et le lundi qui suit est aussi férié.

commémorer: feierlich begehen

La fête des mères

En France, la fête des mères a été fixée, en 1950, au dernier dimanche de mai. (En Allemagne, c'est le 2e dimanche de mai.) Même si beaucoup lui reprochent d'être trop commerciale, elle est devenue une institution. Alors, bonne fête, maman!

bonne fête, maman: alles Gute zum Muttertag!

Le festival de Cannes

Mai, c'est aussi le mois du festival du cinéma. La radio, la télévision, la presse s'interrogent pour savoir qui remportera la palme d'or du festival. Evénement très médiatisé en France où le cinéma tient une grande place.

un événement: Ereignis; médiatisé: von den Medien gefeiert

3. Activités linguistiques

Petit questionnaire indiscret

1. Connaissez-vous d'autres choses ou actions qui portent bonheur ou qui portent malheur?
   Etes-vous superstitieux?

2. Quelle est la fête collective que vous préférez? Et pourquoi?
   Quelle est la fête individuelle ou familiale que vous préférez?
   Existe-t-il des fêtes que vous détestez? Lesquelles?
   Si vous n'aimez pas du tout les fêtes, dites pourquoi.

superstitieux: abergläubisch; détester: verabscheuen

4. Le questionnaire du mois

1. Que fête-t-on le 1er mai?
2. Quelle fleur s'offre-t-on quand commence le mois de mai?
3. Quel oiseau qui chante très bien reparaît en mai?

4. Nommez au moins un des légumes que l'on peut trouver dans son jardin en mai.
5. Que fêtent les chrétiens à la Pentecôte?
6. Qui fête-t-on le dernier dimanche de mai?
7. Combien le mois de mai a-t-il de jours?
8. Que désigne-t-on par: les saints de glace?
9. De quelle couleur est le pelage des faons (Fell des Rehkitzes) à leur naissance en mai?
10. Les lilas (Flieder) sont-ils fleuris en mai?

Lösungen: 1. la fête du travail 2. du muguet car on dit qu'il porte bonheur 3. le rossignol 4. radis, asperges, salades, petits pois, choux 5. la descente du Saint-Esprit 6. les mères 7. 31 jours 8. les froids tardifs (spät) et dangereux pour les récoltes 9. Il est brun tacheté et se confond avec les sous-bois. 10. oui

Juin

1. Le dicton du mois

En juin coupe l'herbe et rentre le foin.

2. Les fêtes et traditions du mois

La fête de la musique (21 juin)

Depuis 1982, le 21 juin est la date de la fête de la musique non seulement en France mais aussi à travers l'Europe. Dans beaucoup de villes, des concerts gratuits et en plein air sont organisés.

La fête du sport

En juin il y a aussi la fête du sport avec les internationaux de France de Roland-Garros. Cette compétition de tennis semble passionner le plus les Français, avant même le Tour de France cycliste ou le football. A propos, savez-vous qui était Roland Garros, l'homme qui a donné son nom au célèbre stade? Un aviateur français (1888–1918) qui a réussi la première traversée de la Méditerranée. Voici quelques statistiques sur le sport et sa pratique en France: un Français sur dix pratique un sport de manière régulière, plus de la moitié des sportifs français ont moins de 18 ans et près de 15 millions de Français n'ont jamais pratiqué de sport!

la compétition: Sportwettbewerb; un aviateur: Flugzeugpilot

Fête des pères

Le troisième dimanche de juin, la fête des pères a du mal à s'imposer au grand regret des commerçants.

Fin de l'année scolaire

Juin, c'est aussi la fin de l'année scolaire et la période des examens. Dans la France centralisée, tout le monde passe le bac en même temps.

3. Activités linguistiques

A propos de sport

1. Connaissez-vous des sportifs français?
2. Pour quel sport vous passionnez-vous?

4. Le questionnaire du mois

1. En l'honneur de quelle déesse (Göttin) les Romains ont-ils baptisé le sixième mois de l'année?
2. Juin est le mois des quatre fruits rouges. Lesquels?
3. Avec quoi les flamants roses (Flamingos) font-ils leur nid (Nest) au mois de juin?
4. Dans le langage des fleurs que signifie la rose rouge?
5. Quelle joueuse de tennis allemande, née le 14 juin 1969, a gagné le tournoi de Roland-Garros en juin 1988?
6. Le 19 juin 1885, la France a fait cadeau aux Etats-Unis d'une statue du sculpteur Bartholdi. De quelle statue s'agit-il?
7. Quelle est la particularité du 21 juin?
8. Qu'est-ce qui attend les écoliers à la fin du mois de juin?
9. Comment fêtait-on la Saint-Jean dans les campagnes?
10. Combien d'œufs la mouche (Fliege) peut-elle pondre?
    a) une dizaine
    b) deux cents
    c) mille cinq cents

Lösungen: 1. Junon, fille de Saturne, sœur et épouse de Jupiter 2. fraises, groseilles (rote Johannisbeere), framboises, cerises 3. avec de la boue (Schlamm) 4. l'amour 5. Steffi Graf 6. la statue de la Liberté 7. C'est le jour le plus long de l'année dans l'hémisphère nord. 8. les vacances 9. On allumait de grands feux de joie en l'honneur du soleil et les jeunes gens devaient sauter par-dessus. 10. deux cents

Juillet

1. Le dicton du mois

En juillet le soleil est sûr et les cerises sont mûres.

2. Les fêtes et traditions du mois

Les grandes vacances scolaires

Juillet est synonyme de départs en vacances, de bouchons sur les routes et autoroutes. Mais heureusement, il y a Bison Futé! Le connaissez-vous? C'est un petit Indien, imaginé par un concepteur de publicité, qui donne des conseils aux conducteurs par l'intermédiaire de la radio ou d'affiches. L'automobiliste rusé qui suit ses messages peut arriver sans trop d'énervement et de bouchons à bon port.

le bouchon: Stau; Bison Futé: schlauer Bison; le conducteur: Autofahrer; par l'intermédiaire: durch; une affiche: Plakat

La Fête nationale (14 juillet)

Elle commémore la prise de la Bastille par le peuple de Paris en 1789. La Bastille était une prison devenue le symbole du pouvoir absolu. Cet événement marque le début de la Révolution française. C'est une fête joyeuse et il n'y a pas de 14 juillet sans bals populaires au son de l'accordéon. Pas de 14 juillet non plus sans feux d'artifice. La moindre commune fait de son mieux pour étoiler le ciel de toutes les couleurs.

commémorer: feierlich begehen; un événement: Ereignis; faire de son mieux pour: sein Bestes tun

Le Tour de France

Cette course cycliste qui se termine toujours sur les Champs-Elysées à Paris est une manifestation importante du mois de juillet et très populaire.

Le festival d'Avignon

Ce festival du théâtre, créé par le célèbre acteur et metteur en scène Jean Vilar (1912–1971), est devenu un événement culturel de dimension mondiale.

3. Activités linguistiques

**Une affiche
de la prévention routière**

A qui s'adresse-t-elle?
Que veut-elle dire?

4. Le questionnaire du mois

1. Les jours rallongent-ils ou raccourcissent-ils (verkürzen) au mois de juillet?
2. Quel est l'oiseau qui vole en faisant des zigzags horizontaux?
3. Les escargots (Schnecken) naissent-ils en été?
4. Les morsures (Biß) de la couleuvre (Natter) sont-elles dangereuses?
5. Quel genre de feux allume-t-on le soir du 13 au 14 juillet?
6. Que fête-t-on le 14 juillet?
7. Le 15 juillet de quelle année a-t-on inauguré la première ligne de métro à Paris?
   a) 1900
   b) 1925
   c) 1942
8. Où vont les cigognes à la fin du mois de juillet?
9. Quelle est l'heure la plus chaude en été?
10. Quel grand événement a-t-il eu lieu, ailleurs que sur la Terre le 21 juillet 1969?

Lösungen: 1. Ils raccourcissent environ d'une minute chaque matin et d'une minute chaque soir. 2. l'hirondelle 3. Oui, généralement en juillet. 4. Non, mais celles de la vipère. 5. des feux d'artifice 6. la Révolution française, la prise de la Bastille le 14 juillet 1789 7. en 1900, la ligne Vincennes-Neuilly 8. en direction de l'Afrique 9. midi 10. Pour la première fois, un homme, Neil Armstrong, a marché sur la Lune.

Août

1. Le dicton du mois

Sous le soleil d'août, même le sage devient fou.

2. Les fêtes et traditions du mois

Particularités du mois d'août

En août, tout marche au ralenti. La plupart des usines sont fermées, la production industrielle est au plus bas. Les Français ont souvent du mal à acheter leur baguette quotidienne car bon nombre de boulangeries sont fermées. Par contre, ceux qui restent à Paris n'ont plus de problèmes pour se garer: un certain nombre de places de stationnement payantes peuvent être utilisées gratuitement à cette époque.

quotidien: täglich; se garer: parken

L'Assomption (15 août)

Le 15 août, fête de l'Assomption est un jour férié en France. C'est une fête religieuse catholique qui célèbre l'élévation de la Vierge Marie au ciel. Si on a la chance que la fête tombe un jeudi par exemple, on peut ainsi «faire le pont». Cela veut dire que le jour ouvrable situé entre le jour férié et le week-end est aussi chômé.

l'Assomption: Maria Himmelfahrt; un jour chômé: Tag, an dem man nicht arbeitet

3. Activités linguistiques

Devinette

Qu'est-ce qu'un aoûtien?
a) un insecte qui vit au mois d'août
b) une personne qui passe ses vacances d'été dans une autre ville que celle où elle habite pendant l'année
c) un habitant d'une autre planète

Lösung: b) Exemple: les aoûtiens ont envahi la Côte d'Azur.

4. Le questionnaire du mois

1. Qu'est-ce que Christophe Colomb a cru découvrir en 1492?
2. Qu'est-ce qui se manifeste en premier quand il y a un orage au loin, l'éclair ou le tonnerre?
3. Qui pique chez les moustiques (Stechmücke), la femelle ou le mâle?
4. Les étoiles filantes (Sternschnuppe) tombent-elles sur le sol?
5. Citez au moins trois noms de plantes aromatiques.
6. Grâce à quels rayons du soleil bronzons-nous?
7. Citez au moins trois fruits d'été.
8. Qu'est-ce que la canicule?
   a) une période de très grande chaleur
   b) un instrument médical
   c) une fleur des Alpes
9. On dit qu'un trèfle (Klee) porte bonheur quand il a combien de feuilles?
10. Avec quelle essence se protège-t-on des moustiques en été?

Lösungen: 1. l'Inde 2. l'éclair, la lumière se déplace beaucoup plus vite que le bruit 3. la femelle, le sang qu'elle aspire sert au développement de ses œufs 4. Non, elles continuent leur route dans l'espace. 5. menthe, persil, ciboulette, thym, romarin, basilic, estragon 6. les rayons ultraviolets 7. abricot, pêche, cassis, melon, pastèque, prune 8. une période de très grande chaleur 9. quatre 10. l'essence de citronnelle, ils n'aiment pas cette odeur

Septembre

1. Le dicton du mois

Septembre en année bonne est le mai de l'automne.

2. Les fêtes et traditions du mois

La rentrée des classes

Septembre c'est d'abord la rentrée. Fini les vacances, il faut se remettre au travail. Septembre mériterait bien d'être le premier mois de l'année. En effet, c'est non seulement la rentrée des classes mais aussi la rentrée politique, économique et sociale.

mériter: verdienen

3. Activités linguistiques

Exercice de style

Expliquez en cinq définitions ce qu'est pour vous:
Le mois de septembre, c'est ...
La rentrée, c'est ...

4. Le questionnaire du mois

1. Avec quelle prune violette de forme allongée fait-on de l'eau de vie?
2. Qu'annonce le mois de septembre pour les écoliers?
3. La vendange est la récolte de quel fruit?
4. Qu'est-ce qui permet aux oiseaux migrateurs (Zugvögel) de s'orienter?
5. Les champignons sont-ils des plantes?
6. Le 21 septembre commence la nuit au pôle Nord, combien de temps dure-t-elle?
7. Dans quelle direction les oiseaux migrateurs partent-ils en automne?
8. Est-ce qu'on sème les oignons en septembre?
9. Qu'est-ce qu'un rouge-gorge?
10. Voit-on encore des papillons en septembre?

Lösungen: 1. la quetsche 2. la rentrée des classes 3. le raisin 4. le soleil et le champ magnétique de la terre 5. oui 6. six mois 7. vers le sud 8. Non, on les récolte. 9. un oiseau 10. Oui, quelques-uns.

Octobre

1. Le dicton du mois

Octobre est bon s'il est de saison.

2. Les fêtes et traditions du mois

Au mois d'octobre, il n'y a pas de jour férié. C'est le mois de la reprise du travail et de la consommation. Octobre occupe, après décembre, la deuxième place pour l'activité du commerce.

la reprise: Wiederaufnahme; le commerce: Handel

3. Activités linguistiques

Chanson d'automne

Les sanglots longs
Des violons
   De l'automne
Blessent mon coeur
D'une langueur
   Monotone.

Tout suffocant
Et blême, quand
   Sonne l'heure,
Je me souviens
Des jours anciens
   Et je pleure;

Et je m'en vais
Au vent mauvais
   Qui m'emporte
Deçà, delà,
Pareil à la
   Feuille morte.
Paul Verlaine

Ce poème de Paul Verlaine (1844–1896) porte bien son nom *Chanson d'automne*. Il a d'ailleurs été mis en musique et chanté par Charles Trénet sous le titre *Verlaine*.

4. Le questionnaire du mois

1. Pourquoi les feuilles ne restent-elles pas vertes en automne?
2. Comment peut-on connaître l'âge des arbres?
3. Quelle boisson alcoolisée fabrique-t-on avec des pommes?
4. De quel homme politique français, élu deux fois président de la République, le 26 octobre 1916 est-il la date de naissance?
5. Qu'est-ce que la «Granny Smith»?
6. Sur quelle planète une sonde a-t-elle atterri pour la première fois le 18 octobre 1967?
   a) Mars
   b) Vénus
   c) Jupiter

7. Quelle est la fleur d'automne par excellence?
   a) la marguerite
   b) le chrysanthème
   c) la rose
8. A quelle vitesse l'oie (Gans) peut-elle voler?
   a) 10 km/h
   b) 30 km/h
   c) 80 km/h
9. Où les crapauds se cachent-ils en automne?
10. En octobre 1783 a eu lieu la première ascension (Aufstieg) d'un homme dans les airs. A bord de quoi?
    a) d'un cerf-volant
    b) d'un aéroplane
    c) d'une mongolfière

Lösungen: 1. Elles ne fabriquent plus assez de chlorophylle parce que le soleil éclaire moins la terre. 2. En comptant les cercles qui apparaissent à l'intérieur de l'arbre lorsque le tronc (Stamm) est coupé. 3. le cidre 4. François Mitterrand 5. une pomme 6. Vénus 7. le chrysanthème 8. 80 km/h 9. dans la terre 10. une mongolfière

Novembre

1. Le dicton du mois

Terre retournée et blés semés, le ciel peut neiger.

2. Les fêtes et traditions du mois

La Toussaint (1er novembre)

Cette fête rend hommage à tous les saints. C'est un jour férié.

Les Défunts (2 novembre)

On dit aussi «la fête des morts». On a pris l'habitude de confondre les deux fêtes pour rendre hommage, ces jours-là, aux morts de sa famille en fleurissant leur tombe, en général avec des chrysanthèmes.

Armistice de 1918 (11 novembre)

Ce jour férié commémore l'armistice de 1918 qui mit fin à la «Grande

Guerre» de 1914–1918. Il donne lieu à de nombreuses manifestations en France et notamment un défilé militaire à Paris.

commémorer: feierlich begehen; un défilé militaire: Militärparade

Prix littéraires

Beaucoup de prix littéraires français sont attribués au mois de novembre: le prix Goncourt, le prix Renaudot, le prix Femina et le prix Interalliés.
Le prix Goncourt a été créé en 1903 par Edmond Goncourt en mémoire de son frère Jules. Il doit en principe récompenser un jeune auteur qui a publié un roman dans l'année. Les membres du jury sont eux-mêmes écrivains.
Le prix Renaudot a été créé en 1925 par des critiques littéraires pour éventuellement corriger le choix du Goncourt. Il est décerné le même jour que le Goncourt. Il doit récompenser un roman selon le seul critère du talent. Les membres du jury sont des journalistes ou des critiques.
Le prix Femina a été créé en 1904 par les collaboratrices d'une revue féminine pour encourager les lettres et rendre plus étroites les relations de confraternité entre les femmes de lettres. Les membres du jury sont des femmes journalistes ou écrivains.
Le prix Interalliés a été créé en 1930 par 30 journalistes et reporters en réaction au prix Femina. Il récompense en général le roman d'un journaliste. Les membres du jury sont des journalistes et écrivains.

3. Activités linguistiques

Devinette

Il parle sans bouche
Il court sans jambes
Il frappe sans mains
Il passe sans paraître
Qui est-ce?

Lösung: le vent

4. Le questionnaire du mois

1. Quels saints fête-t-on le 1er novembre?
2. Qui célèbre-t-on le 2 novembre?
3. Que fête-t-on le 11 novembre?
4. Quel fruit de novembre les écureuils (Eichhörnchen) cachent-ils?
5. En quelle saison se trouve le mois de novembre?

6. Comment s'appelle l'arbre qui porte les noix?
7. Qui, du mâle ou de la femelle du faisan (Fasan), a les plus belles couleurs?
8. Est-ce qu'on récolte les épinards (Spinat) au mois de novembre?
9. Qui, du lièvre (Feldhase) ou du lapin, est le plus gros?
10. Qu'est-ce que le cèpe?

Lösungen: 1. tous les saints; c'est la Toussaint 2. les morts; ce jour-là, on va au cimetière fleurir les tombes 3. l'armistice de 1918 4. des noisettes 5. en automne 6. le noyer 7. le mâle, la femelle est grise tachetée 8. Oui, on peut les semer et les récolter toute l'année. 9. le lièvre 10. un délicieux champignon (Steinpilz)

Décembre

1. Le dicton du mois

Noël au balcon, Pâques aux tisons.

2. Les fêtes et traditions du mois

La Saint-Nicolas (6 décembre)

Dans les régions de l'Est et du Nord, Saint-Nicolas joue encore le 6 décembre le rôle attribué ailleurs au Père Noël. En Belgique, le 6 décembre est un jour férié.

Noël (25 décembre)

C'est certainement la plus populaire et la plus belle de toutes les fêtes de l'année, surtout pour les enfants. En France, seul le 25 décembre est un jour férié. On recommence à travailler le 26.

La Saint-Sylvestre (31 décembre)

C'est le dernier jour de l'année. Il est souvent fêté, comme Noël, par un repas spécial, le réveillon, qui mène les convives jusqu'à minuit. Le réveillon, c'est un repas pris la nuit où l'on ne dort pas, où l'on veille.

le réveillon: Mitternachtsessen; le convive: Gast

3. Activités linguistiques
La fête de Noël dans une famille française

Florence, la fille aînée de la famille raconte: «Comme tous les ans, nous allons passer Noël en famille. La fête commence pour nous le 24 décembre vers 19 heures. Tout d'abord nous décorons le sapin avec nos parents. Nous y accrochons des guirlandes, des étoiles, des boules et des bougies de toutes les couleurs. Puis chacun vient mettre ses chaussons sous le sapin. C'est là que, dans la nuit, le Père Noël va déposer ses cadeaux. Ensuite nous dînons. Il y a toujours de bonnes choses à manger: des fruits de mer, du pâté truffé, du boudin blanc et un bon dessert.
Après le dîner, nous écoutons de la musique et essayons de chanter des chants de Noël. Et c'est l'heure pour nous d'aller au lit. Nous n'allons pas à la messe de minuit; c'est trop loin de chez nous. Nous avons bien du mal à nous endormir en pensant au Père Noël qui doit bientôt descendre par la cheminée. Nous espérons bien le surprendre mais nous n'y arrivons jamais.
Le lendemain matin, nous nous réveillons de bonne heure! Nous courons dans le salon et y trouvons les cadeaux du Père Noël. Quelle joie!»

décorer: schmücken; le sapin: Weihnachtsbaum; la bougie: Kerze; le pâté truffé: Trüffelpastete; le boudin blanc: eine Art „Weißwurst"

Ecrire une lettre

Ecrivez à un(e) ami(e) en France et racontez-lui comment vous allez passer la fête de Noël, chez vous, en Allemagne (préparatifs, cadeaux, repas, traditions régionales, vacances de Noël).
Pour vous aider, voici quelques expressions:

a) Comment commencer une lettre:
   – cher Frédéric, chère tante Odile, chers cousins, chères amies,

b) Comment continuer la lettre:
   – Merci beaucoup pour ta lettre.
   – Je te (vous) remercie beaucoup de ta (votre) lettre.
   – Cela fait bien longtemps que je ne t'ai pas écrit.
   – Excuse(z)-moi d'avoir mis si longtemps à répondre.
   – J'aimerais t'(vous) annoncer que …

c) Ce qu'on peut écrire vers la fin de la lettre:
   – J'espère avoir bientôt de tes (vos) nouvelles.
   – Je serais content(e) d'avoir bientôt de tes (vos) nouvelles.

– Cela me ferait très plaisir si tu (vous) répondais (répondiez) rapidement à ma lettre.

d) Comment envoyer des vœux de fin d'année:
   – Joyeux Noël et bonne année!
   – Meilleurs vœux pour Noël et la Nouvelle Année!
   – Avec mes (nos) vœux les plus sincères à toi et ta famille pour les fêtes de fin d'année.

e) Comment terminer une lettre:
   – Je t'embrasse (Je vous embrasse).
   – Mes amitiés.
   – Bien amicalement.
   – Grosses bises.
   – Mes amitiés les plus sincères à toi et ta famille.
   – Au revoir et à bientôt j'espère.

Mots croisés

a) Un gâteau au chocolat qui ressemble à un morceau de bois et qu'on mange pour Noël.
b) Un vin pétillant qu'on boit à l'occasion de fêtes.
c) Ce que le Père Noël apporte.
d) On y verse le champagne.
e) L'arbre qu'on décore à Noël.
f) Elle est en verre et contient un liquide.

Lösungen: a) bûche b) champagne c) cadeaux d) verre e) sapin f) bouteille

Un conte de Noël

Méli-mélo dans les cadeaux d'après une histoire de *Jean-Jaques Vacher*

C'est la nuit de Noël, le Père Noël se prépare à aller distribuer les cadeaux. Il se brosse les dents, peigne soigneusement sa barbe blanche, enfile son manteau rouge, ses bottes, met son bonnet et termine par son ceinturon bien ciré. Il appelle ses rennes:
– Allez, c'est l'heure, au travail!
Puis il monte dans son traîneau qui l'emporte dans le ciel vers les cheminées des maisons. Et il se demande:
– Par qui vais-je commencer cette année?
Il met la main dans la poche droite de son manteau, là où se trouve toujours son carnet d'adresses, mais rien! Il cherche dans l'autre poche, rien non plus! Il s'écrie:
– Zut alors! J'ai oublié mon carnet d'adresses!
Dans ce carnet, le Père Noël a écrit les adresses de tous les enfants de la terre et surtout ce qu'ils désirent.
Vite, il fait faire demi-tour à ses rennes étonnés et retourne chez lui. Il cherche partout, dans la cave et au grenier, sous les lits et sur les armoires, entre les livres et à côté du téléphone, mais le carnet d'adresses a disparu. Le Père Noël, angoissé, se demande:
– Mais qu'est-ce que je vais faire de tous ces cadeaux? Ce Noël va être complètement raté!
Le Père Noël soupire, il n'arrive pas à trouver de solution et il est déjà onze heures et demie. Alors le grand renne de l'attelage lui dit:
– Tu as perdu ton carnet d'adresses, grand étourdi! Il n'y a qu'une seule chose à faire: comme tu ne sais plus où et à qui tu dois distribuer des cadeaux, il faut en déposer dans toutes les maisons de la terre. Va chercher ce qui te reste dans ton grenier et partons.
Déjà une horloge sonne les douze coups de minuit. Le Père Noël se met au travail. Il monte les escaliers, les descend, court, porte, transpire et finalement remplit encore cinq traîneaux de jouets pour être sûr d'en avoir assez. Enfin tout est prêt, il peut repartir. Jamais le Père Noël n'a connu de nuit de Noël aussi fatigante. Il dépose les paquets au hasard dans toutes les cheminées. Le lendemain matin, les grands-mères trouvent des poupées dans leur chaussures, les pères des trains électriques, les mères des voitures télécommandées et les grands-pères des ours en peluche. Certains sont très déçus et disent:
– Regardez! J'ai un jouet de bébé, ce n'est pas ce que je voulais!

– Le Père Noël a dû perdre la tête, il a apporté un lapin en peluche à ma grand-mère!
Mais heureusement d'échange en échange, chacun finit par avoir le cadeau qui lui plaît.
Rentré chez lui, le Père Noël observe ce qui se passe sur la terre.
– Ah, Ah! Je leur ai fait une bonne surprise!
Et fatigué par cette nuit mouvementée, il met son pyjama, se glisse sous les draps et sous son oreiller, il trouve ... son carnet d'adresses!

Un chant de Noël

Il est né le divin Enfant

2. Une étable est son logement,
   un peu de paille est sa couchette,
   une étable est son logement,
   pour un Dieu quel abaissement.

3. O Jésus, ô Roi tout-puissant,
   tout petit enfant que vous êtes,
   ô Jésus, ô Roi tout-puissant,
   régnez sur nous entièrement.

4. Le questionnaire du mois

1. Qu'est-ce que l'avent?
2. Quel arbre décore-t-on de boules et de guirlandes à cette période de l'année?
3. Le 5 décembre 1901 est né aux U.S.A. le créateur de Mickey. Quel est son nom?
4. Dans le calendrier de la Révolution, décembre s'appelait Nivôse. Qu'est-ce que cela voulait dire?
    a) le mois de la neige
    b) le mois des nids
    c) le mois des choses
5. En Suède, le 13 décembre est-il la fête
    a) de l'hiver?
    b) de la lumière?
    c) de la lune?
6. Autrefois quel fruit offrait-on, en France, aux enfants à Noël?
7. Quelle saison commence le 21 décembre?
8. Qu'a de particulier la nuit du 21 au 22 décembre?
9. Que fête-t-on le 25 décembre?
10. Que fait-on, à minuit, à la Saint-Sylvestre?

Lösungen: 1. le nom des quatre semaines avant Noël 2. le sapin 3. Walt Disney 4. le mois de la neige 5. de la lumière 6. une orange 7. l'hiver 8. C'est la plus longue de l'année. 9. la naissance de Jésus 10. On s'embrasse et on se souhaite une bonne année.

Kapitel 5 – Texte für das Poesiealbum

Das Poesiealbum hat vor allem bei jüngeren Schülern nichts von seiner Beliebtheit eingebüßt, und Sprachlehrer werden immer wieder gebeten, etwas in der Fremdsprache hineinzuschreiben. Aber gerade dann hat man meist nichts parat. So haben wir hier einige Gedichte, Zitate und Sprichwörter zusammengestellt.
Bei den Gedichten wurde darauf geachtet, daß sie sprachlich einfach und kurz sind. Wenn der Lehrplan dafür Zeit läßt, können sie natürlich auch im Unterricht eingesetzt werden.
Die Zitate und Sprichwörter sind dagegen eher moralisch-philosophisch ausgerichtet; es ist also für jeden Geschmack etwas dabei.

A Gedichte

Le langage des bêtes

Pour parler aux chats,
il faudrait apprendre
le langage des chats
et le langage des chiens
pour parler aux chiens.
Ainsi, pourrions-nous
mieux les comprendre
et les apprécier davantage.
Et, peut-être, qui sait?
les aider à moins se détester.
Mais ne t'avise pas,
à parler au lion,
le langange du lion.
Ni au tigre,
le langage du tigre.
Tu risquerais la vie.
Tant pis. Tant pis. Tant pis.
Ces animaux, nul ne l'ignore,
sont plus cruels que bavards.
Edmond Jabès

L'adieu

J'ai cueilli ce brin de bruyère
L'automne est mort souviens-t'en
Nous ne nous verrons plus sur terre
Odeur du temps brin de bruyère
Et souviens-toi que je t'attends
Guillaume Apollinaire

Solitude

Une parole sans musique
Une musique sans paroles
Une parole de silence
Un silence sans parole.
Et puis
rien, vraiment
plus
rien.
Edmond Jabès

Le chat et le soleil

Le chat ouvrit les yeux.
Le soleil y entra.
Le chat ferma les yeux.
Le soleil y resta.
Voilà pourquoi le soir,
Quand le chat se réveille,
J'aperçois dans le noir
Deux morceaux de soleil.
Maurice Carême

Liberté

Sur mes cahiers d'écolier
Sur mon pupitre et les arbres
Sur le sable et sur la neige
J'écris ton nom
…
Liberté
Paul Eluard

Les feuilles

Qu'on foule
Un train
Qui roule
La vie
S'écoule
Guillaume Apollinaire

Ecoute l'arbre et la feuille.
La nature est une voix
Qui parle à qui se recueille
Et qui chante dans les bois.
Victor Hugo

Le travail mène à la richesse.
Pauvres poètes, travaillons!
La chenille en peinant sans cesse
Devient le riche papillon.
Guillaume Apollinaire

Quand la vie est un collier
chaque jour est une perle
Quand la vie est une cage
chaque jour est une larme
Quand la vie est une forêt
chaque jour est un arbre
Quand la vie est un arbre
chaque jour est une branche
Quand la vie est une branche
chaque jour est une feuille
Jacques Prévert

Mea culpa

C'est ma faute
C'est ma faute
C'est ma très grande faute
d'orthographe
Voilà comment j'écris
Giraffe.
Jacques Prévert

Le cancre

Il dit non avec la tête
mais il dit oui avec le cœur
il dit oui à ce qu'il aime
il dit non au professeur.
Jacques Prévert

L'autre

Les Noirs, les Blancs,
les Jeunes, les Jaunes,
les Paysans, les Citadins,
les Immigrés, les Juifs,
les Naturalisés,
les Arabes, les Métis,
les Femmes …
Ce serait mieux – je crois –
si
au lieu de mépriser l'Autre,
ou de généraliser,
on essayait de regarder
de sourire
de communiquer
de comprendre
de nouer des amitiés
Rêve ?
On est toujours
l'Autre de quelqu'un.
André Clair

B Zitate

Les amis ont tout en commun. *(Pythagore)*

On trouve plus facilement un ami qu'on ne le retient. *(Božena Němcová)*

Nous avons tous assez de force pour supporter les maux d'autrui. *(François de La Rochefoucauld)*

Amitié, doux repos de l'âme, crépuscule charmant des cœurs. *(Alphonse de Lamartine)*

On compte plus facilement ses moutons que ses amis. *(Socrate)*

Toutes les belles choses vont par deux. *(Olivier Riem)*

L'amitié sans confiance, c'est une fleur sans parfum. *(Laure Conan)*

L'arbre vit à l'aide de ses racines et l'homme de la société. *(Proverbe géorgien)*

Toutes les grandeurs de ce monde ne valent pas un bon ami. *(Voltaire)*

Avoir des amis, c'est être riche. *(Plaute)*

L'amitié est le mariage de l'âme, et ce mariage est sujet à divorce. *(Voltaire)*

Pour désirer laisser des traces dans le monde, il faut en être solidaire. *(Simone de Beauvoir)*

Un mot aimable est comme un jour de printemps. *(Proverbe russe)*

A deux nul versant n'est trop raide. *(Henrik Ibsen)*

Les miracles sont accomplis par les hommes unis. *(Proverbe indien)*

La montagne n'a pas besoin de la montagne, mais l'homme a besoin de l'homme. *(Proverbe basque)*

Qui aime l'arbre, aime les feuilles. *(Georges Herbert)*

On ne voit bien qu'avec le cœur. *(Antoine de Saint-Exupéry)*

Si la parole était d'argent et le silence d'or, le cri du cœur serait alors un diamant multicolore. *(Jacques Prévert)*

Une pluie de larmes ne peut rien contre la sécheresse du cœur. *(Jacques Prévert)*

Ce qui m'intéresse, ce n'est pas le bonheur de tous les hommes c'est celui de chacun. *(Boris Vian)*

Science sans conscience n'est que ruine de l'âme. *(Rabelais)*

La vraie générosité envers l'avenir consiste à tout donner au présent. *(Albert Camus)*

Il y a dans les hommes plus de choses à admirer que de choses à mépriser. *(Albert Camus)*

Se vouloir libre, c'est aussi vouloir les autres libres. *(Simone de Beauvoir)*

Nous naissons tous fous. Quelques-uns le demeurent. *(Samuel Beckett)*

Chacun est responsable de tous.
Chacun est seul responsable.
Chacun est seul responsable de tous. *(Saint-Exupéry)*

Un homme sans souvenirs est un homme perdu. *(Armand Salacrou)*

On tue un homme, on est un assassin.
On tue des milliers d'hommes, on est un conquérant.
On les tue tous, on est un dieu. *(Jean Rostand)*

Le cœur a ses prisons que l'intelligence n'ouvre pas. *(Marcel Jouhandeau)*

Rien n'est plus dangereux qu'une idée quand on n'en a qu'une. *(Alain)*

Rien n'est si dangereux qu'un ignorant ami; mieux vaut un sage ennemi. *(Jean de La Fontaine)*

Penser fait la grandeur de l'homme. *(Blaise Pascal)*

Un sot trouve toujours un plus sot qui l'admire. *(Nicolas Boileau)*

Il est très malaisé de parler beaucoup sans dire quelque chose de trop. *(Louis XIV)*

Aime la vérité, mais pardonne à l'erreur. *(Voltaire)*

L'amour et l'amitié s'excluent l'un l'autre. *(Jean de La Bruyère)*

C Sprichwörter

La façon de donner vaut mieux que ce qu'on donne.

Tout ce qui brille n'est pas or.

Aide-toi, le ciel t'aidera.

Il ne faut pas vendre la peau de l'ours avant de l'avoir tué.

Tout commence bien qui finit bien.

Mieux vaut tard que jamais.

A cœur vaillant rien d'impossible.

L'avenir appartient à ceux qui se lèvent tôt.

Un tien vaut mieux que deux tu l'auras.

Comme on fait son lit, on se couche.

On ne peut avoir le beurre et l'argent du beurre.

Il n'y a pas de roses sans épines.

C'est en forgeant qu'on devient forgeron.

Il ne faut pas mettre la charrue avant les bœufs.

Le mieux est l'ennemi du bien.

Bien mal acquis ne profite jamais.

Un bienfait n'est jamais perdu.

La fin justifie les moyens.

Tel qui rit vendredi, dimanche pleurera.

Le malheur des uns fait le bonheur des autres.

Il ne faut jamais remettre au lendemain ce que l'on peut faire le jour même.

Aux innocents les mains pleines.

Il n'y a pas de fumée sans feu.

Tout arrive à qui sait attendre.

Dis-moi qui tu fréquentes, je te dirai qui tu es.

Les bons comptes font les bons amis.

Il ne faut jamais dire: «Fontaine, je ne boirai pas de ton eau.»

Les eaux calmes sont les plus profondes.

Les petits ruisseaux font les grandes rivières.

Après la pluie, le beau temps.

Le soleil luit pour tout le monde.

Pierre qui roule n'amasse pas mousse.

Expérience est mère de science.

Admiration est fille de l'ignorance.

De la discussion jaillit la lumière.

Qui dit mal, mal lui vient.

Faute avouée est à moitié pardonnée.

Autres temps, autres mœurs.

Nul n'est prophète en son pays.

Il ne faut pas y aller par quatre chemins.

Il n'y a que le premier pas qui coûte.

Qui va doucement, va sûrement.

Le doute est le commencement de la sagesse.

Qui peut le plus, peut le moins.

Les voyages forment la jeunesse.

Il n'est jamais trop tard pour bien faire.

La nuit tous les chats sont gris.

Les yeux sont le miroir de l'âme.

Chat échaudé craint l'eau froide.

Il est plus facile de dire que de faire.

Kapitel 6 – Fragen zum Sprachgebrauch und zur Landeskunde

Dieses Kapitel besteht aus zwei Teilen: Der erste Teil beschäftigt sich mit verschiedenen Besonderheiten des französischen Sprachgebrauchs. Hier beantworten wir mit Hilfe vieler Beispiele Fragen, die Schüler unserer Erfahrung nach immer wieder stellen. Der zweite Teil enthält landeskundliche und kulturelle Informationen über frankophone Länder. Die Texte dieses Kapitels sind in französischer Sprache verfaßt und können als Unterrichtsmaterial in der Oberstufe eingesetzt werden.

A Fragen zum französischen Sprachgebrauch

1. Comment coupe-t-on un mot à la fin d'une ligne?

La coupure peut se faire de deux façons:
a) syllabiquement, d'après l'épellation (c'est la plus courante),
b) étymologiquement.

a) En fonction des syllabes

– On coupe généralement entre les syllabes:	ar-che-vêque, inoc-cu-per mais inoc-cupe, ca-tas-trophe, cons-cience, comp-ter mais compte, pu-bli-que-ment mais pu-blique, ven-dan-ger mais ven-dange, em-bal-lage, cal-cul, ma-thé-ma-tique, bou-teille
– On ne coupe donc pas ch, ph, th, gn, ll [j]:	ache-ter, télé-pho-ner, mé-thode, se co-gner, pa-villon (mais: vil-la)
– On coupe toujours entre les doubles lettres (sauf ll [j]):	syl-labe, ar-rêter
– On ne coupe jamais un mot pour rejeter à la ligne suivante une syllabe muette:	pu-*blique* mais non *pu-bli-que, ven-*dange* mais non *ven-dan-ge, ra-*conte* mais non *ra-con-te
– La coupure doit au moins laisser deux lettres (non muettes) en fin de ligne:	*ce*-pen-dant
– On ne coupe pas avant ou après un x ou un y placé entre deux voyelles:	in-*flexible* mais pas *in-fle-xible, *dixième* mais pas *di-xième
– La coupure est possible après ces lettres si elles sont suivies d'une consonne:	tex-*t*ile, pay-*s*an, ex-*c*ep-tion-nel-le-ment
– La division des sigles est interdite:	O.N.U., P.T.T.
– On ne sépare pas un mot en lettres de son complément en chiffres:	IVe République mais pas *IVe-République, le 3 mai mais pas *le 3-mai

b) En fonction de l'étymologie d'un mot

– Le mot peut être coupé selon ses éléments d'origine:	hémi-sphère, mal-honnête, sub-mersion, tri-porteur, péri-phrase, méta-stase, extra-ordinaire, ré-assortir, rétro-actif …

Cette méthode est plus difficile et il faut faire attention à l'accentuation. On dit et écrit:

- arche-vêque et non *arch-evêque,
- pres-cription et non *pre-scription,
- dé-saveu et non *dés-aveu,
- téles-cope et non *téle-scope,
- chi-rur-gie et non *chir-urgie,
- pé-nin-sule et non *pén-insule.

2. Quelle est la différence entre apporter et amener?

a) Quelques verbes prêtant à confusion

- **apporter** (mitbringen) / **amener** (herbeiführen, herbeibringen)

On utilise *porter* pour une chose, un animal ou quelqu'un qui ne se déplace pas. On utilise *mener* pour une personne, un animal ou une chose qui se déplace (un vélo, une moto ou même une voiture par exemple).

apporter = porter quelque chose ou quelqu'un qui ne se déplace pas vers, à ou chez quelqu'un;
apporter se compose de *porter* (tragen) et du préfixe *a(p)* issu du latin *ad*, qui veut dire *vers*.
Exemples:
Allez me chercher ce livre et *apportez*-le-moi.
Est-ce que j'*apporte* quelque chose pour le dessert?
Il a *apporté* un superbe cadeau: un chat!
Apportez-moi ce que vous avez dans la main.

amener = mener quelqu'un ou quelque chose qui se déplace vers, à ou chez quelqu'un;
amener se compose de *mener* (führen, leiten, verwalten) et du préfixe *a*, qui veut dire *vers*.
Exemples:
Ce soir, j'*amène* un ami à la maison.
Il *amène* le prisonnier devant le juge.
Il reçoit tous les gens que je lui *amène*.
Je l'*amènerai* à partager notre point de vue.
Est-ce que je peux vous *amener* ma sœur?
Si vous voulez, je vous *amène* à la piscine. (jusqu'à la porte)

- **emporter** (mitnehmen, wegbringen) / **emmener** (mitnehmen, mitfahren)

emporter = prendre avec soi et porter hors d'un lieu quelque chose ou quelqu'un qui ne se déplace pas par soi-même vers un autre lieu;
emporter se compose de *porter* (tragen) et de *em* (*en*, latin *inde*) qui veut dire *d'un lieu* (*à un autre*), *avec soi*.
Exemples:
Qu'est-ce que tu *emportes* en vacances?
Vous pouvez *emporter* ces livres si vous voulez.
Elle *emporte* le bébé dans ses bras.
Il a *emporté* son secret dans la tombe.
Vous ne l'*emporterez* pas au paradis.
Essaie de discuter sans t'*emporter*.
La tempête a tout *emporté* sur son passage.

emmener = mener avec soi quelqu'un, quelque chose ou un animal qui se déplace en allant d'un lieu à un autre; emmener se compose de *mener* (führen, leiten, verwalten) et de *em* qui veut dire *avec soi*.
Exemples:
N'oublie pas d'*emmener* le chat (avec toi).
Si tu veux, j'*emmène* les enfants (avec moi).
Je vous *emmène* à la piscine, j'y vais aussi.
Il nous a *emmenés* dîner dans un restaurant chinois.
L'avion les *emmène* en Afrique.

Attention!
ramener = amener (quelqu'un) de nouveau. (zurückbringen, zurückführen)
Exemples:
Je vais le *ramener* chez lui.
Peux-tu me *ramener* à la maison?

rapporter = apporter quelque chose d'un lieu en revenant. (mitbringen)
= apporter (une chose qui avait été déplacée) à l'endroit initial. (zurückbringen)
Exemples:
Tu *rapporteras* du pain en rentrant.
Peux-tu *rapporter* cette chose où tu l'as prise?

A Sprachgebrauch

- **entendre** (hören) / **écouter** (zuhören)

entendre = percevoir par le sens de l'ouïe (ouïr).
écouter = s'appliquer à entendre, prêter son attention à.

Exemples:
Il *entendait* ce que le professeur disait mais *n'écoutait* pas parce que ça ne l'intéressait pas.
Tu *entends* les oiseaux chanter? *Ecoute* bien, tu les *entendras*.
Il est sourd, il n'*entend* pas.
Excusez-moi mais je n'ai pas *entendu* ce que vous avez dit.
J'ai mal aux oreilles, je n'*entends* pas très bien.
Parlez plus fort, s'il vous plaît, je n'*entends* pas très bien.
J'ai *entendu* la voiture arriver.
Avez-vous *entendu* ce qu'il a dit?
Je n'ai pas *entendu* parler de cette histoire.
J'ai *entendu* dire que vous étiez malade.
Il est très égoïste, il n'*écoute* jamais ce qu'on lui dit.
Les enfants n'*écoutent* pas toujours leurs parents. (obéir)
Ecoutez bien ce que je vais vous dire, c'est très important.
Pour comprendre le texte que je vais vous lire, il faut bien *écouter*.
Il n'a jamais voulu *écouter* mes conseils.
J'ai *écouté* le nouveau disque de Pierre Bachelet, il est super!
Vous n'avez pas *écouté* ce que je disais.

- **voir** (sehen) / **regarder** (anschauen, ansehen)

voir = recevoir les images des objets par le sens de la vue.
regarder = faire en sorte de voir, s'appliquer à voir.

Exemples:
Est-ce que tu *vois* le chat? *Regarde* bien, dans l'arbre, tout en haut, tu le *vois*?
J'*ai vu* Marcel hier. – Est-ce qu'il portait une cravate?
– Je ne sais pas, je ne l'*ai* pas bien *regardé*.
Il *a* tout *vu*, tout observé, sans être *vu*.
Les borgnes ne *voient* que d'un œil.
Il est très distrait, il ne *voit* jamais rien.

On utilise le verbe *voir* très souvent à la place d'autres verbes plus précis, parfois même à la place de *regarder*.
Exemples :
Je l'ai à peine *vu(e)*. (apercevoir, entrevoir)
J'ai *vu* cela dans le journal. (lire)
Ma future maison, je la *vois* en Bretagne. (se représenter)
Je voudrais la *voir* heureuse. (savoir)
J'ai *vu* une pièce de théâtre. (assister à)
Il ne veut *voir* personne. (recevoir, fréquenter)
Je l'ai déjà *vu(e)* plusieurs fois. (rencontrer)
J'ai *vu* des fautes dans ta dictée. (trouver, détecter)
Il faut *voir* cela de plus près. (regarder, examiner)
Voyons un peu cette affaire. (considérer, étudier)
Voyez comme le hasard fait bien les choses! (constater)
Vous *voyez* ce que je veux dire? (imaginer, concevoir)
Je n'ai rien à *voir* dans cette affaire, je n'y suis pour rien.
Nous *verrons* à vous récompenser plus tard. (songer, veiller à)
Elle était malade mais elle ne s'est pas *vu* mourir. (se sentir)

b) Quelques adverbes et adjectifs prêtant à confusion

- **bien / bon(ne)** contraires : **mal / mauvais(e)**

Bien, bon, mal et *mauvais* peuvent être adverbes ou adjectifs.
Un adverbe est invariable, il modifie le sens d'un verbe, d'un adjectif qualificatif ou d'un autre adverbe. Un adjectif qualificatif sert à qualifier un nom ou un pronom.

bien adv. (invariable); d'une manière satisfaisante, avantageuse, parfaitement; le contraire est *mal*.
Exemples :
Tout va *bien*. (parfaitement)
Elle danse *bien* mal. (très mal)
Il a très *bien* réussi son examen. (d'une manière satisfaisante, parfaitement)
Nous sommes *bien* contents. (très contents)
Il a *bien* dormi. (calmement, profondément)
C'est une *bien* belle journée. (très belle)

A *Sprachgebrauch* 131

bien adj. (invariable); satisfaisant(e), agréable à voir, agréable au toucher, au contact, sympathique, beau (belle), parfait; le comparatif de supériorité est *mieux*.
Exemples:
Il est *bien*, ce garçon. (beau)
Il est très *bien* en ce moment. (en forme)
Qu'on est *bien* ici. (content, à l'aise)
Il est *bien*, ton canapé. (confortable)
Ce sont des gens *bien*. (familier: convenables, comme il faut)

bon adv. (invariable); d'une manière satisfaisante, agréable(ment).
Exemples:
Il fait *bon* ici (chaud), mais: on est *bien*. (on se sent à l'aise)
Ça sent *bon* ici. (sentir bon)
Je n'aime pas ça, ça ne sent pas *bon*.

bon(ne) adj. agréable au goût, délicieux, généreux, gentil, valable, convenable, drôle; le comparatif de supériorité est *meilleur*, le contraire est *mauvais, méchant*.
Exemples:
C'était très *bon*. (délicieux)
Le repas était très *bon*. (délicieux)
Cet homme est *bon* comme le pain. (généreux)
Est-ce que ce ticket est encore *bon*? (valable)
C'est un *bon* élève, il est *bon* en français.
C'est une *bonne* plaisanterie. (drôle)

mal adv. (invariable); d'une manière contraire à l'intérêt ou au plaisir de quelqu'un; le contraire est *bien*.
Exemples:
La journée commence *mal*.
Elle se sent *mal* dans sa peau.
Les gens parlent *mal* des étrangers parce qu'ils les connaissent *mal*.
Ils parlent assez *mal* le français.
J'ai *mal* dormi cette nuit.
Ça n'est pas si *mal* que cela, c'est bien.
Je me fiche pas *mal* de ce que les gens pensent. (passablement)

mal adj. (invariable); contraire à un principe moral, à une obligation; désagréable au toucher, désagréable à voir.
Exemples:
C'est *mal*, ce que tu as fait là.
Je n'ai rien fait de *mal*.
Elle n'est pas *mal*, cette fille.

mauvais adv. (invariable); d'une manière désagréable; le contraire est *bon*.
Exemples:
Il fait *mauvais* depuis trois jours. (pas beau)
Ça sent très *mauvais* dans cette pièce. (sentir mauvais)

mauvais(e) adj. qui présente un défaut, qui a une valeur faible, désagréable au goût au sens défectueux, imparfait, médiocre, horrible, nul, faux, lamentable, nuisible, dangereux, sale.
Exemples:
Cette conférence était assez *mauvaise*. (médiocre)
Ce film est *mauvais*. (nul)
La soupe était *mauvaise*. (désagréable au goût)
Vous avez fait un *mauvais* raisonnement. (faux, inexact)
Il a de *mauvais* yeux. (qui ne fonctionnent pas bien)
Fumer est très *mauvais* pour la santé. (dangereux)
Il y a une *mauvaise* odeur ici. (désagréable au sens)
Il est de *mauvaise* humeur. (peu accommodant)
Il est *mauvais* comme une teigne (gale, peste). (méchant)

- **mieux / meilleur / pire**

Ce sont tous les trois des comparatifs de supériorité irréguliers.

adj./adv.	comparatifs	superlatifs
bien	mieux	le mieux, la mieux, les mieux
bon(ne)	meilleur(e)	le meilleur, la meilleure, les meilleur(e)s
mauvais(e)	pire	le pire, la pire, les pires

Exemples:
Cette fille est *bien*, elle est *mieux* que Marie, c'est *la mieux* des deux.

Ça sent *bon* chez moi, mais ça sent encore *meilleur* chez toi.
Le vin est *bon* en France, il est encore *meilleur* qu'en Allemagne, c'est *le meilleur* du monde.
Le temps est *mauvais* aujourd'hui, il est *pire* qu'hier, c'est le pire de tous les temps que j'ai subi.
Ta dictée était *mauvaise*, mais celle de Marie était *pire* que la tienne, c'était *la pire* de la classe.

- **vite** (adv.) / **rapide** (adj.)

vite	*Vite* est en général un adverbe dont le sens est *rapidement*. Le contraire de *vite* est *lentement*. Exemples: Ils sont *vite* allés faire les courses. (ils ont filé, foncé) Vous parlez beaucoup trop *vite* (précipitamment, rapidement), je ne vous comprends pas, pouvez-vous parler plus *lentement* ? On sera plus *vite* arrivé si on prend la voiture. (bientôt) *Vite* peut être exceptionnellement adjectif dans le sens de *qui se meut rapidement*, il s'accorde avec le nom. Exemple: Les idées lui venaient plus *vites*, plus nombreuses.
rapide	*Rapide* est un adjectif dont le contraire est *lent*. L'adverbe est *rapidement*. Exemples: Il est *rapide* à la course, il est *rapide* comme une flèche. J'ai acheté une voiture *rapide* et nerveuse. Il est *rapide* dans son travail. (prompt, expéditif) Il comprend vite, il a l'esprit *rapide*. (vif) Les trains *rapides*: express, directs, T.G.V.

- **vieux** / **ancien** contraires: **neuf** / **nouveau (moderne)**

Ce sont des adjectifs qualificatifs qui peuvent être utilisés comme noms.

vieux *(vieille)*	= alt, abgenutzt, abgetragen; qui est usé par le temps (usagé), qui est âgé (contraire: jeune), qui existe depuis longtemps dans l'état indiqué (un vieil ami), qui a perdu son intérêt ou ses qualités (démodé, vieillot).

	Un *vieux* mur, un *vieil* homme, une *vieille* voiture, de *vieux* murs, de *vieux* hommes, de *vieilles* voitures.
neuf *(neuve)*	Le contraire de *vieux* est en général *neuf* (*neuve*), *jeune* = neu, ungebraucht, nagelneu, unerfahren. Exemples: J'ai jeté mon *vieux* pantalon, il était trop usé. Il n'y avait qu'un *vieux* mur croulant et, devant, une *vieille* voiture. J'ai acheté des chaussures *neuves*, je les ai payées 300 F. C'est un *vieil* homme, il est «usé» par les années et le travail. C'est un *vieil* ami, un *vieux* copain, un *vieux* garçon. Ce ne sont que de *vieux* meubles sans intérêt. Il a gardé de *vieilles* habitudes, de *vieilles* idées, il n'y a vraiment rien de nouveau dans ce qu'il nous a raconté!
ancien *(ancienne)*	= althergebracht, herkömmlich, früher, altertümlich, altmodisch, ehemalig, vormalig.
nouveau *(nouvelle)*	Le contraire de *ancien* est en général *nouveau* (*nouvelle*), *moderne, récent, actuel, inédit* = neu, neuartig, andersartig, erstmalig, fremd. Exemples: C'est une *ancienne* coutume qui est encore en vigueur actuellement. Il a acheté des meubles *anciens* chez un antiquaire, ils sont superbes. J'ai déménagé et je me suis fait de *nouveaux* amis. Il est plus *ancien* que moi dans le métier, il travaille depuis trente ans. J'ai eu deux maris: mon *ancien* mari (ex-mari) est chinois et mon *nouveau* est turc. L'*Ancien* Régime (la monarchie avant la Révolution de 1789) était injuste. Le *nouveau* gouvernement n'a pas encore été nommé par le Premier Ministre. J'ai une *nouvelle* voiture, elle n'est pas *neuve*, elle a cinq ans.

A Sprachgebrauch 135

c) Quelques prépositions, conjonctions et adverbes prêtant à confusion

- **il y a / avant / depuis**

il y a = vor, seit	Il est parti aux Etats-Unis *il y a* trois ans.
	Il y a une semaine, j'étais encore en France.
	J'ai appris le français *il y a* dix ans.
	Elle est rentrée *il y a* cinq minutes à peine.
il y a = es gibt, es ist	*Il y a* toujours des gens qui ne sont jamais contents.
	Combien *y a-t-il* d'élèves dans la classe?
	Qu'est-ce qu'*il y a* dans ta chambre?
avant = vor	(préposition + nom ou pronom)
avant = vorher	(auparavant), (adverbe)
	Avant peut être préposition ou adverbe. *Avant* peut exprimer le temps, le lieu ou un rang. On utilise aussi *avant de* (préposition + infinitif), *avant que* (conjonction + préposition subordonnée avec verbe au subjonctif) et *avant tout*.
le temps: *avant* (préposition + nom ou pronom)	Il se lève *avant* le lever du soleil, moi, je me lève après le lever du soleil. (Il se lève avant que le soleil (ne) soit levé.)
	Avant l'heure ce n'est pas l'heure, après l'heure ce n'est plus l'heure. (Avant que l'heure (ne) sonne, ce n'est pas l'heure ...)
	Il est parti après nous et il est rentré *avant* nous. (*Il est rentré avant que nous* (ne) soyons rentrés.)
avant adv. (auparavant)	Réfléchissez *avant*, vous parlerez après. (après avoir réfléchi)
	Il est mort hier, je l'ai vu quelques jours *avant*, il y a trois jours. (Je l'ai vu juste avant, trois jours avant.)
le lieu: *avant*	C'est la maison juste *avant* le bois, sur votre gauche.
	Avant la ville, il y a la banlieue.
l'ordre: *avant*	Lequel des deux doit-on mettre *avant*?
	Dans les grades, le général vient *avant* le colonel.
avant de + infinitif	Le sujet de la principale est le même que celui de l'infinitive:
	Ne faites rien *avant d'avoir* reçu ma lettre. (*je* ne fais rien, *je* reçois)

	Réfléchissez bien *avant de parler*. (*vous* réfléchissez, *vous* parlez) Il ne comprend jamais une phrase *avant de l'avoir* lue trois fois. Je l'ai vu(e) *avant de sortir*. (*je* l'ai vu(e), *je* suis sorti(e))
avant que + subjonctif	Il ne comprend jamais une phrase *avant que* nous (ne) la lui *ayons lue*. Il doit réfléchir *avant que* vous (ne) *partiez*. Ne parlez pas *avant qu'*il (n') *ait fini*. (*vous* ne parlez pas, *il* finit) Je l'ai vue *avant qu'*elle (ne) *sorte*. (*j'*ai vu, *elle* est sortie)
avant tout	Cela doit passer *avant tout*. (d'abord) *Avant tout*, il faut éviter la guerre. (en premier, surtout)
depuis = seit	Il apprend le français *depuis* trois ans déjà. (il apprend encore) J'ai arrêté de fumer, je ne fume plus *depuis* trois semaines.
depuis que = seitdem	*Depuis qu'*elle a un ami, on ne la voit plus. *Depuis que* le monde est monde, il y a des bons et des méchants.

B Fragen zur Landeskunde

1. Quels sont les pays francophones?

La francophonie est une collectivité constituée par les peuples ayant en commun l'usage du français ou parlant habituellement le français.

a) Les pays de l'espace francophone

On parle français dans presque 50 pays se trouvant dans les cinq continents du monde. Il y a 200 millions de francophones: près des trois quarts vivent en dehors de l'Hexagone français. La communauté francophone rassemble 4 % de la population de la planète, et elle représente 20 % du commerce international.

En fait, sur dix personnes francophones, six seulement ont le français comme langue maternelle: les Français, une partie des Belges, des Suisses et des Canadiens ... Mais dans ces pays francophones, le plus souvent, le français n'est pas la seule langue.

Ainsi 15 pays francophones connaissent des situations de bilinguisme officiel:
- français-anglais au Cameroun (plus 200 autres langues), au Canada et au Vanuatu (archipel de Mélanésie où on parle aussi bislama),
- français-allemand au Luxembourg,
- français-arabe aux Comores, à Djibouti et au Tchad,
- français-kirundi au Burundi,
- français-kinyarwanda au Rwanda,
- français-italien au Val d'Aoste (en Italie).

Dans certains pays, le français n'est pas langue officielle mais est utilisé dans la vie quotidienne, c'est un bilinguisme de fait:
- franco-arabe au Maroc, en Algérie, en Tunisie et en Mauritanie,
- franco-malgache à Madagascar.

Trois pays francophones sont officiellement trilingues:
- la Belgique: français, néerlandais et allemand.
- les Seychelles: créole, anglais et français.
- la Suisse: français, allemand et italien (mais aussi romanche inofficiellement).

Les pays francophones sont réunis dans une organisation intergouvernementale s'appelant ACCT (Agence de Coopération Culturelle et Technique) qui compte actuellement 41 membres, trois pays observateurs et trois pays qui participent seulement aux Sommets francophones (conférences des chefs d'Etat et de Gouvernement).

Liste des pays faisant partie du monde francophone et leur statut auprès de l'ACCT (Agence de Coopération Culturelle et Technique):

PM: Pays membre de l'ACCT
EA: Etat associé
GP: Gouvernement participant
PO: Pays observateur
PP: Pays participant au Sommet francophone

Pays	Statut	Capitales
1. Belgique (Communauté franç. de)	PM	Bruxelles
2. Bénin	PM	Porto-Novo
3. Burkina Faso	PM	Ouagadougou
4. Burundi	PM	Bujumbura
5. Cameroun	PM	Yaoundé
6. Canada	PM	Ottawa
7. Centrafrique (République)	PM	Bangui
8. Comores	PM	Moroni
9. Congo	PM	Brazzaville
10. Côte d'Ivoire	PM	Yamoussoukro
11. Djibouti	PM	Djibouti
12. Dominique	PM	Roseau
13. France	PM	Paris
14. Gabon	PM	Libreville
15. Guinée	PM	Conakry
16. Guinée Equatoriale	PM	Malabo
17. Haïti	PM	Port-au-Prince
18. Laos	PM	Vientiane
19. Liban	PM	Beyrouth
20. Luxembourg	PM	Luxembourg
21. Madagascar	PM	Antananarivo
22. Mali	PM	Bamako
23. Maurice	PM	Port-Louis
24. Monaco	PM	Monaco
25. Niger	PM	Niamey
26. Rwanda	PM	Kigali
27. Sénégal	PM	Dakar
28. Seychelles	PM	Victoria
29. Tchad	PM	N'djamena
30. Togo	PM	Lomé
31. Tunisie	PM	Tunis
32. Vanuatu	PM	Port-Vila
33. Viêt-Nam	PM	Hanoi
34. Zaïre	PM	Kinshasa
35. Egypte	EA	Le Caire
36. Guinée-Bissau	EA	Bissau
37. Maroc	EA	Rabat
38. Mauritanie	EA	Nouakchott
39. Sainte-Lucie	EA	Castries

40. Canada-Nouveau-Brunswick	GP	Fredericton
41. Canada-Québec	GP	Québec
42. Bulgarie	PO	Sofia
43. Cambodge	PO	Phnom-Penh
44. Roumanie	PO	Bucarest
45. Belgique (Royaume de)	PP	Bruxelles
46. Cap-Vert	PP	Praia
47. Suisse	PP	Berne

b) Histoire de la francophonie

Dès le 16e siècle, des Français partent au loin découvrir, occuper, «coloniser» de nouveaux territoires. Au 16e et au 17e siècle, des Français vont ainsi s'installer au Canada.

Le 19e siècle est la grande période où les Européens colonisent l'Afrique et l'Asie. Les Français et les Belges instaurent une politique d'intégration du français dans les pays colonisés, les habitants commencent donc à parler la langue des occupants, le français. C'est à cette époque qu'un géographe français, Onésime Reclus, utilise dans un de ses livres le mot «francophonie».

Au 20e siècle, les peuples colonisés par les Européens veulent devenir indépendants. Ils créent de nouveaux Etats en Asie, en Afrique. Les Français et les Belges quittent donc les territoires qu'ils occupaient. Beaucoup de ces jeunes pays vont conserver l'usage du français. Ils ont ainsi une langue internationale pour communiquer avec d'autres pays. Dans bien des pays d'Afrique, où les langues sont très nombreuses, le français est la seule langue commune à tous les habitants. A partir des années 60, avec tous ces pays qui ont choisi de garder le français, on voit se dessiner la Communauté francophone.

En 1970, à Niamey, au Niger, se crée l'Agence de Coopération Culturelle et Technique des pays francophones.

En 1986, c'est le premier «Sommet francophone», qui réunit tous les chefs d'Etat de la Communauté francophone à Paris. 41 pays et gouvernements y étaient représentés.

En 1987, le Sommet se tient au Québec, 40 pays et gouvernements répondent à l'invitation conjointe du Canada, du Québec et du Nouveau-Brunswick.

En 1989, le Sommet de Dakar réunit 41 pays et gouvernements.
En 1991, le Sommet de Chaillot réunit près de 50 pays.
En 1988, en France, on crée un ministère spécial pour la francophonie.
En 1993, le Sommet francophone s'est réuni à Maurice, île de l'océan Indien dont les habitants, les Mauriciens, sont originaires de Chine, d'Inde, d'Afrique, d'Europe.

c) Quelques pays parlant officiellement le français

La France

Capitale	Paris
Superficie	551 500 km^2
Population	52 000 000 d'habitants*
Langues	français (le breton, le catalan)
Drapeau	bleu, blanc, rouge (dans le sens vertical)
Monnaie	Franc français (FRF)

Géographie
La France compte aujourd'hui:
- 100 départements (siehe Seite 179)
  - 96 départements métropolitains, classés par ordre alphabétique, dont deux pour la Corse, île française depuis 1768 (Corse-du-Sud et Haute-Corse),
  - quatre départements d'outre-mer (DOM):
    la Guadeloupe, la Martinique, la Guyane française, la Réunion.
- des territoires français d'outre-mer (TOM):
  - la Nouvelle-Calédonie (océan Pacifique), française depuis 1853,
  - Wallis-et-Futuna (Pacifique Sud),
  - la Polynésie française (ensemble de 118 îles et atolls du Pacifique dont les îles de la Société, les Marquises, les Tuamotu et les Gambier),
  - les Terres australes et antarctiques françaises (terre Adélie, l'archipel des Kerguelen, l'archipel Crozet, les îles Saint-Paul et Nouvelle-Amsterdam).
- des collectivités territoriales:
  - Mayotte (océan Indien),
  - Saint-Pierre-et-Miquelon (Amérique du Nord, au nord de Terre-Neuve).

Le Royaume de Belgique

Capitale	Bruxelles
Superficie	30 513 km^2
Population	9 876 000 habitants
Langues	néerlandais (flamand), français et allemand
Drapeau	noir, jaune, rouge (dans le sens vertical)
Monnaie	Franc belge (BEL)

Géographie
Les régions la Flandre et la Wallonie sont encore divisées en neuf provinces:
Flandre: West-Vlaanderen (Flandre-Occidentale), Oost-Vlaanderen (Flandre-Orientale), Antwerpen (Anvers), Limburg, Brabant (la partie sud se trouve en Wallonie);
Wallonie: Hainaut, Namur, Liège, Luxembourg.

Histoire
La Belgique était, jusqu'au 14 juillet 1993, une monarchie constitutionnelle, parlementaire et représentative. Sa constitution date de 1831 et a connu plusieurs révisions dont la dernière date de juillet 1993.
La Belgique est maintenant une Confédération (Bundesstaat) avec un état central (Bund) sur lequel règne le roi Albert II (frère du roi Baudouin I, roi de Belgique de 1951 au 31 juillet 1993). Cet Etat, Royaume de Belgique, comprend trois régions (la Flandre, la Wallonie et Bruxelles) qui regroupent les compétences liées au territoire, et trois communautés (flamande, francophone et allemande) regroupant les compétences liées aux personnes (comme l'enseignement, la culture, la formation professionnelle).

Un pays trilingue
L'existence de la frontière linguistique remonte au 5e siècle, époque où Rome abandonne aux Germains la partie nord du pays; dans le Sud, plus fortement latinisé, le langage gallo-romain (ancien français) résiste à la germanisation.
En 1971, quatre régions linguistiques sont constitutionnellement établies:
– la Flandre (le nord du pays jusqu'au-dessous de Bruxelles),
– la Wallonie (le sud du pays),
– les cantons de langue allemande (à l'Est, dans la région d'Eupen), cette région a été allemande de 1814 à 1919,
– Bruxelles (sorte d'enclave en pays flamand) est bilingue avec une majorité francophone.
Trois langues sont employées en Belgique:
– le néerlandais en Flandre (60 % de la population belge),
– le français en Wallonie et à Bruxelles (39 %),
– l'allemand ou dialecte germanique dans la région d'Eupen (un peu moins de 1 %).

Attention:
En Belgique, on utilise les chiffres suivants de l'ancien français:
– *septante* pour soixante-dix (70),
– *nonante* pour quatre-vingt-dix (90).

Des Belges célèbres
Clovis I, le roi des Francs, est le premier Belge qui réussit à s'imposer en France lorsqu'il choisit Paris pour capitale, en l'an 481.
Charlemagne, empereur d'Occident, est né à Jupile, non loin de Liège.

En littérature
Maurice Maeterlinck (1862–1949), écrivain,
Emile Verhaeren (1855–1916), poète,
Henri Michaux (1899–1984), poète,
René Kalisky (1936–1981), dramaturge,
Conrad Detrez (1937–1985), prix Renaudot en 1978 avec l'Herbe à brûler,
Georges Simenon (1903–1989), auteur des aventures de Maigret,
Marguerite Yourcenar, dont le nom est Crayencour (1903–1987), écrivain et première femme académicienne en 1981.

Les héros belges des bandes dessinées
«Tintin» (Tim und Struppi) créé en 1929 par le dessinateur bruxellois George Rémi, dit Hergé (1907–1983). Qui dit Tintin dit Milou, le capitaine Haddock, le professeur Tournesol et les Dupont et Dupond.
«Blake et Mortimer» d'Edgar Jacobs,
«Alix l'intrépide» de Jacques Martin,
«Bob et Bobette» de Willy Vandersteen,
«Spirou et Fantasio», «Gaston Lagaffe» d'André Franquin,
«Jerry Spring» de Joseph Gillain,
«Lucky Luke» de Morris,
«Buck Danny» de M. Charlier et V. Hubinon,
«Johan et Pirlouit», «les Schtroumpfs» (die Schlümpfe) de Peyo.

Des artistes
Jacques Brel (Bruxelles 1929–1978), chanteur-poète, auteur-compositeur, acteur, réalisateur («Ne me quitte pas», «Les vieux», «Jeff», «Les bourgeois», «Le plat pays», «Les Flamandes» …),
Salvatore Adamo, chanteur belgo-sicilien («Vous permettez Madame»),
Raymond Devos (Mouscron 1922), humoriste («La mer démontée»),
Jean-Michel Folon (Bruxelles 1934), dessinateur, graveur et peintre,
Régine (Bruxelles), chanteuse («Le boa»),
Plastic Bertand, chanteur … et bien d'autres encore!

Le Grand-Duché de Luxembourg

Capitale	Luxembourg
Superficie	2 586 km^2
Population	378 000 habitants
Langues	français, allemand, le dialecte luxembourgeois
Drapeau	rouge, blanc, bleu (dans le sens horizontal)
Monnaie	Franc luxembourgeois (LUF)

Géographie

Le Luxembourg est le plus petit mais le plus riche des Etats européens. Il est constitué de deux régions géographiques très différentes:
- *l'Oesling*, au nord, est un plateau qui culmine à 559 m, avec un climat rigoureux, région de forêts,
- *le Gutland*, au sud, a un climat plutôt doux car moins élevé, avec des vignobles.

Histoire

Comté au 10e siècle puis duché en 1354, le Luxembourg passa en 1441 à Philippe le Bon, duc de Bourgogne. Espagnol en 1555, autrichien en 1714, français pendant la Révolution et l'Empire, le Luxembourg devint grand-duché en 1815 et fut cédé à Guillaume I, roi des Pays-Bas, dans le cadre de la Confédération germanique. Le traité de 1839 en donna une partie à la Belgique. Après dissolution de la Confédération, le pays fut neutralisé (1867) et la couronne passa à une autre branche des Nassau. En 1868 fut votée une Constitution à caractère parlementaire. En 1890, la famille de Nassau devint famille régnante. En 1947, le grand-duché devint membre du Benelux (*Bel*gique, *Ne*derland et *Lux*embourg). En 1948, il abandonna son statut de neutralité. En 1957, il adhéra à la C.E.E. (Communauté Economique Européenne). Jean de Nassau est grand-duc du Luxembourg depuis 1964.

Les langues

Dans le Grand-Duché de Luxembourg, trois idiomes sont parlés:
- le dialecte luxembourgeois, patois mosellan, est d'usage courant,
- l'allemand est utilisé comme langue de culture générale,
- le français est la langue officielle. Elle est enseignée dans toutes les écoles et à tous les degrés; dans le secondaire la plupart des cours se font en français.

Un exemple étrange: Si les lois sont discutées au Parlement en luxembourgeois, elles sont publiées en français par l'administration et discutées en allemand dans la presse!

La Suisse

Capitale	Berne
Superficie	41 290 km^2
Population	6 800 000 habitants
Langues	allemand 65 %, italien 10 %, français 18 %, romanche 1 %
Drapeau	une croix blanche (carrée) sur un fond rouge
Monnaie	Franc suisse (CHF)

Géographie
La Suisse (Confédération hélvétique) s'étend du nord-ouest au sud-est sur trois régions naturelles de superficies inégales:
- le Jura, qui couvre 4 113 km^2,
- le Mittelland, entre le lac Léman et le lac de Constance (12 649 km^2),
- les Alpes, qui occupent plus de la moitié du territoire (24 256 km^2).

La Suisse est partagée en 26 Etats fédérés (ou 23 cantons dont trois sont divisés en demi-cantons):
1. Appenzell, divisé en deux demi-cantons: Rhodes-Extérieures et Rhodes-Intérieures, 2. Argovie, 3. Bâle, divisé en Bâle-Ville et Bâle-Campagne, 4. Berne, 5. Fribourg, 6. Genève, 7. Glaris, 8. Grison, 9. Jura, 10. Lucerne, 11. Neuchâtel, 12. Saint-Gall, 13. Schaffhouse, 14. Schwyz, 15. Soleure, 16. Tessin, 17. Thurgovie, 18. Unterwald, partagé en Obwald et Nidwald, 19. Uri, 20. Valais, 21. Vaud, 22. Zoug, 23. Zurich.

Un pays trilingue
L'Etat fédéral suisse compte trois langues officielles:
- le français,
- l'allemand,
- l'italien,
et quatre langues nationales:
- le français (18 % de la population),
- l'allemand (65 % de la population),
- l'italien (10 % de la population),
- le romanche, langue rhéto-romane (1 % de la population).

Le français est utilisé à l'ouest, dans les quatre cantons unilingues français, qu'on appelle la Suisse romande, et dans les trois cantons bilingues français-allemand.

Attention:
En Suisse, on utilise les chiffres suivants de l'ancien français:
- *septante* pour soixante-dix (70),
- *huitante* pour quatre-vingts (80),
- *nonante* pour quatre-vingt-dix (90).

Les Suisses célèbres
La Suisse connaît une vie culturelle riche, notamment dans la littérature où, entre autres, C. F. Ramuz affirme sa volonté de faire une littérature spécifiquement romande.
Dans la recherche linguistique et psychologique, les Suisses Ferdinand de Saussure (1857–1913) et Jean Piaget (1896–1980) ont une réputation internationale. Le chanteur de rock Stephan Eicher chante dans plusieurs langues: le français, l'anglais, l'allemand et en dialecte: le bernertüsch. Ses quatre principaux disques sont «Stephan Eicher», «Silence», «My place» et «Engelberg». Pour ce dernier, il a reçu en février 1993, au Palais des Congrès, à Paris, le trophée du meilleur album francophone.

Le Québec (province du Canada)

Capitale	Québec (et pas Montréal qui compte 40 % de Québécois)
Superficie	1 540 680 km^2
Population	6 896 000 habitants
Langues	français et anglais
Drapeau	fond bleu avec une croix blanche formant quatre rectangles dans lesquels se trouve un lys blanc
Monnaie	Dollar canadien (CAD)

Géographie
Le Québec est une des dix provinces du Canada. Le Canada est immense avec ses 9 970 000 km^2. Il a 27 200 000 habitants, dont près de six millions sont francophones. On y parle donc l'anglais et le français. Le Québec, situé dans l'est du Canada, est la plus grande province du pays.

Histoire
Le Canada, appelé alors «Nouvelle-France», fut découvert en 1497 par le Vénitien (de Venise) Cabot, exploité par l'Italien Verrazano (1524) et par le Français Cartier (1534–1535) et fut colonisé par le Français Champlain

qui fonda la ville de Québec en 1608 avec des colons normands et poitevins (du Poitou ou de Poitiers). Le Canada était alors français.
Les Anglais «profitèrent» des guerres de Louis XIV pour attaquer la Nouvelle-France. L'Acadie devint Nouvelle-Ecosse en 1713. En 1763, pendant la guerre de Sept Ans, les Anglais s'emparèrent de la Nouvelle-France qui prit le nom de «Canada». La vallée du Saint-Laurent forma la province de Québec. Le Nouveau-Brunswick fut créé en 1784. L'acte de 1791 divisa le territoire laurentien en Haut-Canada, à majorité britannique, et en Bas-Canada, à majorité française.
L'Acte d'Union de 1840 réunit les provinces du Haut-Canada et du Bas-Canada en une seule province: le Canada-Uni, mais c'est l'Acte de l'Amérique britannique du Nord, de 1867, qui créa la Confédération canadienne et lui accorda sa constitution actuelle.

Une province francophone
Sur les 6 896 000 habitants du Québec, 5 500 000 sont francophones et représentent 85 % des Canadiens de langue française.
Le français est la langue officielle au Québec. Son utilisation est garantie par la Charte de la langue française qui prévoit également que le français doit être la langue normale et habituelle du travail, de l'enseignement, des communications, du commerce et des affaires.
Le Québec est le foyer principal de la culture francophone canadienne dans tous les domaines: chanson, littérature, cinéma, théâtre. Les principaux médias québécois sont de langue française. Il existe plusieurs chaînes de télévision francophones et un réseau câblé dense (66 % des foyers québécois). La chaîne TV 5 Québec-Canada est disponible depuis 1988. La non-ratification de l'accord du lac Meech qui prévoyait la réintégration du Québec dans la fédération canadienne, tout en lui reconnaissant le statut de «société distincte», a relancé le débat sur l'avenir de la «belle Province».

Le français parlé au Québec diffère quelque peu du français parlé actuellement en France. On y retrouve de vieux mots normands ou poitevins mélangés avec des anglicismes. Il existe différents dictionnaires où l'on peut découvrir les sources et le développement du français québécois.
Voici l'exemple d'un mot choisi dans les dictionnaires «Robert québécois» et «Robert français».

Robert québécois:
Catin: n. f.
1. Fam. Une belle catin.

2. Péj. femme qui mène une vie dissolue. Les catins de la rue Saint-Laurent. voir prostituée, putain: très fam. guidoune; vulg. plotte.
3. Pansement en forme de fourreau qu'on met autour d'un doigt. voir doigtier, poupée.
> catiner v. intr. conjug. 1.
1. Jouer à la poupée.
2. Dorloter, cajoler un bébé, voir cafoler, choyer, gâter, pouponner. > catinage n. m. Action de catiner.

Robert français:
Catin: n. f.
(1530; abrév. fam. puis péj. de Catherine, var. cathau) Vieilli. femme de mauvaises moeurs. V. prostituée, putain.

Il n'existe pas de verbe *catiner* en français.

Des Canadiens francophones célèbres
Gilles Vigneault, né en 1928 à Natascquan, est un poète et un chanteur, connu en France par ses chansons «Mon pays», «Tam ti delam», ...
Robert Charlebois, né en 1944, à Montréal, est un chanteur, poète qui chante également en France, en utilisant «le joual» qui est une déformation de la langue parlée dans les quartiers de Montréal. Parler populaire à base de français, fortement contaminé par l'anglais, utilisé au Québec. Le mot «joual» vient du mot «cheval», prononcé à la manière populaire au Québec. Quelques titres: «La sol», «La solidaritude», «Superfrog», «Qui can blus», «Je reviendrai à Montréal», «Lindtberg», «Ordinaire», «Cartier», «Conception», «J'veux d' l'amour» ...
Félix Leclerc est né au Québec en 1914, mort en 1988. «Le petit bonheur», «Moi mes souliers», «La Tuque» lui ont valu beaucoup de succès en France.
Arlette Cousture, née en 1948 au Canada, écrivain célèbre pour son roman «Les Filles de Caleb» qui a été filmé avec beaucoup de succès. Elle y utilise beaucoup de mots québécois.

2. Qu'est-ce que c'est que le créole?

Etymologie: *créole:* mot qui date de 1598, Acosta (*crollo*); 1676, Beaulieu (*criole*); de l'espagnol *criollo*, dérivé du portugais *crioulo* (esclave né dans la maison de son maître, blanc né dans les colonies), du portugais *criar* (nourrir, élever).
Actuellement le mot a quatre définitions:
1. *Les Créoles* sont les descendants des colons européens installés aux Antilles, en Amérique latine et sur les îles de l'océan Indien.

2. *Le créole* est le nom donné aux langues surgies à la faveur de la traite des esclaves noirs entre le 16e et le début du 19e siècle. Il est parlé encore aujourd'hui dans diverses régions du monde (Antilles, Guyanes, îles de l'océan Indien, etc.) par les descendants de ces esclaves. Il existe plusieurs créoles formés de français, d'espagnol … et de mots indigènes.
3. *Une créole* se dit aussi pour un grand anneau que l'on porte à l'oreille.
4. Il y a *la musique créole*, le riz *préparé à la mode créole* (cuit à l'eau, puis séché au four dans un plat beurré) et *les entremets créoles* avec du riz et des fruits exotiques.

Les langues créoles
Avec l'esclavage, de nombreuses populations africaines ont été déportées vers des comunautés fermées (les plantations). Dans ces communautés, les coloniaux parlaient le français, le portugais, l'espagnol ou l'anglais en fonction des pays colonisateurs. Les esclaves venant de différents pays, parlaient différentes langues. Ils communiquaient entre eux et avec les Blancs en utilisant leur propre langue ainsi que des mots de la langue des occupants. C'est ainsi que se sont constitués les créoles à base lexicale française (comme aux Antilles, aux Caraïbes, dans l'océan Indien), à base lexicale portugaise (comme au Cap-Vert, en Guinée-Bissau), à base lexicale espagnole, anglaise ou néerlandaise et de mots indigènes.

Ces créoles constituent la langue maternelle de peuples très divers. Ces différents créoles présentent plus de similitudes sémantiques et syntaxiques entre eux qu'ils n'en ont avec leurs langues-sources respectives.

On considère qu'à l'origine de tous les créoles il y a un portugais systématiquement simplifié, peut-être sur le modèle de *la lingua franca méditéranéenne* qu'utilisaient les explorateurs-commerçants portugais du 16e siècle. Chaque vague postérieure de commerçants aurait repris ces mêmes schémas de simplification, en conservant le vocabulaire de sa propre langue.

Langue orale, le créole a assuré la transmission des traditions populaires (contes, chansons, proverbes, …). En France, on entend beaucoup de chansons créoles et elles sont très appréciées.

Des efforts sont faits pour en fixer l'écriture et en assurer l'enseignement, notamment aux Seychelles et en Haïti.

Les Seychelles

Capitale	Victoria
Superficie	443 km^2
Population	68 000 habitants
Langues	anglais, français, créole à base lexicale française
Drapeau	bandes rouge, blanche ondulée et verte
Monnaie	Roupie des Seychelles (SCR)

Histoire

Cet archipel de 115 îles (dont 46 habitées) de l'océan Indien est situé au nord de Madagascar. Il a été découvert par les Portugais au 16e siècle et exploité par les Français. En 1789, il y avait 500 habitants (des esclaves africains et 20 % de Français). En 1810, il fut repris par les Anglais et devint colonie britannique jusqu'en 1903 où l'archipel est colonie autonome puis devient indépendant en 1976.
Cet archipel a trois langues officielles:
– le créole, à base lexicale française, parlé par 95 % de la population,
– l'anglais, très présent,
– le français, compris par la majorité des Seychellois.
Le créole est la langue d'enseignement, l'anglais est introduit dès la deuxième année de primaire, et le français dès la quatrième année.

Haïti

C'est une des îles des Grandes Antilles, à l'est de Cuba, divisée en deux états indépendants continuellement en crise jusqu'à aujourd'hui: la République Dominicaine et la République d'Haïti.

La République Dominicaine

Capitale	Saint-Domingue
Superficie	48 400 km^2
Population	7 313 000 habitants
Langues	espagnol, créole à base lexicale espagnole et française
Drapeau	croix blanche formant quatre rectangles (deux rouges et deux bleus en opposé), au milieu de la croix: les armoiries
Monnaie	Peso dominicain (DOP)

La République d'Haïti

Capitale	Port-au-Prince
Superficie	27 750 km^2
Population	6 600 000 habitants
Langues	français, créole à base lexicale française et espagnole
Drapeau	fond bleu en horizontal en haut et rouge en bas, au milieu un rectangle avec les armoiries d'Haïti
Monnaie	Gourde (HTG)

Histoire

L'île a été découverte en 1492 par Colomb, elle fut colonisée par les Espagnols et, en 1697, la partie occidentale (République d'Haïti) fut cédée à la France. En 1795, l'Espagne céda à la France la partie orientale de l'île (La République Dominicaine). En 1804, l'île proclama son indépendance. En 1844, l'île est définitivement partagée en deux Etats qui sont depuis continuellement en crise économique et politique encore jusqu'à aujourd'hui.

La République Dominicaine retombe sous domination espagnole, puis française, en 1814, les Dominicains reprennent l'île et la redonnent à l'Espagne (1814), puis elle est sous domination haïtienne jusqu'en 1844. Saint-Domingue accède à l'indépendance en 1865. Au régime autoritaire de Báez (1865–1874) succède une période de troubles à laquelle met fin la dictature d'Ulises Heureux (1887–1899). Après son assassinat, le pays connaît l'anarchie et les Américains rétablissent l'ordre en l'occupant (1916–1924). Intervention militaire des Etats-Unis en 1965.
Le Président Joaquin Balaguer conservateur (parti réformiste social-chrétien) est élu en 1966, réélu en 1970 et 1974. Entre 1978 et 1985, le parti révolutionnaire dominicain est de retour au pouvoir. En mai 1986, Balaguer revient et est réélu en 1990.
La langue officielle des Dominicains est l'espagnol. Le créole, à base lexicale espagnole et française est parlé par la majorité de la population.

La République d'Haïti demeura de 1916 à 1934 sous la protection directe des Etats-Unis. Duvalier, au pouvoir depuis 1957, président à vie à partir de 1964, instaura un régime autoritaire. A sa mort (1971), son fils lui succéda. Après plusieurs renversements de pouvoir, en décembre 1990, le Père Jean-Bertrand Aristide est élu Président de la République mais est contraint à l'exil en 1991.
Haïti compte parmi les pays les moins avancés (PMA, les plus pauvres).

La langue officielle des Haïtiens est le français et, depuis 1987, le créole. Le français est surtout utilisé comme langue écrite, il est donc enseigné à l'école.

Exemples de mots créoles parlés en Haïti (dont nous ne garantissons pas l'orthographe):
une personne: youn genne
un enfant: youn timoun (une petite personne)
un pédiatre: doktè timoun (un docteur pour les petites personnes)
un vétérinaire: doktè bèt (un docteur pour les bêtes)
maison: caye
ma maison: caye mwè
mon enfant: timoun mwè

3. Quelle est la différence entre un «beur» et un «pied-noir»?

Un «beur» est un jeune d'origine maghrébine né en France de parents immigrés. Ce mot est apparu vers 1980 et vient du mot «arabe» en verlan (siehe Seite 216).

Un «pied-noir» était, avant l'indépendance de celle-ci en 1962, un habitant de l'Algérie d'origine européenne.

D'où vient cette appellation?
Dans son «Dictionnaire historique des argots français», Gaston Esnault fait dater l'expression de 1901 au sens de «chauffeur de bateau indigène». C'était le surnom (pas gentil) donné jadis aux Algériens parce qu'ils marchaient pieds nus. Il signale également que, dans le sens contemporain, à partir de 1955, et utilisé dans le langage familier, c'est un Français né en Algérie. Georges Beuchard, journaliste écrivain, opte pour la seconde formule, nous aussi.

Mais cette définition n'explique pas l'origine de l'expression. La voici: Dans l'Algérie colonisée par la France de 1830 à 1962, dès que la vie courante commença à s'organiser, les Algériens constatèrent très vite que les colons et leurs épouses mettaient des souliers noirs pour aller à l'église le dimanche. L'expression était née. Elle n'était pas péjorative puisqu'elle marquait la différence entre le colonisateur et l'indigène.

Très rapidement, elle a été utilisée pour désigner un Européen par rapport à un Algérien. Ce n'est que beaucoup plus tard, lorsqu'une génération issue de parents européens est née en Algérie, que la même expression a été utilisée pour désigner ces natifs d'Algérie, mais de nationalité française puisque de parents français nés en France.

Que sont devenus ces «pieds-noirs» après la guerre d'Algérie (1954 à 1962), à l'indépendance de l'Algérie ?
Plusieurs milliers d'entre eux, natifs de l'Ouest algérien (l'ancien département d'Oran) et d'ascendance espagnole, se sont fixés en Espagne. D'autres sont partis en Amérique: ceux qui se sont installés en Amérique latine ont gardé leur nationalité française, ceux qui se sont fixés aux U.S.A. seront Américains dès la prochaine génération.
Mais les deux tiers de ce million de «pieds-noirs» ont préféré se fixer en France, dans la région parisienne et surtout dans le sud de la France. Ce qui explique que dans des villes comme Marseille, Nice, Toulon, Montpellier, Toulouse, il y a un grand pourcentage d'habitants venus d'Algérie. Les problèmes d'intégration ont existé, dans ces régions plus qu'ailleurs et, souvent, sans que les gens sachent qu'un «pied-noir» est un Français. C'était surtout le surcroît de population qui a créé des problèmes. Beaucoup de «pieds-noirs» se sont battus pour la France lors de la guerre d'Algérie.

4. Le Minitel, qu'est-ce que c'est?

Des *Minitel,* on en voit maintenant partout: dans la rue, dans les mairies, dans les banques, dans les écoles, à la télévision etc. C'est un petit appareil muni d'un écran et d'un clavier à touches, qui permet d'interroger une banque centrale de renseignements (un ordinateur), par téléphone. Pour le brancher, il suffit d'une prise électrique 220 V et d'une prise téléphonique.
Mais un Minitel n'est pas un ordinateur (il ne peut rien faire tout seul). C'est un terminal d'ordinateur puisqu'il faut utiliser le téléphone pour se connecter à l'ordinateur serveur. C'est donc un service automatique de renseignements par ordinateur.
Minitel est une marque déposée. C'est le nom de la gamme de terminaux commercialisés par France-Télécom, permettant d'accéder à l'annuaire électronique et aux services Télétel.
Le *Télétel* est le nom donné au système français de vidéotex. Le Télétel permet, via le réseau téléphonique, de transmettre, recevoir et traiter des informations (textes et graphismes), en provenance de fournisseurs de services très divers. Ces informations s'affichent sur l'écran d'un terminal, le Minitel.
Le Minitel existe depuis 1981. En 1987, il y avait 2 250 000 abonnés et 1500 services; il y a actuellement 6 300 000 abonnés au Minitel et 20 000 services proposés.

B Landeskunde 153

Comment s'en servir?
- Allumez le Minitel, en appuyant sur le bouton qui se trouve en bas et à droite de l'écran: une petite lumière rouge s'allume à côté du bouton.
- Décrochez le téléphone et composez le numéro de téléphone (36.15 par exemple) sur le cadran ou le clavier du téléphone; quand vous entendez un sifflement, appuyez sur la touche CONNEXION/FIN et raccrochez, vous êtes connecté à *Télétel 3*.
- Si vous connaissez le code, tapez-le sur le clavier. Si vous ne connaissez pas le code, vous pouvez taper MGS (manuel, guide, service), ce qui permet de chercher un service par thème ou par nom.
- Avant de taper un nouveau nom, appuyez sur SOMMAIRE. En haut est écrit le prix.
- Tapez le nom d'accès du service que vous avez choisi (par exemple PL pour service télématique), puis appuyez sur ENVOI.
- Tapez, comme on vous le dit, le chiffre qui correspond à ce qui vous intéresse, puis appuyez sur ENVOI.

- Vous pouvez suivre les différentes informations en utilisant SUITE.
- Pour arrêter le Minitel, appuyez sur la touche CONNEXION/FIN, puis éteignez le Minitel.

Quelques services
- Annuaire électronique (gratuit les trois premières minutes)
- Transports, Informations, Réservations
- Services bancaires
- VPC (vente par correspondance) et achats par Minitel
- Radio, Télévision
- Messagerie de charme: rencontres, «téléphone rose», vivre à deux ...
- Annonces: emploi, mobilier
- Météo
- Renseignements administratifs et locaux
- Tourisme, voyages
- Enseignements et formations: aides aux devoirs scolaires, examens
- Finances et bourse
- Sports
- Informations produits, marques
- Presse: les différents journaux
- Messagerie d'entreprises

Quelques numéros d'accès
11: annuaire
36.13: services proposés généralement par les entreprises à leurs employés ou clients, et très souvent accessibles par un mot de passe.
36.14: banques, vente par Minitel, publicités.
36.15: informations, jeux, dialogues.
36.16: informations professionnelles, aide pour les devoirs.
36.17: informations professionnelles, conseils d'avocats.
36.18: communication de Minitel à Minitel, pour les personnes handicapées.

France-Télécom propose différents modèles
Minitel 1: terminal de base, en remplacement de l'annuaire papier ou bottin (Telefonbuch). Il permet d'accéder au service des renseignements (Auskunft) en faisant le «11». Les trois premières minutes sont gratuites puis, après, le coût est de 0,36 F la minute (75,4 % des abonnés ont un *Minitel 1*).
Minitel 1 Bistandard: plus particulièrement destiné aux usages professionnels.

Minitel 1 Dialogue: destiné à titre principal aux handicapés (ouïe et parole), permet la communication de Minitel à Minitel sur le réseau téléphonique.
Minitel 2: (18,4 % des abonnés) c'est le tout dernier-né de la gamme des Minitel. Il est destiné à remplacer le *Minitel 1* et le *Minitel 1 Bistandard*. Il n'intègre pas le téléphone, comme ses cousins les *M 10* et *M 12*, mais il dispose d'une fonction qui permet, d'une part, d'appeler automatiquement des services Minitel et, d'autre part, de mettre en mémoire plusieurs numéros de téléphone; c'est «le répertoire télématique».
Minitel M 5 (Matra): à écran plat, portatif, destiné aux hommes d'affaires.
Minitel 10: intègre les fonctions d'un poste téléphonique moderne.
Minitel 10 B, Minitel Bistandard: avec étendues (connexion automatique à un service répertoire étendu).
Minitel 12: c'est le plus «intelligent» des Minitel. Comme le *Minitel 10*, il a, lui aussi, son propre téléphone avec les mêmes fonctions. Il possède également un «répertoire télématique» comme le *Minitel 2*. Mais, c'est en plus un véritable répondeur enregistreur télématique.

Exemples:
– Si vous voulez des renseignements sur les différents baccalauréats: composez le 36.15 et tapez le code ONICEP (office national d'informations sur les enseignements et les professions).
– Si vous voulez les programmes des cinémas ou des théâtres en région parisienne: composez le 36.15 et tapez le code 7PARIS.
– Si vous voulez avoir les horaires des films Paris et de la province: composez le 36.15 et tapez le code ABCINE.
– Si vous voulez avoir les horaires des trains: composez le 36.15 et tapez le code SNCF.

Le Minitel est une très bonne invention des Télécom, mais son utilisation peut revenir très cher si on s'en sert souvent et longtemps. Les Français ont eu de très mauvaises surprises en recevant leurs premières factures.

5. Comment est organisée la France politiquement et administrativement?

La France est un Etat républicain et démocratique disposant d'une constitution votée par le peuple souverain. Le vote des citoyens est universel, égal et secret.
La Constitution française établit un équilibre entre les pouvoirs du Gouvernement et ceux du Parlement. On parle donc d'un régime parlementaire.

a) Le pouvoir central

Le Président de la République

Il est élu pour sept ans au suffrage universel direct. Le Président de la République dispose de pouvoirs étendus, il nomme le Premier Ministre et les autres ministres sur proposition du Premier Ministre, il préside le Conseil des Ministres qui a lieu généralement chaque mercredi, il peut dissoudre l'Assemblée Nationale, proposer un référendum, disposer en cas de besoin de pouvoirs exceptionnels. Il est le chef supérieur des armées et peut seul décider de l'emploi des armes atomiques.

Le Président de la République est entouré d'un cabinet qui assure la liaison avec les ministres et l'Etat-Major en particulier pour les problèmes militaires.

Le Gouvernement

Le Gouvernement se compose des ministres et des secrétaires d'Etat dirigés par le Premier Ministre. Le nombre des ministres et des secrétaires d'Etat peut varier d'un gouvernement à l'autre selon les priorités que se fixe le Gouvernement.

Il est responsable de ses actes devant l'Assemblée Nationale qui peut le sanctionner par une motion de censure et l'obliger, au cas où il n'obtiendrait pas la majorité, à démissionner.

Le Premier Ministre dépose, au nom du gouvernement, les projets de lois qui seront discutés par le Parlement.

Le Parlement

Le Parlement est composé de deux Chambres (on dit aussi «Assemblées»):
– L'Assemblée Nationale comprend des députés qui sont élus au suffrage universel direct pour cinq ans, sauf dissolution de l'Assemblée Nationale avant cette échéance. L'Assemblée Nationale comprend 577 députés, en 1993.
– Le Sénat est élu par tiers pour neuf ans au suffrage universel indirect par les élus locaux: députés, conseillers généraux et surtout par des délégués des Conseils Municipaux. Le Sénat comprend, en 1993, 319 Sénateurs.

Le Parlement a deux sessions ordinaires par an. La première commence le 2 octobre et dure 80 jours, la seconde débute le 2 avril et dure 90 jours au maximum. Des sessions extraordinaires peuvent avoir lieu sur la demande du chef du Gouvernement ou celle de la majorité des membres d'une assemblée. Le Parlement a pour but de discuter les projets de lois du Gouvernement, de faire des propositions de lois, de voter le budget et de contrôler l'activité du gouvernement.

Les organismes de contrôle et de conseil

Différents organismes de contrôle et de conseil jouent le rôle de «sage» auprès des pouvoirs publics:

Le Conseil Constitutionnel: Il contrôle la régularité des élections et veille à la conformité des lois à la Constitution. Il peut être saisi par le Président de la République, le Premier Ministre, le Président des deux Assemblées ou par 60 députés ou Sénateurs. Il comprend neuf membres nommés, pour neuf ans, par tiers par le Président de la République, le Président du Sénat et le Président de l'Assemblée Nationale.

Le Conseil d'Etat: Il est Conseil et juge, il jouit d'une grande indépendance vis-à-vis du Gouvernement, il est consulté sur tous les projets de lois et la plupart des décrets. Le Conseil d'Etat est la cour suprême des tribunaux administratifs qui jugent les litiges opposant les citoyens à l'administration.

Le Conseil Economique et Social: Il est consulté sur le Plan (plan économique de la nation) et sur les projets de lois à caractère économique et social. Il comprend 200 membres dont 140 sont nommés par les organisations professionnelles.

La Cour des Comptes: Elle contrôle l'exécution du budget et juge les comptes de tous les comptables publics. Elle est assistée par les 24 Chambres Régionales des Comptes. Les membres de la Cour des Comptes sont nommés par le gouvernement, ils sont inamovibles (unabsetzbar).

Le Médiateur: Il cherche à remédier aux difficultés que connaissent les citoyens avec l'administration. Son rapport annuel attire l'attention du Gouvernement sur la nécessité d'effectuer certaines réformes administratives.

b) Le pouvoir local

Le territoire français connaît cinq types de divisions administratives:
- les régions,
- les départements,
- les arrondissements,
- les cantons,
- les communes.

Les régions, les départements et les communes jouent un rôle important, ce sont des collectivités territoriales qui disposent d'une personnalité juridique, d'un conseil élu au suffrage universel direct et d'un budget. L'arrondissement est uniquement une circonscription administrative. Le canton est une circonscription électorale établie pour élire les représentants du Parlement.

Les régions

Elles ont été créées en 1959. Simples circonscriptions administratives au début, elles évoluèrent pour devenir, en 1982, des collectivités territoriales.

La France dispose de 22 régions (il faudrait rajouter à ce chiffre les quatre départements d'Outre-Mer «DOM» qui jouissent d'un statut de région) qui regroupent deux à huit départements, dirigées par un Conseil Régional élu au suffrage universel direct par scrutin de liste et représentation proportionnelle.

Le Conseil Régional comprend des conseillers régionaux. Leur nombre varie suivant l'importance des départements, il y a au moins trois conseillers régionaux par département. La France compte 1671 conseillers régionaux en 1993.

Le Conseil Régional est assisté pour avis par un Comité Economique et Social Régional, composé de représentants d'employeurs, de travailleurs et d'experts. Le chef du pouvoir exécutif de la Région est le Président du Conseil Régional, élu par les conseillers régionaux lors de leur première assemblée.

La Région, en tant que circonscription administrative, est contrôlée par un Commissaire de Région (appelé antérieurement Préfet de Région).

La gestion des budgets régionaux, départementaux et communaux est contrôlée par une Chambre Régionale des Comptes.

Le département

La France était divisée, avant la Révolution Française de 1789, en provinces (la Normandie, la Bretagne, l'Alsace, …) qui ont gardé encore aujourd'hui leurs coutumes. En 1790, il fut décidé de diviser la France en départements, dont on devait pouvoir atteindre le chef-lieu (capitale administrative) en une journée.

La France compte aujourd'hui 101 départements, dont quatre départements d'Outre-Mer «DOM» (siehe Seite 179).

Les départements sont numérotés de 1 à 95 par ordre alphabétique (les deux départements de la Corse portent les numéros 2A et 2B).

Le numéro du département figure en tête du code postal (de cinq chiffres) des localités et il figure également sur les plaques minéralogiques des véhicules, à la fin.

Le département est dirigé par un Conseil Général élu au suffrage universel direct. On compte un conseiller général par canton, circonscription électorale, soit en moyenne une quarantaine de conseillers par département, soit 3841 pour toute la France.

B Landeskunde 159

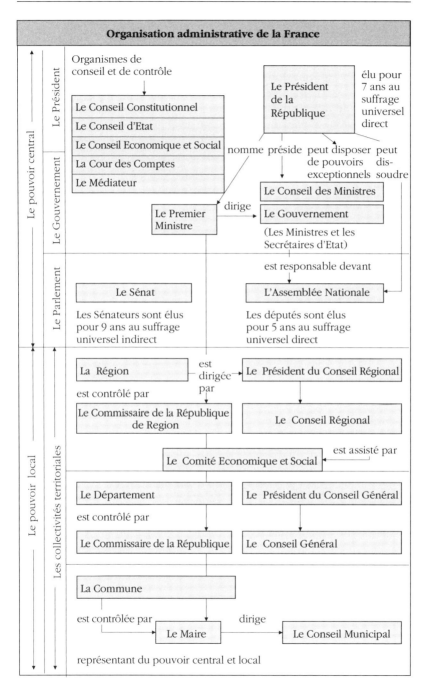

Un conseiller général est élu pour six ans par scrutin majoritaire à un ou deux tours. La moitié des conseillers généraux est renouvelée dans toute la France tous les trois ans. Le président du Conseil Général est élu par les membres du Conseil Général pour trois ans.
Comme circonscription administrative, le département dispose d'un représentant de l'Etat, appelé Commissaire de la République (antérieurement Préfet), assisté d'un adjoint par arrondissement, nommé par le Conseil des Ministres. Il veille au respect des lois et à l'exécution des décisions gouvernementales. C'est un contrôleur administratif. Le Conseil Général est compétent dans son département pour les problèmes scolaires, l'action sanitaire et sociale, la conservation du patrimoine etc.

L'arrondissement
Il s'agit d'une subdivision administrative du département. La France en compte 325. La ville principale de l'arrondissement dispose d'une sous-préfecture à la tête de laquelle se trouve un Commissaire Adjoint de la République.

Le canton
Il regroupe généralement plusieurs communes, mais parfois il se résume à une seule ville, voire à une partie de grande ville. La France compte 3810 cantons. La ville principale du canton est appelée chef-lieu de canton. Dans cette ville on trouve la gendarmerie et le comptable du Trésor. Chaque canton élit tous les six ans un conseiller général du département.

La commune
La France compte aujourd'hui quelque 36 433 communes. Les communes sont gérées par un Conseil Municipal élu au suffrage universel direct. Le nombre des conseillers municipaux varie suivant l'importance de la commune. Ils sont neuf pour les communes de moins de 1000 habitants, 33 pour les communes de 10 à 20 000 habitants, 55 pour celles de 100 à 150 000 habitants et 153 pour Paris.
Le maire offre la particularité d'être à la fois l'exécutif du Conseil Municipal et le représentant local du pouvoir central. Il est élu, ainsi que ses adjoints, par les membres du Conseil Municipal lors de leur première séance.

c) Lexique: L'administration politique et administrative

Le pouvoir central

la constitution	Verfassung
le référendum	Volksentscheid
le conseil	Rat
une assemblée	Versammlung
le vote	die Wahl, die Abstimmung
universel, le	allgemein
être élu pour …	gewählt werden für …
le suffrage universel direct	direkte Wahl
le maire	Bürgermeister/in
le Conseil Général	Generalrat
le/la député, e	Abgeordnete/r
le sénateur	Senator/in
le Conseil des Ministres	Ministerrat
dissoudre	auflösen
une Assemblée Nationale	Nationalversammlung
les armes atomiques	Atomwaffen
un Etat-Major	Generalstab
le Gouvernement	Regierung
le/la Secrétaire d'Etat	Staatssekretär/in
la majorité	Mehrheit
la Chambre	Kammer
la Circonscription	Wahlkreis
le scrutin majoritaire	Mehrheitswahl
le scrutin de liste	Listenwahl
la session ordinaire	ordentliche Sitzungsperiode
le Conseil Constitutionnel	Verfassungsrat
le Conseil d'Etat	Staatsrat
le juge	Richter/in
le décret	Erlaß
la Cour Suprême des Tribunaux Administratifs	Oberstes Verwaltungsgericht
le Conseil Economique et Social	Wirtschafts- und Sozialrat
la Cour des Comptes	Rechnungshof
la Chambre Régionale des Comptes	Regionaler Rechnungshof
le Médiateur/la Médiatrice	Vermittler/in

Le pouvoir local

la collectivité territoriale	Gebietskörperschaft
la circonscription administrative	Verwaltungsbezirk
la circonscription électorale	Wahlkreis
le Conseil Régional	Regionalrat
sanitaire	gesundheitlich
un Etablissement public	öffentliche Einrichtung
le Comité Economique et Social Régional	regionaler Wirtschafts- und Sozialausschuß
le pouvoir exécutif	exekutive/ausübende Gewalt
le/la Commissaire de Région (le Préfet de Région)	oberster Verwaltungsbeamte/ oberste Verwaltungsbeamtin einer Region
le/la Commissaire de la République (le Préfet de la République)	oberster Verwaltungsbeamte/ oberste Verwaltungsbeamtin eines Departements
le budget régional	regionaler Haushalt
le chef-lieu	Hauptstadt eines Departements
le code postal	Postleitzahl
la plaque minéralogique	Nummernschild
un/une adjoint, e	stellvertretende/r Direktor/in, Beigeordnete/r
le patrimoine	Kulturgut, Erbe
la commune	Gemeinde
le Conseil Municipal	Gemeinderat

Kapitel 7 – Die Sprache des Klassenzimmers

Vielleicht möchten Sie Ihr Repertoire an Ausdrücken und Wendungen im Unterricht etwas auffrischen oder variieren. Zu diesem Zweck haben wir im ersten Teil dieses Kapitels für die verschiedensten Unterrichtssituationen eine Reihe von Formulierungen zusammengestellt: allgemeine Anweisungen, Hinweise bei Prüfungen, Lob und Kritik.
Viele der Anweisungen sind der Einfachheit halber im Imperativ formuliert. Diese Form klingt allerdings meist sehr streng. Als Frage oder im Konditional wirken die Aufforderungen sehr viel motivierender. Aber auch ein *s'il te plaît* läßt den Imperativ gleich freundlicher klingen.
Im zweiten Teil dieses Kapitels haben wir Formulierungen zusammengestellt, die Schülern helfen, ihre Interessen und Bedürfnisse im Unterricht in französischer Sprache auszudrücken und auf französichsprachige Lehreräußerungen zu reagieren.

A Die Sprache der Lehrer

1. Allgemeine Anweisungen

- **Bücher, Schreibzeug, ...**

 – Sortez vos livres (de cours, d'exercices)/cahiers (d'exercices)/vos devoirs/les copies que je vous ai distribuées la dernière fois/une feuille blanche/un stylo/ ...
 – Prenez votre livre à la page .../à la leçon/à l'index de vocabulaire/à la partie grammaire/ ...
 – Regardez page .../l'image sur la page .../le texte de la page .../la photo/la bande dessinée/la définition/l'explication/les notes explicatives au bas de la page/ l'annotation au (en) bas de page ...
 – Cherchez/regardez à la ligne .../à la page .../en haut de la page .../au milieu de la page .../en bas de la page .../le troisième paragraphe ...
 – On continue l'exercice/le texte à la page .../que nous avons commencé la dernière fois/la semaine dernière/ ...

- **Hausaufgaben, Übungen, ...**

 – (Nom), lis ton devoir/exercice/ce que tu as écrit/préparé/fait/ ..., s'il te plaît.[1]
 – (Nom), est-ce que tu peux répondre à la question numéro ..., s'il te plaît?
 – (Nom), commence à lire, s'il te plaît.
 – D'accord/c'est bien, arrête-toi.
 – (Nom), continue, s'il te plaît/à toi, (nom)/ ...
 – Est-ce que c'est correct/bien/juste? Qu'est-ce que tu en penses, (nom)?
 – Qu'est-ce qu'il faut dire?/Qu'est-ce qu'il faudrait dire?

- **Die Tafel**

 – (Nom), viens au tableau, s'il te plaît/va au tableau, s'il te plaît et complète la phrase/écris le mot en français/ ...
 – Ecris en haut/au milieu/en bas/à gauche du tableau/ ...
 – Ferme/ouvre/baisse/monte le tableau/ ...
 – Efface le tableau/la partie supérieure/inférieure du tableau/ ...
 – As-tu de la craie?/Va chercher de la craie/ ...
 – On ne peut pas lire/écris mieux/plus gros/petit/ ...

---

1 Wir verzichten hier auf die Ergänzung der Anrede mit Sie, damit die Formulierungen lesbar bleiben.

- Est-ce que tu es sûr(e) que c'est correct? Vérifie l'orthographe/le passé composé/le temps/la terminaison/ …

- **Audiovisuelle Medien**

  Kassettenrekorder (le magnétophone à cassettes)
  - Mets l'appareil au milieu de la pièce/de la table/ … pour que tout le monde entende/ …
  - Branche l'appareil près de la porte/de la fenêtre/du tableau/ …
  - Remets à zéro/au début de la chanson/de l'exercice et n'oublie pas de remettre le compteur à zéro.
  - Mets plus fort. Nous n'entendons rien.
  - Baisse le son, c'est (beaucoup) trop fort.
  - Appuie sur la touche «pause». Parlons de ce que nous venons d'entendre.
  - Eteins d'abord l'appareil puis débranche-le.

  Tageslichtprojektor (le rétro-projecteur)
  - Mets le rétro-projecteur sur ma table/sur la table de (nom) pour que tout le monde puisse voir.
  - Branche l'appareil/près de la porte/de la fenêtre/du tableau/ …
  - La prise est en bas/en haut/à gauche/ …
  - Mets le transparent bien au milieu. Il n'est pas centré/il est trop haut/trop bas/il n'est pas droit/ …
  - Le transparent est à l'envers.
  - Baisse/monte le transparent.
  - Ce n'est pas net/c'est flou.
  - (Nom), viens et ajoute le mot qui manque/complète la phrase/la colonne/ …
  - Déplace le transparent pour qu'on puisse lire les dernières phrases.
  - Change de transparent./Passons au suivant.
  - Eteins la lampe mais pas le ventilateur. L'ampoule est encore chaude.
  - Fais/faites attention au projecteur.

  Diaprojektor (le projecteur de diapositives)
  - Mets le projecteur sur ma table/sur la table de (nom) pour que tout le monde puisse voir.
  - Installe l'écran.
  - Branche l'appareil/près de la porte/de la fenêtre/du tableau/ …
  - Ferme les rideaux.
  - (Nom), ouvre/ferme la lumière/allume/éteins la lampe.
  - Nous pouvons commencer.

- Mets la première diapositive.
- La diapositive est à l'envers.
- Monte/baisse un peu l'appareil pour bien voir la photo.
- L'image est floue.
- Passe à la diapositive suivante.
- Eteins la lampe mais pas le ventilateur. L'ampoule est encore chaude.
- Faites attention au projecteur.
- Range l'écran.

Allgemeine Aufforderungen
- Ne touche à rien/ne bouscule pas l'appareil/ ...
- Laisse ça tranquille.
- Si tu casses l'appareil, c'est toi qui devras le payer.
- Est-ce que vous voyez tous bien?
- (Nom), va chez M./Mme (nom) et demande-lui si elle/il a encore besoin de l'appareil/si elle/il veut bien nous prêter l'appareil.
- (Nom), va chercher la rallonge.
- (Nom), va chercher le concierge/M. (nom). L'appareil semble être en panne/cassé/l'appareil fonctionne mal.
- Maintenant, écoutez bien.
- Regardez bien ce transparent.

- **Im Sprachlabor**

- Allez au laboratoire de langue et attendez-moi.
- Que personne n'entre au labo avant que je revienne.
- Ne faites pas de bruit dans le couloir en m'attendant.
- (Nom), va chercher (nom) et (nom). Ils doivent encore être dans la classe.
- Asseyez-vous où vous voulez.
- Asseyez-vous à vos places habituelles/où je vous l'ai dit.
- (Nom), tu devrais être dans la cabine/à la place numéro ...
- Vous m'entendez tous?
- Si vous n'entendez pas, appuyez sur le bouton «appel» (Ruftaste).
- Si votre magnétophone ne fonctionne pas, levez le doigt.
- (Nom), change de cabine/place/table ... Tout fonctionne bien.
- (Nom), prends ton casque et va travailler avec (nom).
- Ecoutez tous!
- Et maintenant, vous pouvez travailler seul/à votre rythme/librement.
- J'ai bien peur que le laboratoire ne fonctionne pas. Il faut que nous retournions dans la classe. Nous allons continuer le cours normalement/faire un jeu/faire quelque chose d'autre/corriger les devoirs/ ...

2. Prüfungen und Tests

Im Französischen gibt es verschiedene Begriffe für „Prüfung", „Test", „Klassenarbeit" und „Klausur", die den deutschen nicht immer genau entsprechen.
Zum Beispiel:

Prüfung: examen; on passe un examen (nicht: «faire» un examen).
Test: test; se soumettre à un test, écrire un test.
Klassenarbeit: interrogation écrite, devoir sur table, composition, contrôle; faire une interro(gation), faire un devoir sur table, écrire une composition, avoir/faire un contrôle.

- **Einen Termin festlegen**

– J'ai l'intention de/je prévois de/faire un contrôle/une interrogation écrite/un devoir sur table à la fin de la semaine/ …
– Comme vous le savez, vous aurez un contrôle de français le …/sur le sujet …
– Vous devez passer votre examen le …
– Quels autres examens avez-vous la semaine prochaine/dans la semaine du (date)?
– Je vais faire une interrogation écrite/un test de vocabulaire le …

- **Die Sitzordnung**

– (Nom), assieds-toi là, s'il te plaît.
– (Nom), tu ne peux pas t'asseoir ici/à côté de …
– Viens ici et assieds-toi ici/va t'asseoir à côté de (nom)/entre (nom) et (nom).
– Va t'asseoir au premier/deuxième … rang/près de la porte/de la fenêtre/du radiateur/devant/au fond de la classe …
– (Nom), sépare les tables.
– (Nom), ne rapproche pas les tables. Remets-les comme elles étaient/ laisse-les comme elles étaient.

- **Hinweise während der Prüfung**

– Aujourd'hui, nous sommes le …
– N'oubliez pas d'écrire vos noms sur la copie.
– N'oubliez pas de laisser une marge suffisante pour mes corrections/annotations.

- Vous pouvez écrire la réponse/les réponses directement sur la feuille.
- Répondez aux questions du livre d'exercices.
- S'il vous plaît, écrivez lisiblement/proprement pour que je puisse lire.
- Si vous avez besoin de papier de brouillon, venez en chercher.
- Vous n'avez pas le droit d'utiliser de dictionnaire à deux. Vous pouvez utiliser celui qui est sur mon bureau.
- Quand vous aurez fini, rendez-moi vos cahiers et restez assis tranquillement à vos places/vous pouvez lire/vous occuper en silence/ …
- Quand vous aurez rendu vos cahiers, quittez la salle sans bruit.

- **Beruhigendes vor und während der Prüfung**

- Ne te fais/ne vous faites pas de souci/calme-toi/calmez-vous.
- Tu n'as pas de raison de t'énerver/il n'y a pas de raison pour que tu t'énerves/pour que tu sois énervé(e)/vous n'avez pas de raison de vous énerver.
- Pense/pensez à ce que nous avons fait les dernières semaines/la semaine dernière/les derniers temps.
- Il n'y a pas de piège (Falle). L'examen/le contrôle/l'interrogation écrite est exactement ce que nous avons appris/révisé en cours.
- Réponds/répondez d'abord aux questions les plus faciles. Continue/continuez avec les questions les plus difficiles.
- Si tu ne comprends/vous ne comprenez pas les questions, tu peux/vous pouvez me demander de te/vous les expliquer.
- Quand tu auras fini, regarde/vérifie/contrôle ce que tu as écrit.
- Quand vous aurez fini, vérifiez bien vos réponses.
- Taisez-vous/arrêtez de bavarder/calmez-vous et écoutez-moi.
- Vous perdez du temps. Quand vous aurez fini de bavarder on pourra commencer.
- Vous avez beaucoup/assez de temps. Lisez attentivement les questions, réfléchissez et puis commencez à travailler.
- Si vous avez un problème/des questions, levez le doigt et je verrai si je peux vous aider.

- **Mogelnde Schüler ermahnen**

- (Nom), arrête de parler et continue à travailler.
- (Nom), arrête de copier sur ton voisin/de regarder la feuille/la copie de ton voisin.
- (Nom), pose ton livre sur la table.
- (Nom), lève-toi, qu'est-ce que tu as dans la main/sous la table/sur tes genoux/dans tes chaussures/qu'est-ce que c'est que ça?

- (Nom), (nom) ne sait pas non plus.
- (Nom), laisse (nom) continuer son travail et continue le tien.
- (Nom), viens et assieds-toi ici.
- N'oublie pas que aider quelqu'un à tricher est la même chose que tricher soi-même.
- (Nom), tu sais (très bien) que si je te vois copier je te donnerai/mettrai un six.
- Donne-moi ta feuille/copie/ton cahier et quitte la pièce. Je te prie/demande de quitter la classe. Je ne tiendrai pas compte de ce que tu as écrit/je ne corrigerai/noterai pas ce que tu as écrit.

3. Lob und Kritik

- **Uneingeschränktes Lob**

- C'est bien/très bien/c'était parfait.
- C'était vraiment bien.
- Je suis (très) satisfait(e)/content(e) de ton travail/de ta participation au cours/à la/aux discussion(s).
- Je vois que tu t'intéresses à ce sujet/que tu es intéressé(e) par ce thème.
- Je vois que tu as travaillé/que tu te donnes du mal/que tu as fait des efforts.
- Tu fais des progrès/beaucoup de progrès. Je suis content(e) de toi.
- Tu t'améliores régulièrement à l'oral/à l'écrit.
- C'était très bien/super/vraiment bien. Je suis très content(e) de toi/de ton travail.
- Je me réjouis de voir que tu travailles autant/si sérieusement et que tu montres autant d'intérêt à ton travail.
- Bravo, continue comme ça.
- Continue comme ça et tu verras que tu feras des progrès/que tu t'amélioreras.
- Continue à travailler comme ça et tu auras une bonne note.

- **Eingeschränktes Lob**

- C'était bien, mais fais attention à ta prononciation/ton intonation/tes temps/tes articles.
- Ça paraît être correct mais …
- C'est/c'était bien/correct dans l'ensemble/en général mais tu as oublié un détail important/quelques détails importants/des informations essentielles.
- En gros/en général, je suis content(e)/satisfait(e) de ton travail.

- **Verhaltene Kritik**
  - Tu devrais commencer à travailler plus sérieusement/systématiquement/efficacement/avec plus de concentration.
  - Tu devrais commencer à te concentrer sur ton travail.
  - Ton travail pourrait être meilleur si tu travaillais plus régulièrement et si tu ne travaillais pas selon ton humeur.
  - Tu ne peux pas t'attendre à avoir une bonne note si tu n'es pas prêt(e) à travailler plus/à faire plus attention pendant les cours/à écouter plus attentivement/à participer plus activement au cours/à faire tes devoirs (correctement)/à te préparer à tes cours/examens.
  - Je suis sûr(e) que si tu voulais, tu pourrais mieux faire.
  - Il faut que tu choisisses entre travailler régulièrement et avoir plus de temps libre. On ne peut pas tout avoir/faire.
  - L'effort/le travail constant/régulier a une influence sur la note.
  - Tu as de bonnes idées mais tu fais trop de fautes/fautes d'orthographe/de français.

- **Offene Kritik**
  - Il faut que tu travailles plus/plus sérieusement/que tu t'arrêtes d'être aussi paresseux(se)/que tu fasses tes devoirs/que tu participes au cours/que tu montres plus d'intérêt à ce que tu fais/que tu prépares plus consciencieusement tes cours.
  - Ton travail est de plus en plus mauvais/décevant/insatisfaisant/désordonné/ …
  - Qu'est-ce qui s'est passé? Tu peux faire mieux que ça.
  - Si tu ne changes pas d'attitude/de conduite, tu vas avoir des problèmes.
  - (Nom), tu vas avoir des difficultés à suivre la classe/les autres.
  - (Nom), tu ne vas pas pouvoir atteindre le niveau demandé.
  - Tu écris/parles beaucoup mais tu te répètes souvent/tu ne te donnes pas assez de mal pour exprimer clairement tes idées/formuler correctement tes phrases/améliorer ton expression orale/ …
  - Tu fais (beaucoup) trop de fautes/erreurs de base.
  - Ton vocabulaire n'est pas assez riche./Tu n'as pas assez de vocabulaire pour t'exprimer correctement, il faut que tu lises plus souvent.
  - Il ne faut pas confondre quantité et qualité. La qualité est plus importante que la quantité.
  - Tu ne vas pas améliorer ta note, si tu continues à faire autant de fautes/de grammaire/de vocabulaire/d'orthographe.
  - Je considère l'oral comme étant aussi important que l'écrit.

- Ton travail par écrit est satisfaisant/acceptable mais tu dois participer davantage au cours.
- Je suis (très/vraiment) mécontent(e)/insatisfait(e) de ton travail/de tes résultats ce semestre/cette année.
- Tu ne montres aucun intérêt au cours de français/à ce sujet/à ce que nous faisons.
- Tu devrais réfléchir, tu pourrais peut-être changer de sujet/cours. Je vois que tu n'as aucun intérêt à ce que nous faisons.
- Est-ce que tu m'as bien compris(e)?/Est-ce je me suis exprimé(e) suffisamment/clairement? Si tu continues, tu auras un 5/tu ne réussiras pas ton contrôle/ton examen/tu ne passeras pas en 11e ...
- Tu ne fais jamais tes devoirs/tu n'apprends jamais tes leçons et tu ne participes jamais au cours/aux discussions.
- Ce sont les résultats de ton manque de travail. J'espère que tu vas changer ton attitude/que tu vas travailler davantage.
- Tu ne travailles pas et en plus tu gênes les autres/tes camarades.

- **Kritik am Verhalten von Schülern äußern, ...**

... wenn sie verspätet zum Unterricht kommen
- Pourquoi es-tu arrivé(e)/arrives-tu en retard?
- Avant d'aller à ta place, tu pourrais me dire pourquoi tu arrives en retard.
- C'est la seconde/ ... fois que tu arrives en retard cette semaine/les derniers temps. A partir de maintenant/dorénavant, je te demande/ prie d'arriver à l'heure.
- Tu arrives toujours en retard. Viens me voir après le cours.
- Tu arrives toujours/souvent en retard après le cours d'anglais ... Il faut que j'en parle à M./Mme (nom).
- Ça va/passe encore pour cette fois mais dorénavant, tu dois te lever plus tôt.

... wenn Bücher, Hefte, Hausarbeiten fehlen
- (Nom), où est ton livre/cahier/cahier d'exercices/devoir/ta feuille/ copie?
- Je vous avais dit d'apporter votre ... Pourquoi ne l'as-tu pas apporté(e)?
- Aujourd'hui tu peux suivre avec (nom) mais la prochaine fois n'oublie pas ton livre ...
- Tu peux utiliser/prendre mon/ma ... mais ...
- Qu'est-ce que tu veux dire? Que tu as oublié ton devoir (cahier d'exercices) ou que tu n'as pas fait tes devoirs?

- Tu oublies toujours quelque chose. Viens me voir après le cours/plus tard.
- Si tu oublies ton livre encore une fois, je vais noter ton nom/je vais en parler à tes parents/à ton professeur principal.

... wenn sie Blödsinn machen
- (Nom), tais-toi/arrête de bavarder/papoter et travaille/écoute-moi/fais attention.
- (Nom), tu parles trop/tu fais trop de bruit.
- (Nom), c'est la dernière fois que je te dis ça./Je te préviens, c'est la dernière fois que je te dis de te taire! Si tu continues/n'arrêtes pas de ... je vais noter ton nom/je vais te donner un exercice en plus.
- (Nom), arrête de parler à ... Si tu continues/vous continuez, je te/vous change de place.
- Tu ris/vous riez beaucoup, on voudrait bien rire avec vous/savoir pourquoi vous riez/dites-nous pourquoi vous riez/pourquoi riez-vous?
- Ne crie pas comme ça à travers la classe. Si tu veux dire quelque chose/répondre, lève le doigt.
- Donne-moi ça. Tu peux le reprendre à la fin du cours.
- Taisez-vous un petit peu, on n'arrive pas à comprendre/entendre ce que dit (nom).

... wenn sie andere stören
- (Nom), laisse ton voisin tranquille/en paix.
- (Nom), arrête de toucher aux affaires de (nom).
- (Nom), arrête de déranger ton voisin et laisse-le travailler.
- (Nom), arrête de distraire (ablenken) ton voisin et travaille.
- (Nom), tu trouves ça drôle d'embêter ton voisin?
- (Nom), si tu ne veux rien faire, c'est ton problème mais ne dérange pas les autres.
- Arrêtez de vous bousculer/arrête de pousser les autres.

... wenn sie anderen Beschäftigungen nachgehen
- C'est un cours de français. Range ton livre d'histoire ...
- Tu dois faire tes devoirs de math/ ... à la maison et non pendant les cours de français.

... wenn sie ihre Sachen vorzeitig zusammenpacken
- La sonnette/la cloche n'a pas encore sonné. Concentrez-vous encore quelques minutes.
- Restez assis jusqu'à ce que j'aie fini de parler.

B Die Sprache der Schüler

1. Allgemeine Unterrichtssituationen

- **Hausaufgaben und Übungen**

– Pardon, M./Mme, je ne comprends pas l'exercice/la question/le passage. Est-ce que vous pouvez expliquer encore une fois/donner un exemple, s'il vous plaît?
– L'exercice est à quelle page?
– Je ne trouve pas l'exercice, c'est à quelle page/dans quel livre?
– Je ne sais pas où nous en sommes.
– Est-ce que je peux avoir une feuille/une copie/…, s'il vous plaît?
– Je n'étais pas là la dernière fois, je n'ai pas compris l'exercice.

- **An der Tafel**

– Je n'ai pas de craie/marqueur/il n'y a plus de craie.
– Est-ce que c'est correct/juste?
– Est-ce que je peux aller au tableau, s'il vous plaît?

- **Unterricht mit audiovisuellen Medien**

– Où est-ce que je mets l'appareil/le magnétophone à cassettes/le rétro-projecteur/le projecteur?
– Est-ce que vous pouvez mettre plus fort/moins fort, s'il vous plaît, je n'entends rien/c'est trop bruyant/ ça résonne.
– Je ne vois rien, vous pouvez pousser l'appareil à gauche/à droite, s'il vous plaît?
– Où est la prise électrique?
– Pouvons-nous écouter encore un fois le texte/la chanson/la dernière phrase/la première partie, s'il vous plaît?
– Pouvez-vous remettre le transparent, s'il vous plaît, je n'ai pas noté/écrit/lu la dernière phrase?
– Est-ce que je peux me rapprocher, s'il vous plaît, je ne vois pas bien?

- **Im Sprachlabor**

– Allons-nous au laboratoire aujourd'hui?
– Le laboratoire est fermé à clé/clef.
– Je n'entends pas ma voix/je n'entends pas votre voix.
– C'est trop fort, comment fait-on pour baisser/augmenter le son de votre/ma voix?

- Où est la touche reproduction/répétition/arrêt/enregistrement?
- Où est le bouton pour mettre plus fort/moins fort?
- Est-ce que je peux changer de place, le casque ne fonctionne pas?
- Est-ce que nous reviendrons la semaine prochaine?

- **Entschuldigungen für Verspätung**

- Excusez-moi, j'étais avec M./Mme (nom)/M./Mme (nom) m'a retenu(e).
- Je vous prie de m'excuser, j'ai manqué mon bus/mon tramway.
- Veuillez excuser mon retard, j'étais chez le médecin.
- Veuillez m'excuser, j'étais aux toilettes/W.C.
- Excusez-moi, je ne me suis pas réveillé(e)/mon réveil n'a pas sonné.

- **Entschuldigungen für fehlende Bücher, Hausaufgaben, ...**

- Excusez-moi, j'ai oublié mon livre (de cours, d'exercices)/mon cahier (d'exercices)/mes devoirs/les copies que vous avez distribuées la dernière fois/mes feuilles/mon stylo ... à la maison.
- Je regrette mais je n'ai pas fait l'exercice/les devoirs/ je n'ai pas appris le vocabulaire car je n'avais pas le temps/ j'étais malade ... Je les ferai pour la prochaine fois/je vous les apporterai demain ...
- Je vous prie de m'excuser mais je n'ai pas pu travailler mon français ces derniers temps/je n'ai pas pu travailler régulièrement car j'ai eu beaucoup de problèmes à la maison.

2. Prüfungen und Tests

- **Termin, Hilfsmittel, ...**

- Quand est-ce que nous passons l'examen/écrivons le test de vocabulaire/l'interrogation écrite/le contrôle?
- Pouvons-nous changer la date de l'interro(gation) car nous avons déjà deux autres tests cette semaine?
- Pouvons-nous utiliser notre dictionnaire pendant l'examen?
- Qu'est-ce que nous devons réviser pour le test/le contrôle/l'interrogation/l'examen?
- Est-ce qu'il faut réviser/apprendre les chiffres/l'heure/ le passé composé/les pronoms personnels ... pour le test?

- **Während und nach der Prüfung**
  - Est-ce que je peux changer de place, s'il vous plaît, il y a trop de soleil ici?
  - Est-ce qu'on peut tirer/fermer/ouvrir les rideaux?
  - Est-ce que je peux me mettre à côté de (nom)?
  - Quel jour sommes-nous/quel est la date d'aujourd'hui/nous sommes le combien aujourd'hui?
  - Est-ce qu'on peut/doit écrire directement sur la copie ou est-ce qu'on écrit sur une autre feuille?
  - Je ne comprends pas un mot/une phrase/une question, pouvez-vous la lire/m'expliquer, s'il vous plaît?
  - Est-ce que je peux aller aux toilettes/aux W.C./au(x) cabinet(s)?
  - J'ai oublié d'écrire mon nom sur ma feuille/ma copie.

3. Reaktionen auf Kritik und Beurteilungen

- **Reaktionen auf (ungerechtfertigte) Kritik**
  - Je n'ai rien dit.
  - Je n'ai pas copié/triché/regardé sur sa feuille.
  - Si je parle tout le temps, c'est parce que je m'ennuie/je ne comprends rien.
  - Quand je lève le doigt, vous ne m'interrogez jamais.
  - Vous savez, si je ne participe pas beaucoup, c'est parce que je suis timide/discret(e)/malade/je fais trop de fautes en parlant/j'ai peur d'être ridicule devant la classe.
  - Est-ce qu'on ne pourrait pas travailler en groupes plus souvent?

- **Reaktionen auf die Beurteilung der Leistungen**
  - Est-ce que vous pensez que j'ai fait des progrès en français?
  - Je travaille beaucoup mais j'ai toujours de mauvaises notes. Qu'est-ce que je peux faire pour m'améliorer?
  - Si vous pouviez m'aider en me donnant des conseils personnels/en m'indiquant mes fautes les plus importantes/en m'interrogeant plus souvent …, je vous en serais reconnaissant(e).
  - Est-ce que vous n'auriez pas oublié un ou deux points/fait une erreur dans la correction …?
  - Je pense/je crois que vous vous êtes trompé(e) dans la notation, pouvez-vous contrôler?
  - Je crois que vous m'avez compté une faute en plus, pouvez-vous/pourriez-vous vérifier?

Kapitel 8 – Französischsprachige Musterbriefe

Die Organisation von Fahrten nach Frankreich und die Vermittlung von Schülerpartnerschaften erfordert häufig einiges an Korrespondenz. In diesem Kapitel finden Sie französischsprachige Musterbriefe, die Ihnen hierbei nützlich sein können. Die formalen Besonderheiten des französischen Schriftverkehrs haben wir vorab kurz zusammengestellt.
Einige Hinweise für das Telefonieren nach und innerhalb Frankreichs folgen im dritten Teil dieses Kapitels.

A Der Aufbau eines Briefes

Absender (L'expéditeur)
Links oben auf dem Briefbogen steht der Absender.

Anschrift (La suscription ou la vedette)
Die Anschrift, die oben rechts auf dem Briefbogen steht, enthält:

- die Anrede und den Namen des Empfängers,
- gegebenenfalls den Titel: Professeur stagiaire (Studienassessor/in), Professeur de lycée (Studienrat/Studienrätin), Directeur/Directrice de lycée (Studiendirektor/in), Proviseur (Oberstudiendirektor/in), Professeur principal (Klassenlehrer/in), ...
- die Hausnummer vor dem Straßennamen, durch Komma getrennt,
- die Postleitzahl und den Ortsnamen, der in Großbuchstaben (ohne Apostroph und Bindestriche) geschrieben wird.
  Die erste der beiden Ziffern der Postleitzahl steht für das „Département", die folgenden drei für das zuständige Postamt. Wird der Brief vom Ausland aus nach Frankreich geschickt, darf das F vor der Postleitzahl nicht vergessen werden.
- Große Firmen oder Verwaltungen mit einem speziellen Zustelldienst haben eine „Cedex-Nummer" (courrier d'entreprise à distribution exceptionnelle). Sie steht hinter dem Ortsnamen: 75013 PARIS CEDEX 13

Monsieur le Proviseur	Madame Marie Dupont
du Lycée Jean-Moulin	Professeur de Français
22, avenue Parmentier	10, rue Charles Péguy
F-51000 CHALONS SUR MARNE	F-93110 ROSNY SOUS BOIS

Lycée Jean-Moulin
à l'attention de Madame Lebon
22, avenue Parmentier

F-51000 CHALONS SUR MARNE

Bezug (Les références)
Bei Geschäftsbriefen stehen die Initialen der Personen, die den Brief geschrieben bzw. diktiert haben, als Bezugszeichen unter oder links neben der Anschrift oder dem Datum.
In einem Antwortschreiben werden die Bezugszeichen des Briefes, auf den geantwortet wird, wiederholt.

V/Réf.: CD/BM 302
N/Réf.: MG/DD 3554/88

Ort und Datum (La localité et la date)
Ort und Datum stehen rechts über der Anschrift oder rechts vom Bezug. Für das Tagesdatum werden die Grundzahlen ohne Punkt verwendet. Lediglich der Erste eines Monats wird als Ordnungszahl notiert. Die Monatsangabe wird in der Regel ausgeschrieben.

Réf.: SG/DS   Paris, le 1er mai 1994

Betreff (L'objet)
Es folgt der Betreff, der den Gegenstand des Schreibens kurz zusammenfaßt.

> Objet: Demande d'hébergement
> Votre lettre du 13 mai
> V/facture n°: 3075 du 10.02.94

Anrede (L'appellation)
Richtet sich der Brief an eine bestimmte Person, dann entspricht die Anrede der, die in der Anschrift verwendet wurde: „Monsieur" oder „Madame". Anders als im Deutschen wird der Name des Empfängers in der Anrede nicht genannt.
Trägt der Empfänger einen Titel, folgt dieser der Anrede: „Monsieur le Directeur/Madame la Directrice".
Wendet sich das Schreiben an eine unbekannte Person (männlich oder weiblich), wird die Anrede „Monsieur" verwendet. Handelt es sich bei dem Empfänger um eine Firma oder Institution, dann wird die Anrede „Messieurs" oder „Monsieur" verwendet.
Hinter der Anrede steht immer ein Komma.

Das Brieffeld (Le corps de la lettre)
Anders als im Deutschen beginnt der Brieftext immer mit einem Großbuchstaben.

> Monsieur le Directeur,/Madame la Directrice,
>
> Nous avons l'intention d'organiser ...

Die Schlußformel (La formule de politesse)
Die Schlußformel wird durch eine Leerzeile vom restlichen Text getrennt und durch einen Punkt geschlossen.

> Nous vous remercions d'avance et vous prions d'agréer, Monsieur le Directeur, nos salutations distinguées.
> (Wir danken Ihnen im voraus und verbleiben hochachtungsvoll)
>
> Veuillez agréer/recevoir, Monsieur, mes/nos salutations distinguées.
> (Hochachtungsvoll)
>
> Je vous prie d'agréer/de recevoir, Messieurs, mes cordiales salutations/Nous vous prions d'agréer/de recevoir, Messieurs, nos cordiales salutations.
> (Mit freundlichen Grüßen)

A Der Aufbau eines Briefes 179

Recevez, Madame, mes/nos cordiales salutations.
(Mit freundlichen Grüßen)

Anlagen (Les annexes ou les pièces jointes)
Werden dem Brief weitere Dokumente beigefügt, dann wird dies am Ende des Briefes links vermerkt.

P. J. / Annexe(s)
1 chèque de 800 Francs

Abkürzungen
In französischsprachigen Briefen werden außerdem eine Reihe von Abkürzungen verwendet. Sie finden hier die wichtigsten.

Abréviations systématiques admises par les PTT:

Allée	ALL	Madame	MME	Place	PL
Avenue	AV	Mademoiselle	MLLE	Quai	QU
Appartement	APP	Mesdames	MMES	Route	RTE
Boulevard	BD	Mesdemoiselles	MLLES	Square	SQ
Chemin	CHE	Messieurs	MM	Saint	ST
Cours	CRS	Monsieur	M.	Sainte	STE
Institut	INST	Passage	PAS	Syndicat	SYND
Impasse	IMP	Président	PDT	Boîte postale	BP

Liste der französischen Departements

Die Zahlen (links) entsprechen den ersten zwei Ziffern der Postleitzahlen. Die Zahlen (rechts) bilden den Anfang der Telefonnummer.

01	Ain	04	14	Calvados	02
02	Aisne	03	15	Cantal	04
03	Allier	04	16	Charente	05
04	Alpes-de-Haute-Provence	04	17	Charente-Maritime	05
			18	Cher	02
05	Alpes (Hautes-)	04	19	Corrèze	05
06	Alpes-Maritimes	04	2A	Corse-du-Sud	04
07	Ardèche	04	2B	Haute-Corse	04
08	Ardennes	03	21	Côte-d'Or	03
09	Ariège	05	22	Côtes d'Armor	02
10	Aube	03	23	Creuse	05
11	Aude	04	24	Dordogne	05
12	Aveyron	05	25	Doubs	03
13	Bouches-du-Rhône	04	26	Drôme	04

27	Eure 02	64	Pyrénées-Atlantiques 05
28	Eure-et-Loir 02	65	Pyrénées (Hautes-) 05
29	Finistère 02	66	Pyrénées-Orientales 04
30	Gard 04	67	Rhin (Bas-) 03
31	Garonne (Haute-) 05	68	Rhin (Haut-) 03
32	Gers 05	69	Rhône 04
33	Gironde 05	70	Saône (Haute-) 03
34	Hérault 04	71	Saône-et-Loire 03
35	Ille-et-Vilaine 02	72	Sarthe 02
36	Indre 02	73	Savoie 04
37	Indre-et-Loire 02	74	Savoie (Haute-) 04
38	Isère 04	75	Ville de Paris 01
39	Jura 03	76	Seine-Maritime 02
40	Landes 05	77	Seine-et-Marne 01
41	Loir-et-Cher 02	78	Yvelines 01
42	Loire 04	79	Sèvres (Deux-) 05
43	Loire (Haute-) 04	80	Somme 03
44	Loire-Atlantique 02	81	Tarn 05
45	Loiret 02	82	Tarn-et-Garonne 05
46	Lot 05	83	Var 04
47	Lot-et-Garonne 05	84	Vaucluse 04
48	Lozère 04	85	Vendée 02
49	Maine-et-Loire 02	86	Vienne 05
50	Manche 02	87	Vienne (Haute-) 05
51	Marne 03	88	Vosges 03
52	Marne (Haute-) 03	89	Yonne 03
53	Mayenne 02	90	Territoire de Belfort 03
54	Meurthe-et-Moselle 03	91	Essonne 01
55	Meuse 03	92	Hauts-de-Seine 01
56	Morbihan 02	93	Seine-Saint-Denis 01
57	Moselle 03	94	Val-de-Marne 01
58	Nièvre 03	95	Val-d'Oise 01
59	Nord 03	971	Guadeloupe ... 0-590 (-5 h)
60	Oise 03	972	Martinique ..... 0-596 (-5 h)
61	Orne 02	973	Guyane .... 0-594 (-4 h)
62	Pas-de-Calais 03	974	Réunion .... 0262 (+3 h)
63	Puy-de-Dôme 04		

B Französischsprachige Musterbriefe

1. Gruppenunterkunft

Anfrage

Monsieur,/Madame,/Messieurs,

Je prévois de venir à (Stadt) du (Datum) avec un groupe de (Zahl) élèves/étudiants allemands âgés de (Alter) et j'espère que vous pourrez nous recevoir.

Le groupe se compose de (Zahl) garçons, de (Zahl) filles, de (Zahl) accompagnateur(s)/accompagnatrice(s), du chauffeur de car et de moi-même, ce qui fait (Zahl) personnes en tout.

Nous prendrons seulement le petit déjeuner chez vous, si c'est possible. Afin de pouvoir organiser plus librement nos activités/excursions, nous déjeunerons et dînerons à l'extérieur./
Si c'était possible, nous aimerions prendre le petit déjeuner ainsi que le repas du soir chez vous. Afin de …, nous déjeunerions à l'extérieur.
Serait-il possible de nous préparer (chaque jour/certains jours) un repas «pique-nique» le midi?
Auriez-vous l'amabilité de me faire savoir/Pourriez-vous me faire savoir (le plus rapidement possible), si vous pouvez nous recevoir et quelles sont vos conditions? Je vous enverrai alors le supplément d'information avec tous les derniers détails. Je vous en remercie d'avance.

En espérant recevoir une réponse favorable de votre part, je vous prie d'agréer, Monsieur,/Madame,/Messieurs, mes salutations distinguées.

    (Unterschrift)
    (Name) organisateur/organisatrice/responsable

Buchungsbestätigung

Monsieur,/Madame,

Nous accusons/j'accuse réception de votre lettre du (Datum) dans laquelle vous nous/m'indiquez vos conditions et vous en remercions/remercie.

Comme vos conditions nous/me conviennent, nous vous confirmons/je vous confirme la réservation.

Les informations/renseignements/détails concernant le nombre de personnes et les dates ont été mentionné(e)s dans notre/ma lettre du (Datum).

S'il se produisait de petits changements de dernière minute, nous vous en informerions/je vous informerais immédiatement.

Veuillez agréer, Monsieur,/Madame, nos/mes salutations distinguées.

(Unterschrift)
(Name) organisateur/responsable

Buchungsbestätigung mit Angabe weiterer Details

Monsieur,/Madame,

C'est avec grand plaisir que nous avons reçu votre lettre du (Datum) dans laquelle vous nous faites part de votre possibilité/acceptation de nous recevoir./Nous avons/j'ai bien reçu votre lettre du (Datum) et nous vous en remercions/je vous remercie vivement de bien vouloir nous recevoir.

Nous vous confirmons/je vous confirme les informations/renseignements (donné(e)s dans notre/ma lettre du (Datum)), à savoir:
– Arrivée le (Datum), à (Uhrzeit) environ (nous ne prendrons donc pas de petit déjeuner (ni de déjeuner, ni de dîner)/ nous prendrons le petit déjeuner/le déjeuner/le dîner).
– Départ le (Datum), à (Uhrzeit) environ (nous prendrons le petit déjeuner mais pas le déjeuner/le dîner).
– (Zahl) personnes: (Zahl) élèves/étudiants, dont (Zahl) garçons et (Zahl) filles; (Zahl) accompagnateurs/trices et le chauffeur de car.
– Nous prendrons (tous les jours) le petit déjeuner/le déjeuner/le dîner./ Nous prendrons l'autre/les autres repas à l'extérieur.
– Comme convenu/Selon vos conditions de paiement, nous vous envoyons/je vous envoie un acompte de (Betrag). Ci-joint/en annexe, le chèque barré/l'Eurochèque/le chèque postal/numéro (Nummer)/un mandat-poste d'un montant de (Betrag). Nous vous prions (, pour la bonne règle,) de nous en accuser réception et de porter cette somme au crédit de notre compte.
Comme convenu, nous avons chargé/j'ai chargé notre/ma banque de virer le montant de (Betrag) au crédit de votre compte numéro (Kontonummer) auprès de la/du (Empfängerbank).
Cet acompte correspond à (Zahl) % du montant total, celui-ci s'élevant à (Betrag), comme le mentionne votre lettre du (Datum). Il est également convenu que nous paierons/je paierai le reste/le solde le (Datum)/dès notre arrivée/à la fin du séjour. Je suppose qu'en cas d'annulation du séjour, vous accepterez de nous rembourser une partie de cet acompte.

Nous vous remercions/Je vous remercie encore une fois et, en attendant de faire votre connaissance, nous vous prions/je vous prie d'agréer, Monsieur,/Madame, nos/mes salutations distinguées.

    (Unterschrift)
    (Name) organisateur/responsable

Änderung der Buchungsangaben

Monsieur,/Madame,

Nous avons eu quelques (petits) changements dans l'organisation de notre voyage et c'est pourquoi, malheureusement, les informations contenues dans notre/ma dernière lettre ne sont plus tout à fait exactes.

Contrairement à ce que nous vous avons écrit, nous n'arriverons pas le (Datum) à (Uhrzeit) mais le (Datum) à (Uhrzeit)/nous ne rentrerons pas le (Datum) à (Uhrzeit) mais le (Datum) à (Uhrzeit)/nous ne serons pas (Zahl), mais (Zahl)/les garçons/les filles ne seront pas (Zahl), mais (Zahl),/un/une accompagnateur/trice ne pourra pas venir/le chauffeur de car ne viendra pas (puisque nous prendrons le train),/nous ne pourrons pas prendre le déjeuner/le dîner chez vous car il y a eu des changements dans l'organisation/les horaires des excursions.

Croyez que nous regrettons bien/beaucoup ces changements indépendants de notre volonté et nous espérons/j'espère (beaucoup) que ceux-ci ne vous empêcheront pas de nous accueillir.

Auriez-vous l'amabilité de nous/me le faire savoir le plus rapidement possible?/En espérant recevoir une réponse favorable de votre part, nous vous prions/je vous prie d'agréer, Monsieur,/Madame, nos/mes salutations distinguées.

    (Unterschrift)
    (Name) organisateur/responsable

Stornierung einer Buchung

Monsieur,/Madame,

Je suis vraiment désolé(e) de vous informer/C'est avec beaucoup de regrets que je dois vous informer/je regrette beaucoup de vous informer que nous ne pourrons pas venir à (Ort) comme prévu/que nous devons annuler le voyage.

Malgré tous nos efforts, nous sommes obligés pour des raisons financières/de personnel,/de temps/… d'annuler le voyage cette année/de repousser le voyage à l'année prochaine/à plus tard.
Nous tenons cependant à vous remercier de votre aide et de vos efforts.
Soyez assuré(e) que nous vous contacterons dès que nous pourrons à nouveau organiser ce voyage.

Conformément à nos accords, nous vous serions reconnaissants de bien vouloir nous rembourser/renverser l'acompte de (Betrag) que nous vous avons versé. Vous pouvez nous envoyer un chèque ou un mandat-poste international à moins que vous ne préfériez virer le montant à notre compte bancaire/postal numéro (Nummer) auprès de la/du (Bank).

Nous vous remercions/Je vous remercie de votre compréhension et nous vous prions/je vous prie d'accepter, Monsieur, nos/mes excuses les plus sincères/toutes nos/mes excuses pour le dérangement que nous vous avons causé.

Nous vous prions/Je vous prie d'agréer, Monsieur,/Madame, nos/mes salutations distinguées.

(Unterschrift)
(Name) organisateur/responsable

Dankesbrief

(Cher) Monsieur,/(Chère) Madame,

Nous vous remercions/je … vivement/beaucoup de votre aide/collaboration/de votre amabilité lors de notre séjour à (Ort)/chez vous.

Ce voyage a été un succès (complet) et le bon accueil que vous nous avez réservé y a joué un rôle important. Nous n'hésiterons pas à vous recommander auprès de nos collègues qui préparent un voyage semblable.
Merci beaucoup de notre part à tous/un merci spécial de la part des enfants/soyez aimable de transmettre notre bon souvenir à Mimile et Paulette de notre part.

Recevez, Monsieur,/Madame, nos sincères amitiés.

(Unterschrift)
(Name) organisateur/responsable

Beschwerde über Unterkunft

Hinweis: Für den Fall, daß Sie nicht die Möglichkeit hatten, Ihre Beschwerde sofort vor Ort zu äußern, finden Sie hier zwei Musterbriefe, ergänzt durch eine Reihe von Formulierungen zu verschiedenen Beschwerdepunkten.

- Beschwerde für den Fall, daß Sie weiterhin Kontakt pflegen wollen

Monsieur,/Madame,/Messieurs,

Je regrette beaucoup de devoir vous écrire cette lettre, mais en tant que responsable du groupe, je dois vous faire part de quelques détails qui nous ont (un peu) dérangés et qu'il me/nous paraît important de changer/d'améliorer afin de pouvoir recommencer cette expérience (tout à fait positive) avec d'autres groupes.
Les choses que nous aimerions voir s'améliorer/changer en mieux sont les suivantes:
(Beschwerdepunkte) ...

J'espère que vous ne m'en voudrez pas de vous avoir précisé ces points et que, dans l'avenir, nous nous reverrons avec d'autres groupes.

Je vous prie d'agréer, Monsieur,/Madame,/Messieurs, mes salutations distinguées.

(Unterschrift)
(Name) organisateur/responsable

- Beschwerde für den Fall, daß Sie auf weiteren Kontakt keinen Wert legen

Monsieur,/Madame,/Messieurs,

Je me vois dans l'obligation de vous communiquer/de vous dire que nous/quelques personnes du groupe sommes/sont (très) déçu(e)s de l'accueil/de l'hébergement/du séjour/(et) des repas que vous nous avez offert(s).
Les réclamations/reproches les plus important(e)s/graves sont les suivant(e)s: ...

J'espère que vous comprendrez qu'en tant qu'organisateur, je me sente responsable des élèves, des parents qui ont financé le voyage et des collègues qui auraient voulu avoir recours à vos services dans le futur, et c'est en leur nom à tous que je vous exprime notre déception.

Veuillez agréer, Monsieur,/Madame,/Messieurs, mes salutations distinguées.

(Unterschrift)
(Name) organisateur/responsable

Mögliche Beschwerdepunkte:

Schlafzimmer
- Plusieurs/quelques chambres/pièces n'avaient pas été nettoyées après le départ du groupe/des personnes ayant occupé les lieux avant nous.
- Certaines chambres étaient si bruyantes qu'il était impossible de dormir bien que vous nous ayez assuré du calme des chambres/de l'endroit.
- Les draps/les matelas étaient sales.

Dusche, Toiletten, ...
- Les salles de bains/les douches/les toilettes étaient sales/n'avaient pas été nettoyées correctement.
- Les douches/les toilettes/le robinet d'eau chaude ne fonctionnait/ fonctionnaient pas/étaient bouchées./On ne pouvait pas utiliser l'eau chaude régulièrement.

Aufenthaltsräume
- Le matériel/l'équipement des pièces/des classes/de la salle de séjour/de la salle de télévision était endommagé/incomplet.
- L'utilisation de ce matériel nous a été facturée en plus.
- La salle de jeu/... était toujours/souvent fermé(e) et ne pouvait pas être utilisé(e) avant/après ... heures.

Essen
- La nourriture/le café/le thé ... était souvent/toujours froid(e)/de (très) mauvaise qualité et en plus les portions étaient insuffisantes de sorte que nous devions régulièrement acheter des vivres en plus.

Allgemeine Bedingungen
- Nous avons dû payer un supplément pour certains services, alors que cela n'était pas mentionné dans votre lettre/vos conditions (générales).
- Votre brochure/feuille d'information ne mentionne pas certains points importants nécessaires à l'organisation du voyage/à la prévision des coûts du voyage.
- Votre brochure ne correspond pas/en aucun cas à ce que vous nous avez proposé/à la réalité.

2. Gruppenausflüge und -besichtigungen

Anfrage

Monsieur,

Nous avons prévu de visiter (Ort) avec un groupe de (Zahl) élèves/étudiants allemands âgés de (Zahl) à (Zahl) entre le (Datum) et le (Datum) de cette année/de l'année prochaine.

Nous vous serions reconnaissants de bien vouloir nous faire parvenir/envoyer/communiquer des renseignements/informations précis(es) concernant les prix de groupes,/les heures d'ouverture et de fermeture,/les jours de fermeture de (Ausflugsziel). S'agit-il d'une visite guidée/non guidée?/La visite est-elle faite en français (facile/adaptée à des élèves de (Zahl) ans)?/en allemand?

En vous remerciant d'avance pour votre aide/collaboration, nous vous prions d'agréer, Monsieur, nos sincères salutations.

    (Unterschrift)
    (Name) organisateur/responsable

Buchungsbestätigung

Monsieur,

Nous avons bien reçu votre lettre du (Datum) ainsi que les renseignements concernant les visites de groupes et vous en remercions (vivement).

(Comme ceux-ci correspondent aux informations données dans notre guide,) nous vous confirmons notre visite à (Ausflugsziel) à (Uhrzeit), le (Datum).

Nous vous remercions de votre aide et en attendant de faire votre connaissance, nous vous prions d'agréer, Monsieur, nos salutations distinguées.

    (Unterschrift)
    (Name) organisateur/responsable

Änderung der Buchungsangaben

- Terminänderung

Monsieur,/Madame,

Je me réfère à la réservation (numéro (Nummer)) du (Datum).

Je regrette de devoir y apporter le changement de date/d'horaire suivant: nous viendrons à (Ausflugsziel) le (Datum), à (Uhrzeit) à la place du (Datum) à (Uhrzeit)./Je regrette beaucoup d'avoir à changer notre date de visite. Si c'était possible, nous viendrions à (Ausflugsziel) le (Datum), à (Uhrzeit) à la place du (Datum) à (Uhrzeit)./Il ne nous est plus possible de venir à (Ausflugsziel) le (Datum), à (Uhrzeit), c'est pourquoi nous vous proposons à la place le (Datum), à (Uhrzeit).

J'espère que ce changement ne posera pas trop de problèmes et que vous pourrez nous confirmer la réservation dans les (Zahl) jours.

En vous remerciant d'avance, je vous prie d'agréer, Monsieur,/Madame, mes sincères salutations.

(Unterschrift)
(Name) organisateur/responsable

- Änderung der Besucherzahl

Monsieur,/Madame,

Je me réfère à la réservation (numéro (Nummer)) du (Datum) à laquelle je dois apporter un petit changement.
Le nombre des participants n'est plus de (Zahl) comme je vous l'ai indiqué mais de (Zahl).

J'espère que ce (petit) changement ne posera pas (trop) de problèmes et que vous pourrez nous confirmer la réservation dans les (Zahl) jours.

En vous remerciant d'avance, je vous prie d'agréer, Monsieur,/Madame, mes sincères salutations.

(Unterschrift)
(Name) organisateur/responsable

Stornierung einer Buchung

Monsieur,/Madame,

Nous …/Je suis (vraiment) désolé de vous faire part de l'annulation de notre réservation concernant la visite à/au (Ausflugsziel)/l'excursion à (Ort) prévue pour le (Datum), un changement d'organisation (celle-ci n'étant pas toujours simple) ne nous le permettant plus./un changement/un imprévu indépendant de notre volonté nous y obligeant.

Nous …/je vous prie de nous/m'excuser pour le dérangement que nous vous occasionnons/je vous cause. Nous …/J'espère avoir plus de succès lors de notre prochain voyage/notre prochaine excursion à (Ort).

Nous …/Je vous prie d'agréer, Monsieur,/Madame, nos/mes salutations distinguées.

> (Unterschrift)
> (Name) organisateur/responsable

Dankesbrief

(Cher) Monsieur, (Chère) Madame,

Je tenais à vous écrire afin de vous remercier de votre accueil/de cette visite si réussie/de l'amabilité et de la patience/de la compétence dont vous avez fait preuve lors de notre visite chez vous/à (Ort), le (Datum)./ Il me tient à cœur de vous remercier encore une fois, vous et vos collaborateurs/et votre personnel/et (Name)/, de votre accueil (si attentionné) lors de notre voyage à (Ort) le (Datum).

Nous avons particulièrement apprécié l'organisation/le guide/(Name)/la compétence de (Name)/… Pourriez-vous le lui/leur dire de notre part?

Je n'hésiterai (certainement) pas/pas un instant à vous recommander auprès de mes collègues/de mes amis quand ils organiseront un voyage semblable au nôtre à (Ort)/en France.

J'espère que nous aurons l'occasion de nous revoir/de revenir vous voir et je vous prie d'accepter,/(cher) Monsieur/(chère) Madame,/nos sincères remerciements.

> (Unterschrift)
> (Name) organisateur/responsable

Beschwerdebrief

Hinweis: Man kann sicher bezweifeln, ob es sinnvoll ist, einen Beschwerdebrief beispielsweise an ein Museum zu richten. Eine Besserung ist aber in der Regel nur durch Beschwerden zu bewirken. Oft haben die Verantwortlichen kaum die Möglichkeit, ein Problem zu erkennen, wenn sie nicht darauf hingewiesen werden. Wo Eintritt bezahlt wurde, kann eine Beschwerde dazu führen, daß zumindest ein Teil des Eintrittsgeldes erstattet wird. Der folgende Brief kann natürlich nur einige der möglichen Anlässe berücksichtigen.

Monsieur,

Le (Datum), lors de ma visite (nur für eine Besichtigung) à (Name der Institution/Organisation) avec (Zahl) élèves/étudiants allemands, nous avons été déçus de constater que ...
– Le guide ne parlait pas allemand comme c'était convenu/ ... parlait si doucement et si indistinctement que (presque) personne ne pouvait le comprendre/était incompétent/était de fort mauvaise humeur./
– Nous avons dû attendre/le guide (Zeit).
– La visite a été bâclée/était beaucoup trop technique/longue/courte/compliquée pour des élèves de (Zahl) ans ne comprenant pas parfaitement le français.
– Nous n'avons pas pu voir les pièces/les peintures/la salle des .../la partie la plus intéressante du château/du musée/du théâtre/de l'usine ... comme on nous l'avait dit/assuré/comme il était convenu.

C'est pourquoi je vous demande de nous rembourser intégralement ou partiellement le prix des tickets s'élevant à (Betrag). Je vous serais reconnaissant de bien vouloir m'envoyer un mandat-poste international de ce montant.

J'espère que vous comprendrez/accepterez ces critiques avec (dans) le même esprit d'amélioration que nous et que celles-ci vous aideront à perfectionner encore/un peu la qualité des visites de groupes. Nous aimerions pouvoir vous recommander auprès d'autres collègues organisant des voyages/excursions/visites du même ordre.

Nous .../Je vous prie d'agréer, Monsieur, nos/mes salutations distinguées.

(Unterschrift)
(Name) organisateur/responsable

3. Individuelle Besuche

In fast jeder französischen Stadt gibt es ein *Syndicat d'initiative*. Dies können Sie anschreiben (oder anrufen), um Informationsmaterial über Ferienwohnungen und -häuser zu bekommen.
Verschiedene Organisationen wie *Les Logis de France, Camping à la ferme* bieten Kataloge an, in denen die Wohnungen/Häuser abgebildet sind. Oft ist es billiger, den Besitzer dann direkt anzuschreiben und mit ihm zu verhandeln, da immer ein bestimmter Prozentsatz des Mietpreises als Vermittlungsgebühr an die Agentur geht.

Anfrage: Ferienwohnung/-haus

- Verkehrsverein oder Agentur

Monsieur,/Madame,

Auriez-vous l'amabilité de m'envoyer des informations concernant la région/la ville/les loisirs/les excursions/les musées/les possibilités de loger chez l'habitant/à la ferme/ … de louer un appartement/une maison/les possibilités de camping/pour (Zahl) personnes, en (Monat, Jahr).

Nous vous remercions d'avance pour le service que vous nous rendez et vous prions d'accepter Monsieur,/Madame, nos salutations distinguées.

    (Unterschrift)

- Privatperson

Monsieur,/Madame,

Le Syndicat d'initiative/l'agence …/(Name)nous a communiqué votre adresse./Nous devons votre adresse à (Name)/au Syndicat d'Initiative/à l'agence …/Nous nous référons à votre annonce parue dans le (Zeitungsname) du (Datum). Votre offre parue dans le catalogue (Katalogname) a particulièrement retenu notre attention.

Nous vous serions reconnaissants de bien vouloir nous envoyer de plus amples renseignements concernant la location de votre maison/appartement/terrain … à (Ort). Nous sommes (Zahl) personnes, (Zahl) adultes et (Zahl) enfants de (Zahl) ans/nous avons un(e) chien(ne)/un(e) chat(te) particulièrement calme/gentil(le)/propre. Nous aimerions rester (Zahl) semaines, du (Datum) au (Datum).
Y a-t-il une douche/une baignoire/un garage/un ascenseur/une piscine/ …?

A combien de mètres/kilomètres, à pied/en voiture se trouve(ent) la mer/la plage/le lac/la boulangerie/les commerçants ...?
Est-ce que les frais de chauffage/d'eau/d'électricité ... sont inclus dans le prix indiqué?/Est-ce que nous devons verser quelque chose pour notre chien/chat et si oui, combien?

Nous vous remercions d'avance pour le service que vous nous rendez et vous prions d'accepter Monsieur,/Madame, nos salutations distinguées.

(Unterschrift)

Buchungsbestätigung: Ferienwohnung/-haus

- Verkehrsverein und Agentur

Monsieur,

Nous avons bien reçu votre lettre du (Datum) contenant des informations sur les locations à (Ort) et vous en remercions.

Sur la base de ces informations, nous aimerions réserver, du (Datum) au (Datum), l'offre numéro (Zahl)/la maison/l'appartement numéro (Zahl) loué(e) par M. et Mme Dupond, 4, rue des roses, 41400 Montrichard Pontlevoy.

Selon vos conditions/comme convenu, nous joignons à notre lettre le chèque numéro (Zahl) d'un montant de (Betrag), correspondant à un acompte de (Zahl) % de la somme totale qui s'élève à (Betrag) Francs.

Nous vous prions d'agréer, Monsieur, nos salutations distinguées.

(Unterschrift)

- Privatperson

Monsieur,/Madame,

Nous venons de recevoir votre lettre du (Datum) et vous en remercions vivement.

La maison/l'appartement correspond exactement à ce que nous cherchons, vos conditions nous conviennent également et c'est pourquoi nous voudrions le/la réserver pour (Zahl) semaines, du (Datum) au (Datum), selon les conditions citées dans votre lettre. S'il n'est pas possible de l'avoir pendant cette période, nous pourrions venir du (Datum) au (Datum).

Selon vos conditions/comme convenu, nous joignons à notre lettre le chèque numéro (Zahl) d'un montant de (Betrag), correspondant à un acompte de (Zahl) % de la somme totale qui s'élève à (Betrag) Francs.

En attendant de faire votre connaissance …/ C'est avec plaisir que nous ferons votre connaissance/En attendant le plaisir de faire votre connaissance/Nous avons hâte de faire votre connaissance et en attendant nous vous prions d'accepter, Monsieur,/Madame, nos sincères salutations.

(Unterschrift)

Anfrage: Zimmerreservierung im Hotel

Monsieur,

Pourriez-vous nous réserver (Zahl) chambre(s) pour une personne/pour deux personnes/avec deux lits/avec un lit de deux personnes/un grand lit, avec douche/baignoire/avec cabinet de toilette (nur mit Waschbekken), avec balcon,/avec vue sur la mer/sur cour/tranquille/petit déjeuner compris, pour (Zahl) nuits, du (Datum) au (Datum).

Auriez-vous l'amabilité de nous confirmer cette réservation.

Veuillez agréer, Monsieur, nos salutations distinguées.

(Unterschrift)

Anfrage: Hotelaufenthalt mit Voll-/Halbpension

Monsieur,

Nous nous référons à votre annonce parue dans le guide touristique (Titel)/dans le journal (Zeitung«)/dans la revue (Titel).

Pourriez-vous nous envoyer/faire parvenir les informations nécessaires concernant les séjours de longue durée dans votre hôtel pour (Zahl) personnes avec petit déjeuner et demi-pension/pension complète?

Nous comptons venir à (Ort), (Zahl) ou (Zahl) semaines, en (Monat) cette année/l'année prochaine.

Nous vous remercions d'avance et vous prions d'accepter, Monsieur, nos salutations distinguées.

(Unterschrift)

Buchungsbestätigung: längerer Hotelaufenthalt

Monsieur,/Madame,

En possession de votre lettre du (Datum), nous vous remercions des informations/des prospectus/de la documentation/de l'offre que vous avez bien voulu(e/s) nous envoyer.

Selon les conditions indiquées dans votre lettre/votre liste de prix/dans votre prospectus,/Comme vos conditions nous conviennent, nous confirmons la réservation pour (Zahl) semaines avec demi-pension/pension complète du (Datum) au (Datum) pour (Zahl) personnes. Nous serons heureux de faire votre connaissance.

Veuillez croire, Monsieur,/Madame, à nos sentiments les meilleurs.

(Unterschrift)

4. Schüleraustausch, Brieffreundschaften

Sofern noch kein Kontakt zu einer französischen Schule besteht, lassen sich Schul- und Schülerpartnerschaften gut über eine Städtepartnerschaft (jumelage) in die Wege leiten. In diesem Fall haben Sie eine Kontaktstelle, die Briefe gezielt weiterleiten kann. Wenn diese Möglichkeit nicht besteht, dann können Sie Ihr Schreiben auch an die Schulbehörde oder, vor allem in kleineren Ortschaften, an die örtliche Schule richten. (Weitere Hinweise zur Vermittlung einer Partnerschule siehe Seite 206.)

Hinweis: Wenn Sie Brieffreundschaften über einen französischen Kollegen/eine Kollegin vermitteln wollen, gibt es zwei Möglichkeiten, wie die Informationen über die interessierten Schüler/innen weitergeleitet werden können:
1. Sie können eine Kurzbiographie einschließlich Anschrift mit der Bitte weitergeben, dies an eine/n geeignete/n Schüler/in weiterzugeben. Es bleibt dann der angesprochenen Person überlassen, ob sie die Sache weiterverfolgt oder nicht.
2. Sie können die Kurzbiographie aber auch ohne Anschrift mit der Bitte weitergeben, Ihnen Namen und Anschrift eines geeigneten Briefpartners zu nennen. Der interessierte deutsche Schüler/die Schülerin kann dann den ersten Brief schreiben.

Die Erfahrung zeigt, daß die zweite Möglichkeit eher zum Erfolg führt, da die Initiative weitgehend bei der Person bleibt, die Interesse an der Brieffreundschaft geäußert hat.

Vermittlung von Schülerpartnerschaften

Mairie de Montreuil
Service du Jumelage franco-allemand
8, rue Wilson

F-93100 MONTREUIL SOUS BOIS

Monsieur,

Auriez-vous l'amabilité de remettre cette lettre à la personne responsable du jumelage/des échanges/des amitiés franco-allemand(e)s dans le cadre de l'enseignement primaire/secondaire/supérieur?
Je cherche des possibilités d'échanges/de correspondance entre des élèves/étudiants allemands et des Français du même âge.

Je vous remercie d'avance pour l'aide que vous pourrez m'apporter.

    (Unterschrift)
    (Name) organisateur/responsable

Cher/Chère collègue,

J'ai envoyé cette lettre à la Mairie de (Ort) qui vous l'a remise.
Je me permets de me présenter:
Mon nom est (Name), je suis professeur de français au lycée/à l'école (Name) à (Ort).
En ce moment, j'enseigne le français à des élèves de (Zahl) à (Zahl) ans. Certain(e)s de mes élèves voudraient correspondre avec de jeunes Français du même âge. Peut-être pourriez-vous m'aider en en parlant à vos élèves?

Afin de faciliter les choses je vous donne directement les renseignements sur les élèves les plus motivé(e)s:

- Heike Schulte, 14 ans, 9e classe (quatre ans avant le bac). Elle apprend le français depuis deux ans.
  Intérêts: gymnastique, musique, aime les animaux, collectionne les timbres; membre de l'orchestre de l'école, elle joue du violon; son français est bon; elle pourrait recevoir sa/son correspondant(e) ou aller chez lui/elle.
- Mark Kräling, 16 ans, 11e classe (deux ans avant le bac). Il apprend le français depuis cinq ans.
  Intérêts: aime le cinéma, le théâtre, la politique, l'informatique. Il fait partie du groupe théâtral de l'école; matières principales: français et

informatique; après le bac, il voudrait étudier l'économie; son français est très bon. Adresse: Markstraße 65, D-44801 Bochum.

Auriez-vous l'amabilité de trouver un/une élève convenant à Heike et me communiquer son adresse? Heike lui écrira tout de suite.

Pourriez-vous donner les renseignements et l'adresse de Mark à un/e élève intéressé(e)? Mark répondra tout de suite à la lettre qu'il recevra.

Je vous serais reconnaissant pour toute aide que vous pourrez nous apporter. Il faut encourager les élèves motivé(e)s.

Veuillez recevoir, Monsieur/cher collègue, ...

(Unterschrift)

Vermittlung eines Schüleraustauschs

Monsieur le Directeur/Madame la Directrice
de l'école Charles Péguy
...
Monsieur/Madame le Proviseur
du Lycée Montreuil
...
Monsieur ...,/Madame ...,

Auriez-vous l'amabilité de remettre cette lettre à la personne responsable des jumelages/des échanges franco-allemands/des amitiés franco-allemandes dans le cadre de l'enseignement primaire/secondaire/supérieur? Je cherche des possibilités d'échanges/de correspondance entre des élèves/étudiants allemands et des Français du même âge. ...

(Unterschrift)
(Name) organisateur/responsable

Cher/Chère collègue,

J'ai envoyé cette lettre à votre directeur qui vous l'a remise.
Je me permets de me présenter:
Mon nom est (Name), je suis professeur de français au lycée/à l'école (Name) à (Ort).
En ce moment, j'enseigne le français à des élèves de (Zahl) à (Zahl) ans. Certain(e)s de mes élèves ainsi que leurs parents m'ont demandé de chercher des élèves français qui voudraient faire un échange avec de jeunes Allemands du même âge. Peut-être pourriez-vous m'aider en en parlant à vos élèves?

Les Français pourraient venir en Allemagne pendant les vacances de Pâques/d'été et les Allemands pourraient, en retour, aller chez eux pour les prochaines vacances. Les familles pourront régler cela entre elles.
Pour faciliter les choses, je vous donne directement les renseignements sur les élèves les plus motivé(e)s afin que le premier échange puisse se faire pendant les vacances de Pâques/d'été/les prochaines vacances:

Heike Schulte, 14 ans, 9e classe (quatre ans avant le bac). Elle apprend le français depuis deux ans.
Intérêts: gymnastique, musique, aime les animaux, les voyages, collectionne les timbres; est membre de l'orchestre de l'école, elle y joue du violon; son français est bon. Son père est ingénieur, sa mère est femme au foyer; Heike a une sœur de 12 ans et un frère de 16 ans. Ils habitent dans un pavillon avec un grand jardin dans la banlieue de (Ort); le jeune Français pourra avoir une chambre individuelle et aller en vacances à (Ort) avec la famille. Heike est une jeune fille très ouverte, c'est pourquoi elle a beaucoup d'ami(e)s. Son adresse: Kaiserstraße 10, D-44805 Bochum.

Mark Kräling, 16 ans, 11e classe (deux ans avant le bac). Il apprend le français depuis cinq ans.
Intérêts: aime le cinéma, le théâtre, la politique, l'informatique. Il fait partie du groupe théâtral de l'école; il n'aime pas les discothèques; matières principales: français et informatique; après le bac, il voudrait étudier l'économie; son français est très bon. Son père est employé de bureau et sa mère est secrétaire; il est fils unique. Ils habitent dans un appartement au centre ville; le jeune Français devra partager la chambre de Mark. Les jeunes devront s'organiser seuls puisque les parents de Mark travaillent jusqu'à 16 heures. Mark est assez calme et préfère donc les petits groupes d'amis. Son adresse: Markstraße 65, D-44801 Bochum.

Pourriez-vous donner les renseignements et les adresses de Heike et de Mark aux élèves intéressé(e)s? Ils répondront tout de suite aux lettres qu'ils recevront car ils sont très motivés et désireux de trouver un correspondant/une correspondante.
Vous pourrez m'envoyer tous les renseignements sur les élèves intéressé(e)s à cet échange et nous ferons tout notre possible pour que cet échange ait lieu. Il n'est pas indispensable que les Français parlent allemand, bien que ce serait plus motivant pour tout le monde.

Je suis conscient(e) du travail en perspective que ma lettre représente pour vous, et c'est pourquoi je vous serais reconnaissant/e de toute aide que vous pourrez nous apporter. Vous m'approuverez sans doute d'encourager ces échanges autant que possible.

Veuillez recevoir, Monsieur/cher collègue, ...

(Unterschrift)
(Name) organisateur/responsable

Anfrage wegen einer Schulpartnerschaft

Monsieur le Directeur
de l'école .../du lycée .../du collège ...

Monsieur le Directeur,

Mon nom est (Name), je suis professeur de français au lycée/à l'école (Name) à (Ort). (Ort) est une ville/village près de ...
Nous devons votre adresse à (Name), un/une ancien(ne) élève de votre école/à (Name), un (ancien) professeur de votre école./
La mairie de votre ville/L'Ambassade de France en Allemagne/le service des échanges scolaires du ministère de l'éducation de Westphalie/le DAAD/ ... nous a donné votre adresse./
Nous nous référons à votre annonce parue dans le journal (Zeitung)/ dans la revue (Titel).

Lors de la dernière réunion des professeurs de français, nous avons décidé d'organiser un échange franco-allemand avec une école française équivalente. Les parents des élèves approuvent fortement cette idée.

Notre école/notre lycée s'appelle (Name). Nous avons actuellement (Zahl) élèves entre 10 et 20 ans, et (Zahl) professeurs très engagés. Nous sommes dans une banlieue considérée comme un peu difficile, c'est pourquoi nous tenons d'autant plus à encourager et à motiver nos élèves et leurs parents par cet échange./Notre lycée se trouve au centre de la ville, les élèves viennent des environs ...
Nous tenons absolument à cet échange qui ne peut être que positif autant pour vos élèves que pour les nôtres/pour nos élèves et sans aucun doute aussi pour les vôtres./Nous sommes convaincus qu'un tel échange ne peut être que positif pour vos élèves aussi bien que pour les nôtres ...

Si vous pensez qu'un tel échange est possible/Si vous êtes, comme nous, intéressés par un tel échange, je vous serais reconnaissant(e) de nous répondre le plus tôt possible. Si vous ne voyez pas de possibilité de concrétiser notre projet, peut-être connaissez-vous une autre école qui serait intéressée.

Nous vous remercions sincèrement pour votre aide et votre engagement.
En espérant recevoir une réponse favorable de votre part, je vous prie
d'agréer, Monsieur le Directeur, mes salutations distinguées.

(Unterschrift)
(Name) organisateur/responsabble

C Tips fürs Telefonieren

1. Telefonieren in Frankreich

Seit Oktober 1996 sind in ganz Frankreich –
egal ob in Paris oder auf dem Land –
alle Telefonnummern zehnstellig.
Wie auf der Abbildung zu sehen,
wurde Frankreich in fünf Zonen
unterteilt:
Die neuen Nummern fangen mit den
folgenden Ziffern an, je nach Département:

01	02	03	04	05
Essone	Calvados	Aisne	Ain	Ariège
Hauts-de-Seine	Cher	Ardennes	Allier	Aveyron
Paris	Côtes-d'Armor	Aube	Alpes-Hte-	Charente
Seine-et-Marne	Eure	Bas-Rhin	Provence	Charente-
Seine-St-Denis	Eure-et-Loir	Côte-d'Or	Alpes-Maritimes	Maritime
Val-de-Marne	Finistère	Doubs	Ardèche	Corrèze
Val-d'Oise	Ille-et-Vilaine	Haute-Marne	Aude	Creuse
Yvelines	Indre	Haute-Saône	Bouches-du-	Deux-Sèvres
	Indre-et-Loire	Haut-Rhin	Rhône	Dordogne
	Loire-Atlantique	Jura	Cantal	Gers
	Loiret	Marne	Corse	Gironde
	Loir-et-Cher	Meurthe-et-	Drôme	Haute-Garonne
	Maine-et-Loire	Moselle	Gard	Hautes-Pyrénées
	Manche	Meuse	Hautes-Alpes	Haute-Vienne
	Mayenne	Moselle	Haute-Loire	Landes
	Morbihan	Nièvre	Haute-Savoie	Lot
	Orne	Nord	Hérault	Lot-et-Garonne
	Sarthe	Oise	Isère	Pyrénées-
	Seine-Maritime	Pas-de-Calais	Loire	Atlantiques
	Vendée	Saône-et-Loire	Lozère	Tarn
		Somme	Puy-de-Dôme	Tarn-et-
		Territoire-de-	Pyrénées-	Garonne
		Belfort	Orientales	Vienne
		Vosges	Rhône	
		Yonne	Savoie	
			Var	
			Vaucluse	

Beispiel:
Wenn vorher eine Nummer aus dem Département Saône-et-Loire 85 47 15 97 lautete, so wird heute 03 85 47 15 97 gewählt.

Für die Départements d'outre-mer (DOM) wird eine 0 vor die Vorwahl gesetzt, dann folgt die gewünschte sechsstellige Nummer.

2. Von Frankreich ins Ausland telefonieren

Bei einem Telefongespräch von Frankreich ins Ausland muß zunächst die internationale Ausgangskennziffer gewählt werden: heute 00 (früher die 19).

Danach folgt die jeweilige Auslandsvorwahl:
Vorwahl für Deutschland: 49
Vorwahl für Österreich: 43
Vorwahl für die Schweiz: 41
Vorwahl für Belgien: 32

Bei der Ortsvorwahl fällt dann die vorausgehende 0 weg.

Beispiele:
Frankreich	→	Deutschland	→	00-49-231-71 92 40
Frankreich	→	Österreich	→	00-43-53 36-283 87
Frankreich	→	Schweiz	→	00-41-72-56 91

3. Vom Ausland nach Frankreich telefonieren

Für ein Telefongespräch oder ein Telefax vom Ausland nach Frankreich muß zunächst die internationale Ausgangskennziffer (préfixe d'accès international) gewählt werden: 00.

Darauf folgt die Landesvorwahl (préfixe d'entrée) für Frankreich: 33.

Und schließlich die gewünschte Nummer ohne die 0, das heißt, der Teilnehmer wählt nur neun der zehn Ziffern der Nummer.

Beispiele:
| Deutschland | → | Paris | → | 00-33-147 53 39 95 |
| Deutschland | → | Corse-du-Sud | → | 00-33-495 02 66 04 |

Kapitel 9 – Tips für Frankreichfahrten und Schüleraustausch

In diesem Kapitel finden Sie Informationen für die Organisation von Studienfahrten nach Frankreich – von der Vorbereitung bis zur Durchführung und Nachbereitung. Zwei mögliche Ziele stellen wir Ihnen mit Programmempfehlungen vor.
Wie Sie eine Partnerschule ausfindig machen können und an wen Sie sich dazu wenden, das erfahren Sie im zweiten Teil dieses Kapitels. Außerdem machen wir darauf aufmerksam, was bei der Vorbereitung, Durchführung und Nachbereitung des Austauschs beachtet werden sollte. Schließlich nennen wir auch einige Alternativen zum Schüleraustausch.
Ein kleiner Sprachführer, den Sie Ihren Schülern mitgeben können, enthält das nötige Vokabular für die unterschiedlichen Reisesituationen und auch einige Begriffe und Redewendungen, die man im Wörterbuch nicht findet.

A Studienfahrten nach Frankreich

1. Tips für die Reisevorbereitung

Hin- und Rückfahrt

Bei einer Studienfahrt nach Frankreich kann zwischen Bus und Bahn gewählt werden. Ein Reisebus ist dann billiger, wenn die Gruppe groß genug ist. Der Vorteil des Busses ist außerdem, daß man mit ihm während des Besuchs wesentlich mobiler ist. Andererseits ist es für die Schüler auch sehr interessant, sich mit den Verkehrsverhältnissen im fremden Land vertraut zu machen. Für die begleitenden Lehrpersonen bedeutet die Fahrt mit der Bahn allerdings einen deutlich größeren Organisationsaufwand. Die Deutsche Bundesbahn hat Schulfahrten-Center eingerichtet, die hierbei behilflich sind. Dort bekommen Sie spezielle Prospekte mit Angeboten für Fahrten und Unterkünfte.

Aber auch die Reise mit dem Flugzeug kann erwogen werden. Die Fluggesellschaften haben manchmal sehr günstige Angebote, so daß, je nach Reiseziel, auch die Kosten eines Fluges geprüft werden sollten.

Verpflegung

Das Essen ist in Frankreich für Schüler-Portemonnaies recht teuer. Aus diesem Grund empfiehlt sich eine Unterkunft, die neben dem Frühstück auch ein Abendessen anbietet. Man ißt hier auf jeden Fall billiger, und für die Gruppe ist es außerdem von Vorteil, abends zusammen zu sein. Ein voller Magen hebt die Stimmung, und zugleich können beim Essen die Erfahrungen des Tages ausgetauscht sowie die Programmpunkte für den nächsten Tag diskutiert werden.

Wenn die Unterkunft keine Verpflegung anbietet, können Sie für das gemeinsame Essen auch ein Restaurant auswählen und dort einen Pauschalpreis für ein Menü aushandeln. Allerdings kann dann nicht *à la carte* gegessen werden.

Wenn die Schüler schon älter sind, können sie sich natürlich auch selbst versorgen. In den Cafés gibt es immer *sandwichs, croque-monsieur* oder *croque-madame, assiettes anglaises* (kalter Bratenteller), *quiches* oder Salate zu günstigen Preisen. Ein gemeinsames Essen zum Abschluß der Reise sollte auf jeden Fall eingeplant werden.

Reisezeit

Der Monat September eignet sich für eine Frankreichreise besonders gut. Die meisten Touristen sind dann bereits wieder abgereist. Da die Studenten noch Ferien haben, sind zum Beispiel in den *Cités universitaires* noch viele Zimmer frei. Im Gegensatz zum Frühjahr, in dem es oft sehr kalt sein kann, ist das Wetter im September meistens noch sehr schön.

2. Zwei Studienfahrten im Umriß

Die meisten Studienfahrten werden nach Paris oder Südfrankreich unternommen. Zwar sind beide Regionen sehr schön, jedoch auch sehr teuer. Zudem sind sie nicht unbedingt typisch für Frankreich. Wir möchten Ihnen deswegen als Alternative die Reiseziele Dijon in Burgund und Amiens in der Picardie vorstellen.

a) Dijon und Burgund

Diese Studienfahrt wurde mit Erfolg von zwei elften Klassen durchgeführt. Obwohl die Schüler am Anfang keine große Lust hatten, dorthin zu fahren (sie wollten nicht in die „französische Pampa"), waren sie anschließend ganz begeistert.
Als frühere Hauptstadt der Herzöge von Burgund ist Dijon eine Stadt der Kunst und der Geschichte – eine lebendige Provinzmetropole mit vielen schönen Gebäuden und einer bedeutenden Universität. Mit etwa 150 000 Einwohnern ist Dijon gut überschaubar und doch zugleich groß genug, um ein interessantes und vielfältiges Freizeitangebot bieten zu können.

Unterkunft

Maison d'Etudiants Internationale, 6, rue du Maréchal Leclerc, F-21000 Dijon, Tel: 00 33-380 71 51 01
Das Studentenheim ist etwas abgelegen, was das abendliche Ausgehen erschwert. Die Schüler empfanden das aber nicht als störend, da sie so im Foyer die Gelegenheit hatten, andere französische und ausländische Jugendliche kennenzulernen.

Centre de Rencontres Internationales (C.R.I.S.D.), 1, boulevard Champollion, F-21100 Dijon, Tel: 00 33-380 71 32 12
Diese Unterkunft ist ebenfalls preiswert und für Gruppen geeignet. Das Haus liegt vom Stadtzentrum ebenso weit entfernt wie das *Maison d'Etudiants*.

Touristeninformation

Comité Départemental de Tourisme, Hôtel du Département, BP 1601, F-21035 Dijon Cedex, Tel: 00 33-380 63 66 00, Fax: 00 33-380 30 48 74
Comité Régional de Tourisme de Bourgogne, Conseil Régional, BP 1602, F-21035 Dijon Cedex, Tel: 00 33-380 50 10 20, Fax: 00 33-380 30 48 74

Tagesprogramm

1. Tag
Abends: Ankunft gegen Abend in Dijon, Bezug des Quartiers, Kennenlernen der Einrichtungen des Hauses, Besprechung des Programms für den nächsten Tag.

2. Tag
Vormittags: Stadtrundgang mit französischsprachiger Führung durch einen Fremdenführer des Fremdenverkehrsamtes. Festzustellen, was sie alles verstanden hatten, war für die Schüler das erste Erfolgserlebnis.
Nachmittags: Zur freien Verfügung, damit die Schüler die Stadt selbst „erobern" können.
Alternative: Besichtigung des „Palais des Ducs" (ca. 3 Std.).

3. Tag
Vormittags: Fahrt nach Beaune (30 km südlich von Dijon), berühmte Stadt der Weine, aber auch der Kunst. Spaziergang durch die Altstadt, Besichtigung des „Hôtel-Dieu".
Nachmittags: Ausflug in die naheliegenden Weinberge, kleine Wanderung zu einem der Weinbauerndörfer.

4. Tag
Vormittags: Ausflug zu der wunderschönen Abtei von Fontenay, gegründet im 12. Jahrhundert von Bernard de Clairvaux.
Nachmittags: Besichtigung der kleinen Stadt Semur-en-Auxois, Spaziergang auf der Stadtmauer.

5. Tag
Vormittags: Bootsfahrt auf dem Canal de Bourgogne.
Nachmittags: Zur freien Verfügung.
Abends: Gemeinsames Abendessen im Restaurant.

6. Tag
Abfahrt.

b) Amiens und die Picardie

Der Norden Frankreichs hat keinen guten Ruf und wird von den Franzosen selbst wenig bereist. Das Wetter soll dort immer schlecht sein und die Städte grau und häßlich. Natürlich besteht dieser Ruf zu Unrecht – vor allem in den letzten zehn Jahren wurden die Altstädte sehr schön restauriert und Fußgängerzonen eingerichtet.
Amiens, im Herzen der Picardie gelegen, ist die Hauptstadt dieser Region.

Anderthalb Autostunden von Paris entfernt, zählt die Stadt 136 000 Einwohner, davon 20 Prozent Studenten. Gemeinsam mit Amsterdam hat Amiens die Lage am Wasser und an Kanälen – sie vergleicht sich sogar in einem Werbeprospekt mit der niederländischen Grachtenstadt. Außerdem besitzt die Hauptstadt der Picardie eine der schönsten gothischen Kathedralen Europas.

Touristeninformation und Unterkunft

Comité Régional du Tourisme, CRT de Picardie, BP 2616, F-80006 Amiens Cedex, Tel: 00 33-322 91 10 15
Office du Tourisme d'Amiens, 1, rue Jean Catelas, F-80000 Amiens

Buchungsstelle für Unterkünfte und Freizeiteinrichtungen:
Services Réservations Loisirs Accueil, Somme, 21, rue Ernest Cauvin, F-80000 Amiens, Tel: 00 33-322 92 26 39

Tagesprogramm

1. Tag

Vormittags: Es ist immer gut, mit einer Stadtrundfahrt zu beginnen, da man so einen Gesamtüberblick bekommt und sich später zu Fuß besser zurechtfindet. Besichtigung der Kathedrale, Spaziergang durch das Viertel „Saint-Leu".

Nachmittags: Nach Stadtrundfahrt und Spaziergang kennen sich die Schüler in der Stadt schon etwas aus. Deshalb kann man diesen Nachmittag dazu nutzen, sie eine Straßenumfrage durchführen zu lassen. Die Themen sollten, je nach Interesse, vorher von den Schülern vorbereitet werden. Folgende Themen bieten sich hierfür zum Beispiel an: Ausländerproblematik, Bild des wiedervereinigten Deutschland bei den Franzosen, besondere Probleme der Region. Die schriftliche Auswertung dieser Befragung erfolgt nach der Rückkehr.

2. Tag

Vormittags: Besuch des „Centre de Documentation Jules Verne". In diesem Haus verfaßte der in Amiens geborene Schriftsteller viele seiner Zukunftsromane. Es ist von Vorteil, wenn die Schüler schon vorher mit diesem Schriftsteller vertraut gemacht werden.

Nachmittags: Besichtigung des sehr schönen, restaurierten Museums der Picardie. Es wurde in der zweiten Hälfte des 19. Jahrhunderts nach dem Vorbild des Louvre entworfen.

Alternative: Ausflug mit dem Boot in die „Hortillonnages" – Gärten im Wasser, umgeben von den Nebenarmen der Somme.

3. Tag

Ganztags: Ausflug zum Museum „Historial de la Grande Guerre". Dieses Museum stellt auf sehr anschauliche und verständliche Art die Geschichte des ersten Weltkrieges durch Kunstwerke, Gegenstände, Filme usw. dar.

„Historial de la Grande Guerre", Château de Péronne, BP 63, F-80201 Péronne, Tel: 00 33-322 83 14 18, Fax: 00 33-322 83 54 18

4. Tag

Ganztags: Ausflug ans Meer zur Somme-Mündung. Von Le Crotoy nach Saint-Valéry-sur-Somme, alte Fischerstädtchen und Badeorte mit schönem Blick auf die Somme-Bucht. Dann nach Ault-Onival mit seinen hohen Kreideklippen und zurück nach Amiens über Abbeville, das genau in der Mitte zwischen London und Paris liegt.

Während der Busfahrt können die Schüler kleine Vorträge halten, die sie zu Hause anhand der einschlägigen Literatur selbständig erarbeitet haben, zum Beispiel einen kunsthistorischen Kommentar über Abbeville oder eine geologische Ausführung über die Kreideklippen von Ault-Onival.

5. Tag

Vormittags: Besuch des Archäologieparks von Samara im Westen der Stadt, im Somme-Tal gelegen (angeblich der größte archäologische und naturkundliche Park Frankreichs). Dieser Park ist tatsächlich eine gelungene Mischung aus naturbelassener Landschaft, kultivierten Flächen, historischer Rekonstruktion und modernen Ausstellungspavillons.

Nachmittags: Zur freien Verfügung für einen letzten Bummel durch die Stadt.

Abends: Gemeinsames Essen im Restaurant.

B Tips für den Schüleraustausch – kurz gefaßt

1. Wie findet man eine Partnerschule?

Es gibt eine amtliche und eine individuelle Möglichkeit, eine Partnerschule zu finden.

Zuerst die amtliche Lösung: In den Kultusministerien arbeiten Fachleute, sogenannte Ländervertreter, die sich um den deutsch-französischen Schulaustausch kümmern. Über die jeweilige Schulbehörde kann man sich mit den Ländervertretern in Verbindung setzen und sie um Hilfe bitten.

Man kann sich allerdings auch selbst in der eigenen Umgebung umsehen. Es gibt überall Städte- und Gemeindepartnerschaften, deutsch-französische Gesellschaften oder Vereinskontakte. Dem Unternehmungsgeist des einzelnen sind keine Grenzen gesetzt. Es ist heutzutage jedoch nicht so leicht, eine „freie" Schule zu finden – d. h. eine Schule, die noch keine Partnerschaft mit einer anderen eingegangen ist. Man sollte deshalb bei der Suche auch Nordfrankreich und Belgien miteinbeziehen. Anschließend muß die Partnerschaft von der Schulaufsichtsbehörde anerkannt werden.

Auskünfte erteilt das Deutsch-Französische Jugendwerk (DFJW), Rhöndorfer Str. 23, 53604 Bad Honnef, Tel: 0 22 24/18 08-0, Fax: 0 22 24/ 18 08-52

Für die Neuen Bundesländer erteilt das DFJW in Paris Auskunft und bearbeitet die Förderungsanträge direkt.
Office Franco-Allemand de la Jeunesse (OFAJ), 51, rue de l'Amiral-Mouchet, F-75013 Paris, Tel: 00 33-1-40 78 18 18

Auch die Französischen Institute (Adressen siehe Kapitel 10) sind bei der Vermittlung einer Partnerschule behilflich.

2. Tips für den Schüleraustausch

Vorbereitung

Falls Ihre Schule eine Videokamera besitzt oder beschaffen kann, bietet diese die Möglichkeit, den Austausch mit einem kurzen Film einzuleiten. Die Schüler können darin ihre Stadt, ihre Region und sich selbst vorstellen: Moi, je m'appelle ..., j'aime ..., je n'aime pas ... Dieser Film wird dann an die französische Schule geschickt und gibt den Gastgebern Gelegenheit, sich einen ersten Eindruck von ihren Besuchern zu machen. Ist keine Videokamera vorhanden, läßt sich das gleiche auch mit Photos und Collagen erreichen. Auf diese Weise sind die Schüler aktiv an der Vorbereitung des Austausches beteiligt.

Das Kennenlernen der Partnerstadt kann mit einer *Rallye* unterstützt werden, die Sie vor der Fahrt entwerfen. Die Schüler haben so die Möglichkeit, die französische Stadt aktiv zu entdecken. Selbstverständlich sollten sie sich dabei von ihren französischen *correspondants* helfen lassen.

Noch zwei organisatorische Hinweise:
Bei Austauschbegegnungen ist es wichtig, daß die Eltern wissen, wie sie ihren Sohn/ihre Tochter, die begleitenden Lehrkräfte und die Partner-

schule in Frankreich telefonisch erreichen können. Sie sollten auch beim Leiter Ihrer Schule oder im Schulsekretariat ein Programm der Veranstaltung und eine Liste aller Austauschschüler mit den Adressen und Telefonnummern ihrer Partner hinterlegen.

Die Schüler, die nicht privat versichert sind, sollten sich bei der Allgemeinen Ortskrankenkasse ihrer Gemeinde die für alle EG-Länder gültige Anspruchsbescheinigung für die Kostenerstattung im Krankheitsfall (Formblatt E 111) besorgen.

Durchführung

Während des Auslandsaufenthaltes sollte darauf geachtet werden, daß nicht die ganze Zeit verplant und den Schülern zuviel zugemutet wird. Denn gerade in der nicht verplanten Zeit, bei gemeinsamen Aktivitäten mit den Austauschpartnern, bei Sport und Spiel, wird viel gesprochen und somit viel gelernt.

Beim Besuch der Partnerschule sollten Sie die Schüler ganz gezielt am dortigen Unterricht teilnehmen lassen. Interessant sind vor allem die Fächer Deutsch, Französisch, Geschichte und Geographie. Abzuraten ist von Fächern, in denen sie vermutlich nur wenig verstehen und sich langweilen. Statt dessen könnten sie, ausgerüstet mit Kassettenrekorder und Mikrophon, den *Proviseur* zum Schulalltag und den Besonderheiten des französischen Schulsystems interviewen.

Nachbereitung

Die Nachbereitung ist ein ganz wichtiger Teil des Austausches und sollte dazu genutzt werden, daß die Schüler ihre Reiseeindrücke vertiefen. Dazu können sie nach der Rückkehr kleine Reiseberichte verfassen, in denen sie erzählen, was ihnen besonders gut oder was ihnen weniger gefallen hat – in der Gastfamilie, in der Schule, bei den Ausflügen und am Essen.

Mit einer Ausstellung, präsentiert im Foyer der Schule, wird auch den anderen Schülern und Lehrern Ihrer Schule Gelegenheit gegeben, einen Eindruck von der französischen Partnerstadt und -schule zu gewinnen. Auf Stellwänden läßt sich die Reise mit Photos, Prospekten, Kommentaren und Informationen über den Verlauf anschaulich dokumentieren.

Um den Kontakt zu der Partnerschule (oder den Partnerschulen) lebendig zu halten, kann auch eine zwei- oder mehrsprachige Schülerzeitung ins Leben gerufen werden. Die Robert-Bosch-Stiftung in Stuttgart unterstützt solche Projekte finanziell.

Alternative zum Schüleraustausch

Neben dem üblichen Austausch besteht auch die Möglichkeit, Begegnungen an einem dritten Ort zu organisieren, der für beide Gruppen fremd ist. Hierzu bieten sich zum Beispiel Jugendbegegnungsstätten an. Die Schüler können dort an einem gemeinsamen Auftrag zu einem Thema arbeiten oder beispielsweise ein Theaterstück einstudieren: die deutschen Schüler spielen einen Akt, die französischen einen anderen. Denkbar ist auch, eine Woche lang zusammen zu wandern. Selbstverständlich gibt es noch zahlreiche andere Varianten der Zusammenarbeit. Sie bieten eine gute Möglichkeit, die jungen Teilnehmer zu motivieren, sich für eine andere Kultur zu interessieren. Denn intensive persönliche Kontakte können oft mehr bewirken als ein Kulturprogramm mit noch so interessanten Besichtigungen und Ausflügen. Das Deutsch-Französische Jugendwerk fördert solche Programme.

C Kleiner Sprachführer

Demander son chemin (Nach dem Weg fragen)

David: Pardon, madame. Pourriez-vous me dire où se trouve la Sainte-Chapelle, s'il vous plaît?

Dame: La Sainte-Chapelle? Oui, bien sûr. Vous allez tout droit jusqu'au feu, là vous tournez à droite et traversez le pont. Puis, vous continuez encore 300 mètres, et la Sainte-Chapelle est là, sur votre droite.

- Excusez-moi, monsieur, pour aller à (Ort), s'il vous plaît?
- Pardon, madame, je cherche l'arrêt du 81/le supermarché le plus proche/la station Concorde/ ..., s'il vous plaît.
- Excusez-moi, monsieur l'agent, où se trouve le syndicat d'initiative/la gare/ ..., s'il vous plaît?
- Je suis désolé, je ne suis pas d'ici.
- Excusez-moi, mais je suis aussi ici en touriste.
- Prenez la première rue à droite/à gauche.
- Continuez tout droit jusqu'au carrefour, c'est en face de l'église.

Au café, au restaurant (Im Café, im Restaurant)

Garçon:	Vous désirez?
Annette:	Comme hors-d'œuvre, je prendrai des crudités et ensuite un steak garni, s'il vous plaît.
Garçon:	Bien cuit ou saignant, le steak?
Annette:	A point.
Garçon:	Et comme boisson, madame?
Annette:	Une carafe d'eau, s'il vous plaît.

- Monsieur, s'il vous plaît, je voudrais un coca/un diabolo-menthe (Limonade mit Pfefferminzsirup)/un quart d'eau minérale.
- Vous avez de la bière à la pression?
- Apportez-moi la carte, s'il vous plaît.
- Qu'est-ce que vous avez comme boisson?
- Je voudrais quelque chose de léger, pouvez-vous me conseiller?

Acheter un titre de transport (Eine Fahrkarte kaufen)

Michael:	A quelle heure part le train pour Chartres?
Employé:	A 13 h 45, voie 12.
Michael:	Alors, un aller-retour pour Chartres, s'il vous plaît.
Employé:	Ça fait 139 F. Au revoir, monsieur.

- Un aller simple pour (Ort), s'il vous plaît.
- Un aller-retour pour (Ort), s'il vous plaît.
- D'où part le bus pour (Ort)?
- Le distributeur automatique est en panne. Où puis-je acheter mon billet?
- Je voudrais aller à (Ort). Quel bus dois-je prendre?
- A quelle heure part le prochain bus/train pour (Ort)?
- Savez-vous quand part le dernier bus/train pour (Ort)?

Changer de l'argent (Geld wechseln)

Lars:	Où est-ce que je peux changer de l'argent, s'il vous plaît?
Employé:	Au guichet, là-bas.
Helga:	Je voudrais changer 100 DM, s'il vous plaît.
Employé:	Voilà votre argent et votre reçu. Signez ici, s'il vous plaît.
Helga:	Merci.

- Quel est le cours du Mark aujourd'hui?
- Vous acceptez les eurochèques?
- Vous acceptez les travellers chèques?
- Je peux avoir combien de francs au maximum pour un eurochèque?
- Vous voulez une pièce d'identité?
- Je voudrais changer deux cents Mark en francs français.

Au magasin (Im Geschäft)

Petra:	Vous avez un chemisier bleu en vitrine, je pourrais l'essayer?
Vendeuse:	Oui, en quelle taille?
Petra:	Je ne sais pas exactement, 36 en Allemagne.
Vendeuse:	Alors, c'est la taille 38 en France.
Petra:	Oui, il n'est pas mal. Il fait combien?
Vendeuse:	Vous avez de la chance! Il est soldé à 99 F. Vous faites une bonne affaire.
Petra:	Bon, je le prends.

- Quelle est votre taille (Kleidergröße)? – 38.
- Quelle est votre pointure (Schuhgröße)? – Je fais du 37.
- Combien fait ce T-shirt/pantalon/pull/ …?
- Le sweatshirt en vitrine est-il aussi soldé?
- Ce pantalon est trop serré/large. Vous avez la taille au-dessus/au-dessous?
- Ce foulard est trop cher pour moi. Auriez-vous quelque chose de meilleur marché dans le même style?
- Avez-vous des disques/CD/cassettes de (Name), s'il vous plaît?
- Je cherche des nouvelles/romans policiers/livres de science fiction de (Autor).
- Auriez-vous des journaux/magazines allemands?
- Savez-vous où je pourrais trouver (Sache) à Lyon/ …?

A la poste (Im Postamt)

Manuel:	Quel est le tarif d'une carte postale pour l'Allemagne?
Employé:	2,80 F.
Manuel:	Et une lettre?
Employé:	La même chose! Mais si ce n'est pas pressé, vous pouvez les affranchir à 2,40 F.
Manuel:	Bon, alors, donnez-moi 10 timbres à 2,80 F, s'il vous plaît.
Employé:	Voilà, ça fait 28 F.

Seien Sie aber nicht erstaunt, wenn der Postbeamte Ihnen Briefmarken gibt, die keinen Preisaufdruck tragen. Die Post hat darauf verzichtet, um nicht bei jeder Preiserhöhung neue Briefmarken drucken zu müssen.

- A quelle heure est la dernière levée aujourd'hui?
- Est-ce que je peux retirer de l'argent ici avec mon livret d'épargne postal allemand (Postsparbuch)?
- Je voudrais un carnet (10 Stück) de timbres à 2,80 F, s'il vous plaît.
- Donnez-moi une télécarte à 40 F.
- Si je poste cette lettre aujourd'hui, est-ce qu'elle arrivera demain/après-demain?

Location de vélos, pédalos, ... (Fahrrad-, Tretbootvermietung)

Christian:	Combien coûte la location d'une barque (Ruderboot) pour une heure?
Gardien:	50 F. Mais attention, soyez de retour à l'heure exacte sinon je serai obligé de vous compter une heure complète en plus.
Christian:	Nous pouvons monter à combien?
Gardien:	Quatre personnes maximum. Vous devez payer à l'avance.
Christian:	Bon d'accord, voilà 50 F.

- Je voudrais louer une bicyclette pour une demie journée, s'il vous plaît.
- Vous louez des voiliers/bateaux/vélos à l'heure/à la semaine?
- Jusqu'à quelle heure pouvons-nous rendre les vélos/ ...?
- Devrais-je payer quelque chose en plus si je suis un peu en retard?
- Y a-t-il une caution à payer?

Au téléphone (Am Telefon)

In Frankreich gibt es fast nur noch Telefonzellen, die mit einer Telefonkarte (une télécarte) funktionieren. Münztelefone findet man nur noch in entlegenen Gegenden. Die Kabinen mit Telefonkarten haben den Vorteil, daß sie meist in Ordnung sind und nicht mehr, wie früher häufig, außer Betrieb.
Telefonkarten kann man bei der Post kaufen, aber auch in jedem Tabakladen (bureau de tabac), gekennzeichnet mit dem roten Symbol (la carotte). Es gibt Karten für 50 oder 120 Einheiten (unités).

Voix:	Allô, ici les renseignements internationaux, j'écoute.
Paul:	Pourriez-vous me donner le numéro de Elke Mayer à Munich?

Voix: Pouvez-vous épeler le nom, s'il vous plaît?
Paul: M comme Martin, A comme Antoine, I grec comme Yvonne, E comme Emile, R comme Raoul.
Voix: Ne quittez pas. Voilà, l'indicatif est zéro quatre-vingt-neuf et le numéro quarante-deux, trente-trois, douze.

– Allô? C'est bien le (Nummer)? Pourrais-je parler à (Name), s'il vous plaît?
– Pouvez-vous répéter, s'il vous plaît, je n'ai pas bien compris.
– Puis-je laisser un message?
– Pouvez-vous dire à (Name) qu'il/elle me rappelle, s'il vous plaît?
– Je peux téléphoner jusqu'à quelle heure?
– Oh, pardon, j'ai dû faire un faux numéro.

A l'auberge de jeunesse (In der Jugendherberge)

Philipp: Excuse-moi, pourrais-tu me dire à quelle heure on peut prendre le petit déjeuner?
Fille: De 8 h à 9 h 30.
Anne: Et le soir, jusqu'à quelle heure on peut rentrer?
Fille: 22 h 30.
Klaus: Il y a un distributeur de boissons quelque part?
Fille: Oui, au premier étage, à côté de l'escalier.
Uwe: Il y a aussi une salle de ping-pong?
Fille: Oui, au sous-sol. Mais mon bus ne va pas m'attendre. Vous n'avez qu'à aller dans le hall d'entrée et lire les instructions, tout est expliqué en détail. Salut!

– Est-il possible d'avoir la clé de la porte d'entrée, je ne pense pas que nous serons rentrés à 22 h.
– Peut-on avoir des draps ici?
– Quelles sont les heures d'ouverture de la réception?
– Le distributeur automatique de café ne marche pas. J'ai mis 2 F 50 mais je n'ai rien reçu.
– Je m'appelle (Name) et c'est (Name). Nous venons de (Stadt) en Allemagne.
– Nous faisons un voyage avec notre classe.
– Nous sommes arrivés hier/avant-hier/il y a trois jours. Et nous repartons ce soir/demain/dans une semaine.
– Aujourd'hui, nous avons visité (Ort), tu connais?
– Tu as déjà été à (Ort)? Ça t'a plu?

A la discothèque, en boîte (In der Diskothek)

Damien:	Salut, on danse?
Birgit:	Non, merci. J'attends quelqu'un.
Damien:	Ben, laisse-le attendre à son tour.
Birgit:	Bon écoute. J'ai dit «non merci» et ça veut dire «non merci».
Damien:	D'accord, j'ai compris. N'en fais pas une histoire!

- Combien coûte l'entrée ici?
- La boisson est comprise dans le prix d'entrée?
- Tu viens danser?
- Je peux t'inviter à danser?
- Non merci, je préfère regarder.
- La musique est vraiment super.
- Comment s'appelle le groupe? Je ne le connais pas.
- Est-ce qu'il y a des groupes allemands connus en France?
- Tu veux bien me laisser tranquille, s'il te plaît.
- Je ne suis pas venu(e) ici pour draguer («aufreißen»).
- Si tu continues, je vais appeler le patron/le garçon à la porte.
- Tu es vraiment bouché (schwer von Begriff) ou quoi? J'ai dit: «dégage»! (hau ab!)

Au bureau des objets trouvés (Im Fundbüro)

Katja:	Quelqu'un a rapporté un sac en cuir vert? Je l'ai perdu hier. Je crois que je l'ai oublié dans le métro sur la ligne n° 1 entre Châtelet et Bastille.
Employé:	Je suis désolé, mais personne n'a rapporté de sac vert. Qu'est-ce qu'il y avait dedans?
Katja:	Un parapluie, mon plan de Paris, mon porte-monnaie avec un peu d'argent, mais surtout mes papiers d'identité!
Employé:	Eh bien, dites donc! Vous devriez aller au commissariat de police faire une déclaration. Et retéléphonez ici demain matin, peut-être aurez-vous de la chance.

- J'ai perdu un anorak/un pull/un sac/un imperméable/ ...
- Je pense que je l'ai perdu(e) dans le métro/le bus/le train/au restaurant/à la discothèque/ ...
- Il/elle est en cuir/similicuir/tissu/plastique/ ...
- Il/elle est rouge/jaune avec une inscription dessus.
- Il/elle n'est pas très grand(e).
- Il/elle est grand(e) comme ça (Geste).

A la pharmacie (In der Apotheke)

Stefan: Vous avez quelque chose contre le mal de gorge?
Pharmacien: Voilà des pastilles à sucer. Elles sont très efficaces. Je vous donne une petite ou une grande boîte?
Stefan: Une petite boîte et aussi un paquet de mouchoirs en papier, s'il vous plaît.
Pharmacien: Voilà, monsieur, ça fait 40 F tout rond.

- Vous avez quelque chose contre le mal de tête/les maux d'estomac/le mal de cœur/la diarrhée/la grippe/le rhume/ …
- Puis-je avoir ce médicament sans ordonnance?
- Combien de comprimés dois-je prendre par jour?
- Je prends déjà ce médicament. Y a-t-il contre-indication (Gegenanzeige)?

Chez le docteur (Beim Arzt)

Docteur: Bonjour, monsieur. Que puis-je faire pour vous?
Ralf: Je suis tombé hier dans les escaliers et j'ai très mal à la cheville (Knöchel).
Docteur: Bon, nous allons voir ça. Enlevez votre chaussure et votre chaussette et allongez-vous sur cette table.
(Le docteur examine le pied.) Il n'y a rien de cassé, mais vos ligaments ont bien souffert. Je vais vous prescrire une crème et vous faire un bon bandage. Ne marchez pas trop les trois prochains jours et cela ira déjà beaucoup mieux. Si ce n'était pas le cas, revenez me voir.

- Je peux voir le docteur, s'il vous plaît?
- Je voudrais un rendez-vous avec le docteur, c'est urgent.
- Je suis assuré(e) en Allemagne. Voilà une attestation de mon assurance.
- J'ai un gros rhume/un coup de soleil/une insolation/de forts maux de tête/ …
- Je me sens fiévreux(se)/j'ai de la fièvre.
- J'ai mal au cœur/j'ai vomi plusieurs fois.
- J'ai très mal à l'estomac/je ne peux rien manger.
- Je me suis cassé une dent/brûlé(e)/coupé le doigt/ …
- J'ai été mordu(e) par un chien/un serpent/piqué(e) par une guêpe.
- Pouvez-vous me faire une ordonnance pour ce médicament?

Dans tous les cas (Für alle Fälle)
- Excusez-moi, je n'ai pas compris. Vous pouvez répéter, s'il vous plaît?
- Pardon, je crois que je n'ai pas bien compris. Vous pouvez le dire encore une fois?
- Pouvez-vous parler un peu plus lentement, s'il vous plaît. Je suis Allemand(e).
- Pouvez-vous parler un peu plus clairement, s'il vous plaît? Je ne vous comprends pas bien.

Petit lexique des années 90

Hier sind noch einige Begriffe und Redewendungen, die sich in keinem Wörterbuch finden, die Sie aber in Frankreich bestimmt hören werden – vor allem bei den jungen Leuten.

C'est super: *c'est méga, géant, giga.*
Il est en dehors du coup: *il est has been, à la rue* (er ist nicht auf dem laufenden).
Je suis fatigué: *je suis déf'* (von: défoncé), *je suis destroyed!*
J'ai peur, je suis angoissé: *j'ai les boules.*
Il est bon: *il assure.*
Il a de l'argent: *il a du fric.*
Fais attention: *fais gaffe.*
Le lycée: *le bahut.*
Les vêtements: *les fringues.*
Le frère, la sœur: *le frangin, la frangine.*
Le livre: *le bouquin.*
C'est bête: *c'est con* (es ist dumm).
La voiture: *la bagnole.*
La nourriture: *la bouffe.*

Zuletzt muß noch erklärt werden, was *le verlan* ist. Es ist eine Sprache, in der man die Silben vertauscht. Sie ist in den fünfziger Jahren im Gaunermilieu entstanden. Die Jugendlichen der Großstadtvororte griffen diese ehemalige Geheimsprache in den siebziger Jahren wieder auf. Inzwischen ist sie in aller Munde. Bei manchen Wörtern kann der Silbentausch kaum noch nachvollzogen werden, denn sie sind zu einem neuen, feststehenden Begriff mit anderer Rechtschreibung geworden. Sogar Werbung und Medien verwenden diese neuen Begriffe.

Tu es fou: *t'es ouf*.
La fête: *la teuf* (früher: la boum).
Une femme: *une meuf*. (*Meuf* bezeichnet aber auch Mädchen, Freundinnen.)
Les flics: *les keufs*.
Laisse tomber: *laisse béton* (laß das sein). (Dieser Ausdruck ist in Mode gekommen durch das gleichnamige Lied von Renaud.)
C'est bizarre: *c'est zarbi*.
Tu es lourd: *t'es relou*. (Das sagt man zu jemandem, der schwer von Begriff ist.)

Kapitel 10 – Nützliche Adressen

Die Schüler kommen oft mit den unterschiedlichsten Fragen:
- Ich möchte in den Ferien in Frankreich arbeiten. Welche Möglichkeiten habe ich?
- Wie kann ich einen Brieffreund/eine Brieffreundin finden?
- Nach dem Abitur möchte ich in Frankreich studieren. An wen kann ich mich wenden?
- Können Sie mir für die Sommerferien eine Sprachenschule in der Schweiz empfehlen?

Suchen Sie vielleicht selbst nach aktuellen Informationen zu einem bestimmten Thema? Möchten Sie einen Austausch organisieren und wissen nicht, wo Sie anfangen sollen?

Mit den Adressen dieses Kapitels versuchen wir, Ihnen die Beantwortung solcher Fragen zu erleichtern. Wir haben uns bemüht, die Angaben auf den neuesten Stand zu bringen, können jedoch keine Garantie für falsche, unvollständige oder inzwischen geänderte Adressen übernehmen.

A Botschaften

Französische Botschaft, Kapellenweg 1a, 53179 Bonn, Tel: 02 28/ 36 20 31
Der Pressedienst der französischen Botschaft veröffentlicht ein „bulletin d'informations" mit französischen, deutschen, internationalen Nachrichten (in französischer Sprache). Information bei:
Ambassade de France, Service de presse et d'information, An der Marienkapelle 3, 53179 Bonn, Tel: 02 28/36 20 31

Botschaft der Bundesrepublik Deutschland, 13-15, avenue Franklin D. Roosevelt, F-75008 Paris, Tel: 00 33-1-42 99 78 00
Schweizer Botschaft, Gotenstr. 156, 53175 Bonn, Tel: 02 28/81 00 80
Belgische Botschaft, Kaiser-Friedrich-Str. 7, 53179 Bonn, Tel: 02 28/ 21 20 01
Kanadische Botschaft, Godesberger Allee 119, 53179 Bonn, Tel: 02 28/ 81 00 60

B Instituts Français in Deutschland

Die französischen Kulturinstitute organisieren Sprachkurse, Lehrerfortbildungen und kulturelle Veranstaltungen. Sie verfügen über eine Bibliothek, meistens auch über eine Videothek, und können vielerlei Informationen über Frankreich geben. Jedes Institut hat eine Pädagogische Verbindungsstelle (service linguistique), die unter anderem auch bei der Suche nach einer Partnerschule oder einem Studienplatz in Frankreich behilflich sein kann.

1. Instituts français

52062 Aachen, Theaterstr. 67, Tel: 02 41/332 74 – Fax: 40 31 45
10719 Berlin, Kurfürstendamm 211, Tel: 0 30/885 90 20 – Fax: 882 12 87
53113 Bonn, Adenauerallee 35, Tel: 02 28/73 76 09 – Fax: 21 94 58
28203 Bremen, Contrescarpe 19, Tel: 04 21/339 44-0 – Fax: 339 44-44
01067 Dresden, Kreutzstr. 2, Tel: 03 51/495 14 78 – Fax: 495 41 08
40213 Düsseldorf, Bilkerstr. 7–9, Tel: 02 11/32 06 54 – Fax: 13 25 64
60486 Frankfurt am Main, Jordanstr. 7, Tel: 069/77 80 01 – Fax: 77 90 74
79098 Freiburg, Werderring 11, Tel: 07 61/20 73 90 – Fax: 20 73 922
20148 Hamburg, Heimhuder Str. 55, Tel: 040/45 56 60 – Fax: 410 18 32
30159 Hannover, Theaterstr. 14, Tel: 05 11/32 23 33 – Fax: 368 11 06
69117 Heidelberg, Seminarstr. 3, Tel: 062 21/605 80 – Fax: 60 58 16
50677 Köln, Sachsenring 77, Tel: 02 21/931 87 70 – Fax: 32 69 67

04105 Leipzig, Lumumbastr. 11–13, Tel: 03 41/564 22 39 – Fax: 564 22 56
55116 Mainz, Schillerstr. 11, Tel: 061 31/23 17 26 – Fax: 23 51 94
80539 München, Kaulbachstr. 13, Tel: 089/28 66 28-0 – Fax: 28 66 28 66
18055 Rostock, Stephanstr. 7, Tel: 03 81/45 50 07 – Fax: 45 50 08
66041 Saarbrücken, Universität des Saarlandes, Tel: 06 81/322 65 – Fax: 390 47 58
70184 Stuttgart, Diemershaldenstr. 11, Tel: 07 11/23 92 50 – Fax: 23 92 511

2. Centres culturels français

91054 Erlangen, Marktplatz 1, Tel: 091 31/240 48 – Fax: 287 10
45130 Essen, Brigittastr. 34, Tel: 02 01/77 63 89 – Fax: 77 35 88
76133 Karlsruhe, Karl-Friedrich-Str. 24, Tel: 07 21/206 58 – Fax: 206 13
24105 Kiel, Hardenbergstr. 11, Tel: 04 31/80 49 65 – Fax: 80 49 25

3. Institut culturel franco-allemand

72074 Tübingen, Doblerstr. 25, Tel: 070 71/232 93 – Fax: 233 85

4. Bureau d'action culturelle et linguistique

99084 Erfurt, Anger 37–38, Tel: 03 61/643 11 43 – Fax: 562 65 23

C Brieffreundschaften

Europäische Freundschaftspost, 35–37, rue des Francs-Bourgeois, F-75004 Paris
Internationaler Katholischer Korrespondenz- und Austauschdienst, Veilchenweg 2, 66798 Wallerfangen
Association Culturelle Franco-Allemande pour la Jeunesse, 22 bis, rue du Pont Louis-Philippe, F-75004 Paris, Tel: 00 33-1-42 71 22 60

D Schüler- und Lehreraustausch

Sekretariat der Ständigen Konferenz der Kultusminister der Länder in der Bundesrepublik Deutschland, Pädagogischer Austauschdienst, Nassestr. 8, Postfach 2240, 53113 Bonn, Tel: 02 28/501-480
Der Pädagogische Austauschdienst erteilt Auskünfte über Lehreraustausch. Auf der französischen Seite ist dafür zuständig:
Ministère de l'Education nationale, Direction des Affaires générales, internationales et de la Coopération, 110, rue de Grenelle, F-75007 Paris

Praktische Tips erteilt:
Carolus-Magnus-Kreis, Asperger Str. 34–38, 71634 Ludwigsburg, Tel: 071 41/92 41 18

Jugend für Europa, Hochkreuzallee 20, 53175 Bonn, Tel: 02 28/950 60
„Jugend für Europa" fördert den Jugendaustausch mit anderen Mitgliedsstaaten der Europäischen Gemeinschaft (aber nicht im Rahmen der Schul- und Berufsbildung).

AFS Vivre sans frontières, 46, rue du Commandant Jean Deckail, F-94132 Fontenay sous Bois, Tel: 00 33-1-43 94 11 88
AFS Interkulturelle Begegnungen E.V., Wartburgstr. 35, 20354 Hamburg, Tel: 040/44 40 91
AFS bietet Jugendlichen die Chance, in europäischen oder überseeischen Ländern als „Familienmitglied auf Zeit" bei einer ausländischen Familie zu leben und im Gastland die Schule zu besuchen.

E Sprachkurse und Studienreisen nach Frankreich

1. Sprachkurse

Das französische Außenministerium gibt seit zwei Jahren eine Broschüre über Kurse für Französisch als Fremdsprache und für Pädagogik in Frankreich heraus. Sie enthält Informationen über Kursinhalte, Kursorte und Kurskosten. Diese Kurse wenden sich an Schüler, Studenten, Lehrer und Lehrerausbilder. Die Broschüre „Cours de français langue étrangère et stages de pédagogie du français langue étrangère en France" wird für das „Ministère des Affaires Etrangères – Sous-direction de la coopération linguistique et éducative", herausgegeben von:
A.D.P.F., 9, rue Anatole de la Forge, F-75917 Paris

Der Sprachschulführer „Where+How" (IWH – Wie und Wo Verlag GmbH, Bonn 1990) hilft auch bei der Auswahl einer französischen Sprachenschule in Belgien, Frankreich, Kanada, Monaco und der Schweiz.

Alliance Française, 101, boulevard Raspail, F-75270 Paris Cedex 06, Tel: 00 33-1-45 44 38 28
Die „Alliance Française" bietet Sprachkurse für alle Niveaus an, auch für Wirtschaftssprache.

Chambre de Commerce et d'Industrie de Paris, 42, rue du Louvre, F-75001 Paris, Tel: 00 33-1-45 08 37 35

2. Studienreisen

Accueil des Jeunes en France, 12, rue des Barres, F-75004 Paris, Tel: 00 33-1-42 72 72 09
„Accueil des Jeunes en France" bietet Unterricht mit günstigem Hotel- oder Familienaufenthalt sowie Individual- und Gruppenreisen an.

Centre des Echanges Internationaux, 104, rue de Vaugirard, F-75006 Paris, Tel: 00 33-1-45 49 26 25
Das „Centre des Echanges Internationaux" bietet Sport- und Kulturferien an sowie Studienreisen für Jugendliche im Alter von 15 bis 30 Jahren.

Contacts, 55, rue Nationale, F-37000 Tours, Tel: 00 33-247 20 20 57
Séjours Internationaux Linguistiques et Culturels, 32, rempart de l'Est, F-16022 Angoulême Cedex, Tel: 00 33-545 95 83 56

F Reise- und Touristeninformationen

1. Allgemeine Informationen

Office du Tourisme de Paris, 127, avenue des Champs-Elysées, F-75008 Paris, Tel: 00 33-1-47 23 61 72
Das „Office du Tourisme de Paris" verschickt auf Anfrage eine ausführliche Hotelliste.

Maison de la France, 8, avenue de l'Opéra, F-75001 Paris, Tel: 00 33-1-42 96 10 23
Französisches amtliches Verkehrsbüro, Kaiserstr. 12, 60311 Frankfurt, Tel: 069/756 08 30
SNCF – Französische Eisenbahnen, Westendstr. 24, 60325 Frankfurt, Tel: 069/72 84 45

2. Unterbringung in Paris

Accueil des jeunes en France, 12, rue des Barres, F-75004 Paris, Tel: 00 33-1-42 72 72 09
„Accueil des Jeunes en France" vermittelt für die ersten Tage in Paris oder für längere Aufenthalte in Hotels oder „Youths Centers".

Cité Internationale Universitaire, 19, boulevard Jourdan, F-75690 Paris Cedex 14, Tel: 00 33-1-45 89 68 52

Foyer International d'Accueil de Paris (F.I.A.P.), 30, rue Cabanis, F-75014 Paris, Tel: 00 33-1-45 81 63 91

Accueil France International, 3, rue Philibert Delorme, F-75017 Paris, Tel: 00 33-1-46 22 02 97
„Accueil France International" vermittelt Aufenthalte bei französischen Familien sowohl für Einzelpersonen als auch für Gruppen.

Centre International de Séjour de Paris Maurice Ravel, 6, avenue Maurice Ravel, F-75012 Paris, Tel: 00 33-1-43 43 19 01
Centre International de Séjour de Paris Kellermann, 17, boulevard Kellermann, F-75013 Paris, Tel: 00 33-1-45 80 70 76
Centre International de Séjour Léo Lagrange, 107, rue Martre, F-92110 Clichy, Tel: 00 33-1-42 70 03 22

3. Unterbringung in Frankreich

Fédération Unie des Auberges de Jeunesse (FUAJ), 27, rue Pajol, F-75018 Paris, Tel: 00 33-1-42 41 49 00

Ligue Française pour les Auberges de Jeunesse (LFAJ), 38, boulevard Raspail, F-75007 Paris, Tel: 00 33-1-45 48 69 84

Union des Centres de Rencontres Internationaux de France (UCRIF), 4, rue Jean-Jacques Rousseau, F-75001 Paris, Tel: 00 33-1-42 60 42 40
Die UCRIF-Zentren bieten nicht nur billige Unterkünfte an, sondern auch Programme mit kulturellen oder sportlichen Aktivitäten.

Centre d'Information et de Documentation Jeunesse (CIDJ), 101, quai Branly, F-75740 Paris Cedex 15, Répondeur: 00 31-1-45 66 40 20
In jeder französischen Region (auch in den DOM-TOM, d. h. in den Übersee-Departements) gibt es ein Jugend-Informationszentrum (CIJ), in dem verschiedene praktische Auskünfte zu erhalten sind. Der CIDJ gibt eine Broschüre („Aller en France") heraus mit Tips für den Aufenthalt von Jugendlichen in Frankreich zu Arbeit, Studium und Reise.

Maison des gîtes de France, 35, rue Godot de Mauroy, F-75009, Tel: 00 33-1-47 42 25 43
Das „Maison des gîtes de France" bietet billige Unterkünfte, meistens auf dem Land in ruhigen Gegenden, Mindestaufenthalt eine Woche (gîtes de France), für Einzelübernachtungen (gîtes d'étapes), aber auch für Gruppen (gîtes de groupes).

Secrétariat d'Etat à la Jeunesse et aux Sports, Direction de la Jeunesse et de la Vie Associative, 78, rue Olivier de Serres, F-75739 Paris Cedex 15
Dieses Sekretariat hat eine Broschüre über billige Unterkunftsmöglichkeiten für junge Leute in Frankreich veröffentlicht.

Villages – Vacances – Familles (VVF), (Vertretung für Kunden aus Deutschland), 7, quai Altorffer, F-67000 Strasbourg, Tel: 00 33-388 22 24 44
„VVF" bietet ein vielseitiges Programm an Ferienmöglichkeiten, hauptsächlich für Gruppen und Familien. Die Ferienzentren liegen in landschaftlich reizvollen Gegenden und bieten neben Unterkunft Verpflegung und „Animation".

G Studium in Frankreich

1. Allgemeine Informationen

DAAD (Deutscher Akademischer Austauschdienst), Kennedyallee 50, 53175 Bonn (Hauptsitz), Tel: 02 28/88 20 oder 88 21
Steinplatz 2, 10623 Berlin, Tel: 030/38 38 41 69
15, rue de Verneuil, F-75007 Paris, Tel: 00 33-1-42 61 58 57
Der DAAD erteilt allgemeine Informationen und vergibt Stipendien. Beim DAAD sind auch Informationen über die Austauschprogramme ERASMUS und COMETT erhältlich.
Tip: Wenn sich von Ihren Schülern jemand entschieden hat, in Frankreich zu studieren, sollte er sich unbedingt im Januar für das nächste Studienjahr anmelden (auch wenn er noch keine Abiturergebnisse hat), da die freien Plätze immer rarer werden.

DFHI (Deutsch-Französisches Hochschulinstitut für Technik und Wirtschaft), Am Ludwigsplatz 6, 66117 Saarbrücken, Tel: 06 81/500 62 01

Université de Metz ISFATES, Ile du Saulcy – BP 794, F-57012 Metz Cedex 1, Tel: 00 33-387 31 50 30
Dieses Institut will Studenten bi-kulturell ausbilden. Das erste Schuljahr findet in Saarbrücken statt, das zweite in Metz.

Allgemeine Informationen über Studiengänge erhalten Sie bei:
Office national d'informations sur les enseignements et les professions (ONISEP), 50, rue Albert, F-75013 Paris, Tel: 00 33-1-40 77 60 00
Librairie de l'ONISEP, 168, boulevard du Montparnasse, F-75014 Paris, Tel.: 00 33-1-43 35 15 98

2. Übersetzer- und Dolmetscherinstitute

ESIT Université Paris 3, Centre universitaire Dauphine, F-75116 Paris, Tel: 00 33-1-45 05 14 10
ISIT, 21, rue d'Assas, F-75270 Paris Cedex 06, Tel: 00 33-1-42 22 33 16
Institut supérieur de traducteurs et d'interprètes (ISTI), 34, rue Joseph-Hazard, B-1180 Bruxelles, Tel: 00 32-2-65 37 31 11
Hoger Instituut voor Vertalers en Tolken, Rijskuniversitair Centrum, Schildersstraat 41, B-2000 Antwerpen, Tel: 00 32-3-238 98 33
Ecole de traduction et d'interprétation, Université de Genève, 19, place des Augustins, CH-1205 Genève, Tel: 00 41-22-705 71 11
Dolmetscherschule Zürich, Thurgauer Str. 56, CH-8090 Zürich

H Jobs in Frankreich

Accueil Familial des Jeunes Etrangers, 23, rue du Cherche-midi, F-75006 Paris, Tel: 00 33-1-42 22 50 34
„Accueil Familial des Jeunes Etrangers" vermittelt Au-pair-Stellen, Mindestaufenthalt drei Monate.

G.I.J.K. – Gesellschaft für Internationale Jugendkontakte e.V./Au-pair-Vermittlung im Auftrag der Bundesanstalt für Arbeit, Am Gäßchen 24 E, 53177 Bonn, Tel: 02 28/95 25 00

Jeunesse et Reconstruction, 10, rue de Trévise, F-75009 Paris, Tel: 00 33-1-47 70 15 88
„Jeunesse et Reconstruction" vermittelt Jobs bei den Gemüse-, Obst- und Weinernten.

Centre d'Information et de Documentation Jeunesse (CIDJ), 101, quai Branly, F-75740 Paris Cedex 15, Tel: 00 33-1-45 67 35 85
Das CIDJ hilft auch bei der Suche nach einem Job.

Club du vieux manoir, 10, rue de la Cossonnerie, F-75001 Paris, Tel: 00 33-1-45 08 80 40
Der Club beschäftigt sich mit der Erhaltung und Restaurierung von historischen Gebäuden und Denkmälern sowie Umweltschutzmaßnahmen.

I Landeskundliche Informationen

La Documentation Française, 29, quai Voltaire, F-75340 Paris Cedex 07, Tel: 00 33-1-40 15 70 00
La „Documentation Française" verlegt 6 500 Titel über Politik, Wirtschaft, soziale Themen und Kultur in Frankreich und im Ausland.

Médiathèque française, Adenauerallee 35, 53111 Bonn, Tel: 02 28/ 21 45 42
Die „Médiathèque française" verleiht Filme über Frankreich.

Images pour la formation, 15, avenue de Ségur, F-75007 Paris, Tel: 00 33-1-45 55 89 00
„Images pour la formation" vertreibt Filme, Dias über verschiedene Themen; Katalog gegen Gebühr zu erhalten.

Radio-France (cassettes), 116, avenue du Président Kennedy, F-75016 Paris, Tel: 00 33-1-42 30 22 22
Bei „Radio-France" sind Kassetten über Geschichte, Umwelt, Literatur, Musik, Politik in Form von Interviews sowie Aufnahmen von Sendungen und Theaterstücken erhältlich. Katalog kostenlos auf Anfrage.

Bureau pour l'enseignement de la langue et de la civilisation française (BELC), 9, rue Lhomond, F-75005 Paris, Tel: 00 33-1-47 07 42 73
Centre international d'études pédagogiques (CIEP), 1, avenue Léon Touhaux, F-92310 Sèvres, Tel: 00 33-1-45 97 60 00
Centre national de documentation pédagogique (CNDP), 29, rue d'Ulm, F-75230 Paris Cedex 05, Tel: 00 33-1-46 34 90 00
Centre de recherche et d'étude pour la diffusion du français (CREDIF), 11, avenue Pozzo-di-Borgo, F-92211 Saint Cloud
Institut national de la statistique et des études économiques (INSEE), Tour Gamma A, 195, rue de Bercy, F-75582 Paris Cedex 12, Tel: 00 33-1-43 45 73 74
Le Monde, 15, rue Falguière, F-75015 Paris, Tel: 00 33-1-43 20 50 49
Académie Française, 23, quai de Conti, F-75006 Paris, Tel: 00 33-1-43 26 02 92

Agence de coopération culturelle et technique (ACCT), 13, quai André Citroën, F-75015 Paris
Die ACCT verschickt viele interessante Dokumente und Landkarten über die Frankophonie sowie ein schönes kostenloses Poster „Le monde de la Francophonie".

Um weitere Auskünfte über die französischsprechenden Länder zu erhalten, wenden Sie sich an:
Association des universités partiellement ou entièrement de langue française (AUPELF), Bureau européen, 4, place de la Sorbonne, F-75005 Paris, Tel: 00 33-1-44 41 18 18

Ministère des Affaires Etrangères, Bureau de la formation des Français à l'étranger, 6, rue de Marignan, F-75008 Paris, Tel: 00 33-1-40 66 71 72
Das französische Außenministerium hat 1990 eine interessante Broschüre von Alain Leterrier herausgegeben: „La Francophonie de A ... à ... Z".

Conseil international d'études francophones (CIEF), Université de Paris-Sorbonne, 1, rue Victor Cousin, F-75005 Paris, Tel: 00 33-1-40 46 26 02
Das CIEF veröffentlicht jährlich einen umfangreichen Band: „L'année francophone internationale".

J Nützliche Adressen in anderen französischsprachigen Ländern

1. Belgien

Ministère de l'Education nationale, Cité administrative de l'Etat, bloc arcades D, B-1050 Bruxelles, Tel: 00 32-2-230 18 10
Centre de documentation sur les études et les professions (CEDIEP), 18, rue Philippe-Baucq, B-1040 Bruxelles, Tel: 00 32-2-511 97 19
Cités universitaires, CP 166, Université libre de Bruxelles, 22, avenue Paul-Héger, B-1050 Bruxelles, Tel: 00 32-2-649 10 72
Info-jeunes Bruxelles, 27, rue du Marché-aux-Herbes, B-1000 Bruxelles, Tel: 00 32-2-512 32 74
Université libre de Bruxelles, 50, avenue F.-D.-Roosevelt, B-1050 Bruxelles, Tel: 00 32-2-650 21 11
Académie royale de langue et de littérature françaises, 1, rue Ducale, B-1000 Bruxelles, Tel: 00 32-2-511 56 87

2. Luxembourg

Centre Universitaire du Luxembourg, 162 a, avenue de la Faïencerie, L-1511 Luxembourg, Tel: 00 35-2-466 64 41
Institut Universitaire international, 162 a, avenue de la Faïencerie, L-1511 Luxembourg, Tel: 00 35-2-47 18 11

Réseau NARIC, Centre d'information sur la reconnaissance académique des diplômes et des périodes d'études, 29, rue Aldringen, L-2926 Luxembourg, Tel: 00 35-2-46 80 24 70

3. Kanada

Office franco-québécois pour la jeunesse (OFQJ), 5, rue Logelbach, F-75017 Paris, Tel: 00 33-1-47 66 04 76
Association Québec France, 9, Place Royale, CDN-Québec, Glk 4G2
Association canadienne d'éducation de langue française (ACELF), 268, rue Marie de l'Incarnation, CDN-Québec, GIN 3G4

4. Senegal

Association des universités partiellement ou entièrement de langue française (AUPELF), Bureau africain, B.P. 10017, Liberté, Dakar, Sénégal
Conférence des ministres de l'éducation nationale des pays d'expression française (CONFEMEN), B.P. 3220, Dakar, Sénégal

Kapitel 11 – Abkürzungen (Abréviations)

Abkürzungen werden heutzutage immer häufiger benutzt. Vor allem in Zeitungsartikeln werden sie oft ohne weitere Erklärungen verwendet. Da viele auch in Nachschlagewerken schwer zu finden sind, haben wir ein Verzeichnis der gängigsten Abkürzungen zusammengestellt. Selbstverständlich erhebt dieses Verzeichnis keinen Anspruch auf Vollständigkeit. Berücksichtigt wurden bis auf wenige Ausnahmen nur Abkürzungen französischer Ausdrücke. Sind ausführliche Erläuterungen notwendig, so sind diese durch das Symbol ◆ gekennzeichnet.

AAA
Ab.: Abîmé
abstr.: abstrait
AB3: Airbus A300B
AB4: Airbus A300
AC: Anciens Combattants
ACE: Avion de Combat Européen
ACF: Automobile Club de France
Ach.: Achète
ACP: Afrique, Caraïbes, Pacifique
a/d: à dater, à la date de
Adr.: Adresser
AE: Affaires Etrangères
A et M: Arts et Métiers
AF: Action Française / Allocations familliales / Air France
AFME: Association Française pour la Maîtrise de l'Energie
AFNOR: Association Française de Normalisation
AFP: Agence France-Presse
aj.: ajouté
AJ: Auberge de Jeunesse
Anc.: Ancien
Ang.: Anglais
ANPE: Agence Nationale pour l'Emploi
ANRED: Agence nat. pour la Récupération et l'Elimination des Déchets
ANTIOPE: Acquisition Numérique et Télévisualisation d'Images Organisées en Pages d'Ecriture
Appt.: Appartement
AR: Accusé de Réception
Arr.: Arrondissement
art.: Article
Asc.: Ascenseur
ASSEDIC: ASSociation pour l'Emploi Dans l'Industrie et le Commerce; ◆ Convention qui gère les régimes d'assurance-chômage.

AT: Ancien Testament
Atl.: Atlas
Av.: Avenue
av. J.-C.: avant Jésus-Christ

BBB
BCBG: Bon chic, bon genre; ◆ Se dit des personnes venant d'un millieu aisé et d'une élégance classique.
BCG: Bacille Calmette-Guérin (nom du vaccin contre la tuberculose)
bcp: beaucoup
bd., boul.: Boulevard
BD: Bande Dessinée
BEP: Brevet d'Etudes Professionnelles
BEPC: Brevet d'Etudes du 1er Cycle
BIRD: Banque Internationale pour la Reconstruction et le Développement
B. N.: Bibliothèque Nationale
BNP: Banque Nationale de Paris
BO: Bulletin officiel
br.: broché
broc.: Brochure
BSN: Boussois Souchon Neuvecel (première entreprise française d'agro-alimentaire)
BT: Brevet de Technicien
BTA: Brevet de Technicien Agricole
BTS: Brevet de Technicien supérieur
bull.: Bulletin

CCC
c.-à-d.: c'est-à-dire
CAD: Comité d'aide au Développement
CAF: Coût, Assurances, Fret
CAO: Conception Assistée par Ordinateur
CAP: Certificat d'Aptitude Professionnelle
CAPA: Certificat d'Aptitude à la Profession d'Avocat
CAPES: Certificat d'Aptitude au Professorat de l'Enseignement du second Degré
cat.: Catalogue
CC: Corps Consulaire
CCP: Compte Chèques Postaux
CD: Disque compact/Corps Diplomatique
CDD: Contrat à Durée Déterminée
CdF: Charbonnage de France
CDI: Contrat à Durée Indéterminée/Compact Disc Interactif
CE: Communauté Européenne/Conseil de l'Europe/Conseil Economique
CEA: Commissariat à l'Energie Atomique/Compte d'Epargne en Actions
CEAO: Communauté Economique de l'Afrique de l'Ouest
CECA: Communauté Européenne du Charbon et de l'Acier

Kapitel 11 – Abkürzungen

CEDEX: Courrier d'Entreprise à Distribution EXceptionnelle
CEE: Communauté Economique Européenne (Marché Commun)
CEEA: Communauté Européenne de l'Energie Atomique
CEG: Collège d'Enseignement Général
CEI: Communauté des Etats Indépendants
CEP: Certificat d'Etudes Primaires
CER: Comité d'Expansion Régionale
CERES: Centre d'Etudes, de Recherches et d'Education Socialistes
CES: Collège d'Enseignement Secondaire/Conseil Economique et Social
CET: Collège d'Enseignement Technique
cf.: confer (reportez-vous à)
CFC: ChloroFluoCarbone
CFDT: Confédération Française et Démocratique du Travail
CFP: Centre de Formation Permanente
CFTC: Confédération Française des Travailleurs Chrétiens
CGC: Confédération Générale des Cadres
CGT: Confédération Générale du travail
cahp.: Chapitre
Chbre: Chambre
Ch.comp.: Charges comprises
chq.: Chèque
CHR: Centre Hospitalier Régional
CHU: Centre Hospitalier Universitaire
Cial: Commercial
CIC: Crédit Industriel et Commercial
cidex: Courrier d'Industrie à Distribution EXceptionnelle
CLD: Chômeur Longue Durée
Cme: Centime
CNAF: Caisse Nationale d'Allocations Familiales
C.Nap.: Code Napoléon
CNI: Centre National des Indépendants
CNIT: Centre National des Industries et des Techniques
CNPF: Conseil National du Patronat Français
CNRS: Centre National de la Recherche Scientifique
CO: Conseiller d'Orientation
COB: Commission des Opérations de Bourse
Coll.: Collection
Com.: Commission
Conf.: Conférence
CPGE: Classe Préparatoire aux Grandes Ecoles
CQFD: Ce qu'il fallait démontrer
CREDOC: Centre de Recherches, d'Etudes et de DOcumentation sur la Consommation
CRF: Croix Rouge Française
CROUS: Centre Régional des OEuvres Universitaires et Scolaires
CRS: Compagnies Républicaines de Sécurité

CSG: Contribution Sociale Généralisée ◆ Impôt créé en 1990 touchant tous les revenus sauf les revenus sociaux des plus démunis.
Cte, Ctesse: Comte, Comtesse
CV: Curriculum Vitae

DDD
DAB: Distributeur Automatique de Billets
DASS: Direction de l'Action Sanitaire et Sociale
DCA: Défense Contre Avions
DEA: Diplôme d'Etudes Approfondies
Dept.: Département
Desse: Duchesse
DEUG: Diplôme d'Etudes Universitaires Générales
DGSE: Direction Générale de la Sécurité Extérieure
DOM-TOM: Départements et Territoires d'Outre-Mer; ◆ Les DOM se composent depuis 1946 de la Martinique, la Guyane, la Guadeloupe et la Réunion et, depuis 1976, de Saint-Pierre-et-Miquelon.
Les TOM se composent de la Nouvelle-Calédonie, Wallis-et-Futuna, la Polynésie française, les Terres australes et antarctiques françaises, Mayotte. Ils font partie intégrante de la République française, leurs ressortissants sont citoyens français.
DQP: Dès Que Possible

EEE
E: Est
ECG: ElectroCardioGramme
ECU: European Currency Unit
éd. (or.): Edition (Originale)
EDF: Electricité De France
ENA: Ecole Nationale d'Administration
Env.: Environ, Envoyer
ER: En Retraite
ETA: Euzkadi Ta Askatasuna (le Pays basque et sa liberté)
Et seq: Et sequens (et la suite)
extr.: Extrait

FFF
fasc.: Fascicule
faub., fb: Faubourg
FEN: Fédération de l'Education Nationale
FFA: Forces Françaises en Allemagne
FIAC: Foire Internationale d'Art Contemporain
fig.: Figure
FLN: Front de Libération Nationale (parti nationaliste algérien)
FLNC: Front de Libération Nationale de la Corse
FMI: Fonds Monétaire International

Kapitel 11 – Abkürzungen 233

FN: Front National; ◆ Président: Jean-Marie Le Pen. Egalement président du groupe des Droites européennes au Parlement de Strasbourg. Il se propose de mettre fin à l'étatisme bureaucratique et fiscaliste, de rétablir la peine de mort, de donner priorité de travail et de logement aux ... Français et ressortissants de la CEE. Députés européens en 1994: 11. Nombre de députés élus à l'Assemblée nationale en 1997: 1.
FNAC: Fédération Nationale d'Achat des Cadres
FNSEA: Fédération Nationale des Exploitants Agricoles
FO: Force Ouvrière
FS: Faire Suivre/Franc Suisse

GGG
GAB: Guichet Automatique Bancaire
GATT: General Agreement on Tariffs and Trade (accord général sur les tarifs douaniers et le commerce)
GB: Grande-Bretagne
GERTRUDE: Gestion Electronique de la Régulation du Trafic RoUtier Défiant les Embouteillages
GIC: Grand Invalide Civil
GIG: Grand Invalide de Guerre
GIGN: Groupe d'Intervention de la Gendarmerie Nationale
GM: Gentil Membre (du Club Méditerranée)
GO: Gentil Organisateur/Grandes Ondes
GOF: Grand Orient de France
G.R.: Grande Randonnée (sentier)
G7: Groupe d'Union des Sept; ◆ Sommet des chefs d'Etats ou de gouvernement des 7 premiers pays industriels occidentaux (Allemagne fédérale, Canada, France, Grande-Bretagne, Italie, Japon, USA) qui assurent plus de 50 pour cent de la production mondiale afin d'étudier des problèmes économiques, monétaires et politiques.
gvt: Gouvernement

HHH
hab.: Habitant
h. c.: Hors Commerce
HCE: Haut Comité à l'Environnement
HCR: Haut Commissariat des Nations unies pour les Réfugiés
HEC: Hautes Etudes Commerciales (grande école de commerce)
HLM: Habitation à Loyer Modéré
h. t.: Hors Texte

III
IA: Inspecteur d'Académie
Ibid.: Ibidem (au même endroit)
id.: Idem (le même)
IDHEC: Institut des Hautes Etudes Cinématographiques

IDS: Initiative de Défense Stratégique
IGF: Impôt sur les Grandes Fortunes
i. h. l.: in hoc loco (en ce lieu)
ill.: illustré
IMA: Institut du Monde Arabe
In loc.: In loco (à sa place)
INR: Institut National Belge de la Radiodiffusion
INRI: Iesus Nazarenus Rex Iudaeorum (Jésus de Nazareth, roi des Juifs)
INSEE: Institut National de la Statistique et des Etudes Economiques
IPES: Institut de Préparation aux Enseignements du Second Degré
ISBL: Institut Sans But Lucratif
ISBN: International Standard Book Number
ISF: Impôt de Solidarité sur la Fortune
IUT: Institut Universitaire de Technologie
IVG: Interruption Volontaire de Grossesse

JJJ
J.-C.: Jésus-Christ
JCD: Jeune Cadre Dynamique
JCR: Jeunesse Communiste Révolutionnaire
JEC: Jeunesse Etudiante Chrétienne
JF: Jeune Fille
JH: Jeune Homme
JO: Journal Officiel/Jeux Olympiques
JOC: Jeunesse Ouvrière Chrétienne

KKK
KO: Knock Out (hors de combat)

LLL
LEA: Langues Etrangères Appliquées
LEP: Livret d'Epargne Populaire/Lycée d'Enseignement Professionnel
LICRA: Ligue Internationale Contre le Racisme et l'Antisémitisme
LL.AA.: Leurs Altesses
LO: Lutte Ouvrière
loc.cit.: loco citato (endroit cité)
loc. laud: loco laudato (passage loué)
LPA: Lycée Professionnel Agricole
LR: Lettre Recommandée
LV: Langue Vivante
LVMH: Louis Vuitton-Moët-Hennessy; ◆ Groupe industriel regroupant diverses industries de luxe.

MMM
M.: Monsieur
MAIF: Mutuelle d'Assurance Automobile des Instituteurs de France

Kapitel 11 – Abkürzungen 235

MCC: Ministère de la Culture et de la Communication
MDA: Méthylène-Dioxy-Amphétamine
Me: Maître
MECV: Ministère de l'Environnement et du Cadre de Vie
MF: Modulation de Fréquence
MGEN: Mutuelle Générale de l'Education Nationale
MIDEM: Marché International du Disque et de l'Edition Musicale
MIN: Marché d'Intérêt National
Min.: Ministère
Mio: Million
MJC: Maison des Jeunes et de la Culture
MLF: Mouvement de Libération des Femmes
Mlle: Mademoiselle
MM: Messieurs
Mme: Madame
MNEF: Mutuelle Nationale des Etudiants de France
MODEM: MOdulateur-DEModulateur
MOI: Main d'Œuvre Immigrée
MP: A remettre en Main Propre
MPS: Système Microprocesseur
MRAP: Mouvement contre le Racisme, l'Antisémitisme et pour la Paix
Mrd: Milliard
MST: Maladies Sexuellement Transmissibles

NNN
N: Nord
NAP: Neuilly Auteuil Passy (banlieues les plus chic et chères de Paris)
NB: Nota Bene
nbr.: nombreux
N-D: Notre-Dame
NDLR: Note De La Rédaction
No.: Numéro
NRF: Nouvelle Revue Française
N. T.: Nouveau Testament

OOO
O: Ouest
OAS: Organisation de l'Armée Secrète
OCDE: Organisation de Coopération et de Développement Economique; ◆ L'OCDE comprend 24 membres: Allemagne, Australie, Autriche, Belgique, Canada, Danemark, Espagne, Finlande, France, Grèce, Irlande, Islande, Italie, Japon, Luxembourg, Norvège, Nouvelle-Zélande, Pays-Bas, Portugal, Royaume-Uni, Suède, Suisse, Turquie et USA. Ils s'efforcent de coordonner leurs politiques économiques et sociales afin de contribuer au bon fonctionnement de l'économie mondiale, notamment en stimulant et harmonisant leurs efforts en faveur des pays en voie de développement.

OLP: Organisation de Libération de la Palestine
OMS: Organisation Mondiale de la Santé; ◆ 170 pays sont membres de l'OMS dont l'assemblée mondiale se réunit une fois par an. L'OMS a pour but d'amener tous les peuples au niveau de santé le plus élevé possible.
ONG: Organisation Non Gouvernementale
ONU: Organisation des Nations Unies
OPA: Offre Publique d'Achat
OPEP: Organisation des Pays Exportateurs de Pétrole
orig.: Original
ORSEC: ORganisation des SECours
OS: Ouvrier Spécialisé
OTAN: Organisation du Traité de l'Atlantique Nord
OTHQ: Ouvrier Très Hautement Qualifié
OVNI: Objet Volant Non Identifié

PPP
p., p. p.: Page, Pages
p. A.: per Adresse (aux bons soins de)
p. a.: per annum (par an)
PAN: Pacte de l'Atlantique Nord
PAO: Production Assistée par Ordinateur
PC: Parti Communiste/Poste de Commandement
PCC: Pour Copie Conforme
PCEM: Premier Cycle d'Etudes Médicales
PCF: Parti Communiste Français; ◆ Secrétaire général: Robert Hue qui succède en 1993 à Georges Marchais (depuis 1972). Députés européens en 1994: 7. Nombre de députés élus à l'Assemblée nationale en 1997: 38.
PCV: Paiement Contre Vérification à percevoir (R-Gespräch)
PDG: Président Directeur Général
PDL: Pendant la Durée Légale
PEA: Plan d'Epargne en Actions
PEGC: Professeur d'Enseignement Général de Collège
PEL: Plan d'Epargne-Logement
PEP: Plan d'Epargne Personnalisé
PER: Plan d'Epargne en vue de la Retraite
Per pro: Per procurationem (par procuration)
PEVD: Pays En Voie de Développement
p. ex.: par exemple
PFC: Pour Faire Connaissance
PGCD: Plus Grand Commun Diviseur
p. i.: par intérim
PIB: Produit Intérieur Brut
PJ: Police Judiciaire
Pl.: Place
PMA: Pays les Moins Avancés/Procréation Médicalement Assistée
PME: Petites et Moyennes Entreprises

Kapitel 11 – Abkürzungen 237

PMI: Petites et Moyennes Industries
PMU: Pari Mutuel Urbain; ◆ Pari sur les courses de chevaux très populaire en France. En 1995, les Français ont joué 32,65 milliards de francs au PMU. Par ce chiffre d'affaires, le PMU est la 9e entreprise de services française.
PNB: Produit National Brut
POLMAR: POLlution MARine
POS: Plan d'Occupation des Sols
PPCM: Plus Petit Commun Multiple
PPM: Partie Par Million (unité utilisée en chimie)
PR: Parti Républicain; ◆ Leaders: Gérard Longuet, François Léotard, Michel Poniatowski. Composante de l'UDF.
PRS: Parti Radical Socialiste ◆ Leaders: George Charasse, Michel Crepeau, Emile Zuccarelli. Députés élus à l'Assemblée nationale en 1997: 12.
PS: Post-Scriptum/Parti Socialiste ◆ Leaders: Lionel Jospin, Dominique Strauss Kahn, Martine Aubry, Ségolène Royal. L'objectif du parti est de créer par la voie démocratique une société qui réponde aux aspirations fondamentales de la personne humaine: liberté, égalité, dignité et émancipation, bien-être, responsabilité et solidarité. Le parti est fermement attaché à la liberté de conscience et à la laïcité de l'Etat et de l'école. Députés européens en 1994: 15. Nombre de députés élus à l'Assemblée nationale en 1997: 241.
PSA: Peugeot Société Anonyme
PSG: Paris Saint Germain (équipe de football)
PSU: Parti Socialiste Unifié
PTT: Postes Télégraphes Téléphones (aujourd'hui: Postes et Télécommunication)
PUF: Presses Universitaires de France
PV: Procès Verbal
PVD: Polychlorure de Vinyle
PVD: Paquet avec Valeur Déclarée

QQQ
Q.: Question
qc: quelque chose
QCM: Questionnaire à Choix Multiple
QG: Quartier Général
QI: Quotient d'Intelligence
qn: quelqu'un
qq: quelques
Q. v.: Quantum vult (autant qu'on veut)

RRR
r.: recto
R.: Rue/Réponse
RAP: Régie Autonome des Pétroles
RAS: Rien à Signaler
RATP: Régie Autonome des Transports Parisiens

RER: Réseau Express Régional
RF: République Française
RFA: République Fédérale d'Allemagne
RGR: Rassemblement des Gauches Républicaines
RIB: Relevé d'Identité Bancaire
RMI: Revenu Minimum d'Insertion; ◆ Le RMI a été crée en 1988 afin de permettre à chacun de disposer de ressources suffisantes pour faire face à ses besoins et favoriser la réinsertion des plus démunis. Pour en bénéficier, il faut résider en France (les étrangers résidents peuvent donc le recevoir aussi), avoir 25 ans minimum, s'engager à s'insérer dans la société. Il s'élève actuellement à 2374,50 F par mois pour une personne seule.
RNUR: Régie Nationale des Usines Renault
RPR: Rassemblement Pour la République, ◆ Créé en 1947 par de Gaulle. Leaders: Jacques Chirac, Edouard Balladur. Députés éuropéens en 1994: 28 (avec UDF). Nombre de députés élus à l'Assemblée nationale en 1997: 134.
RSVP: Répondez S'il Vous Plaît
Rte: Route
RV: Rendez-Vous

SSS
S: Sud
SA: Société Anonyme
SAC: Service d'Action Civique
SACEM: Société des Auteurs, Compositeurs et Editeurs de Musique
SARL: Société A Responsabilité Limitée
SABENA: Société Anonyme BElge de Navigation Aérienne
sc.: Scène
s. d.: sans date
S. d. b.: Salle de bains
SDF: Sans Domicile Fixe (Obdachlos)
SDI: Stratégie Défense Initiative
SDN: Société des Nations
SECAM: Séquentiel à Mémoire
SEITA: Société nationale d'Exploitation Industrielle des Tabacs et Allumettes
SEM: Société d'Economie Mixte
SEO: Sauf Erreur ou Omission
SERNAM: SERvice NAtional des Messageries
SF: Sans Frais
SFIO: Section Française de l'Internationale Ouvrière
SFP: Société Française de Production et de création audiovisuelle
SG: Société Générale
SGDG: Sans Garantie Du Gouvernement
SGEN: Syndicat Général de l'Education Nationale
s. i.: sauf imprévus
SI: Syndicat d'Initiative
Sic: Ecrit ainsi

Kapitel 11 – Abkürzungen 239

SICAV: Société d'Investissement à CApital Variable
SICOB: Salon des Industries du Commerce et de l'Organisation du Bureau
SIDA: Syndrome ImmunoDéficitaire Acquis (AIDS)
Sig.: Signature
SMAG: Salaire Minimum Agricole Garanti
SME: Système Monétaire Européen
SMIC: Salaire Minimum Interprofessionnel de Croissance (avant 1970, SMIG);
♦ Le SMIC est le niveau de salaire horaire brut au-dessous duquel aucun employeur ne peut descendre pour rémunérer un salarié valide adulte. La réévaluation se fait automatiquement sur l'indice de l'INSEE dès que celui-ci a augmenté de plus de 2 pour cent. Le montant du SMIC est actuellement de 6407 F par mois.
SNCF: Société Nationale des Chemins de Fer Français
SNECMA: Société Nationale d'Etudes et de Construction de Moteurs d'Avions
SNES: Syndicat National des Enseignements du Second Degré
SNI: Syndicat National des Instituteurs
SOFRES: SOciété FRançaise d'Enquêtes par Sondage
SPA: Société Protectrice des Animaux
Sq.: Square
Sté: Société
STO: Service du Travail Obligatoire
SVP: S'il vous plaît

TTT
TCA: Taxe sur le Chiffre d'Affaires
TD: Travaux Dirigés
TEE: Trans-Europ-Express
TF 1: Télévision Française 1re Chaîne
TGV: Train à Grande Vitesse
TIR: Transports Internationaux Routiers
TNP: Théatre National Populaire
TOM: Territoire d'Outre-Mer (voir DOM)
TP: Travaux Pratiques
trad.: Traducteur/traduit par
TSF: Télégraphie Sans Fil
TSVP: Tournez S'il Vous Plaît
TTC: Toutes Taxes Comprises
Tt cft: Tout Confort
TUC: Travail d'Utilité Collective (remplacé par les CES)
TV: Télévision
TVA: Taxe à la Valeur Ajoutée
TVHD: Télévision à Haute Définition

UUU
UAP: Union des Assurances de Paris
UDF: Union pour la Démocratie Française; ♦ Leaders: François Léotard, Fran-

çois Bayrou, Alain Madelin. Députés européens en 1994: 28 (avec RPR).
Nombre de députés élus à l'Assemblée nationale en 1997: 108.
UDR: Union des Démocrates pour la Ve République
UE: Union Européenne
UER: Unité d'Enseignement et de Recherche
UHT: Ultra Haute Température
UJP: Union des Jeunes pour le Progrès
ULM: Ultra-Léger Motorisé
UNEF: Union Nationale des Etudiants de France
Univ.: Université
URSSAF: Union pour le Recouvrement des cotisations de la Sécurité Sociale et des Allocations Familiales
USINOR: Union SIdérurgique du NORd de la France
UV: Unité de Valeur

VVV
v.: voir, voyez
VDQS: Vin Délimité de Qualité Supérieure
V. F.: Version Française
V.O.: Version Originale
VP: Vice-Président
VPC: Vente Par Correspondance
VQPRD: Vin de Qualité Produit dans des Régions Déterminées
VRP: Voyageurs de commerce, Représentants et Placiers
VSL: Volontaire Service Long
VSNA: Volontaire pour le Service National Actif au titre de la coopération
VSNE: Volontaires du Service National en Entreprise
VTT: Vélo Tout Terrain
v. v.: vice versa
Vve: Veuve
VVF: Villages Vacances Familles
vx: vieux

XXX
X.: Inconnu, anonyme

YYY
YCF: Yacht Club de France

ZZZ
ZAC: Zone d'Aménagement Concerté
ZEP: Zone d'Education Prioritaire
ZIP: Zone Industrielle Portuaire
ZO: Zone Occupée
ZUP: Zone à Urbaniser en Priorité

Weiterführende Literatur

Hier finden Sie zu jedem Kapitel der *Fundgrube für den Französisch-Unterricht* ergänzende Literaturempfehlungen. Wir haben dafür aus einer Vielzahl in Frage kommender Bücher diejenigen ausgewählt, die uns wichtig und empfehlenswert erscheinen.

Kapitel 1 – Witze und Wortspiele

Humour à gogo, Französische Witze und Kurzgeschichten. Langenscheidt. Berlin, München 1993
Trainaud, Annie: A lire et raconter. Hachette. Paris 1972
Le français par l'humour. Clé international. Larousse
Videokassette mit berühmten französischen Komikern und Auszügen aus der versteckten Kamera.
R. Galisson/L. Porcher: Le distractionnaire. Clé international. Paris 1988
Mummert, Ingrid: Literamour. Hueber. München 1987
J.-M. Caré/F. Debyser: Jeu, langage et créativité. BELC. Paris 1978
In diesen drei Büchern finden Sie mehr Informationen über die „mots-valises" und darüber, wie Sie sie im Unterricht einsetzen können.

Kapitel 2 – Sprachspiele und Rätsel

Berloquin, Pierre: 100 jeux logiques. Livre de Poche. Paris 1976
C. Chicandard/S. Cantineau/G. Pichard: Jeux d'intérieur. Gautier-Languereau. Paris 1978
Aveline, Claude: Le code des jeux. Hachette. Paris 1961
H. Augé/M.-F. Borot/M. Vielmas: Kommunikative Lernspiele für den Französischunterricht. München 1984
Crawshaw, Bernard E. u. a.: Jouez le jeu! Quatre-vingts jeux en classe pour quatre niveaux différents. Stuttgart 1985
E. Hasse/H. de Mallmann-Hardt/P. Sommet: Jouons ensemble. Jeux pour l'enseignement du français. Cornelsen. Berlin 1988
Landesverband der Volkshochschulen von Niedersachsen e. V.: Spiele im VHS-Französischunterricht. Hannover 1981
Diese Spiele sind zwar ursprünglich für das Volkshochschulpublikum konzipiert, können aber ohne viel Aufwand auch für andere Lernniveaus angepaßt werden. Viele gute Ideen.

Kapitel 3 – Essen und Trinken in Frankreich

Bernard, Françoise: Les recettes faciles. Hachette. Paris 1965
Glossare für den deutsch-französischen Austausch. Küche, cuisine. OFAJ/DFJW. Bad Honnef 1991
Das Deutsch-Französische Jugendwerk stellt für den Austausch Glossare zu verschiedenen Berufen und Erwerbszweigen zur Verfügung.

Kapitel 4 – Feste und Traditionen

N. Cretin/D. Tibauld: Le livre des fêtes. Gallimard. Paris 1991
Der Fremdsprachliche Unterricht (FU). Heft 11: Les fêtes. Klett. Stuttgart 3/1993
Kramer/Kramer/Prinz/Weihard: Au cycle de l'année. In: Reflets de la France. Cornelsen. Berlin 1990
Descayrac, Catherine: Une année en France. Clé international. Paris 1990
Lebras, François: Le livre de Noël. Laffont. Paris 1987
M.-C. Kirpalani: Contes et nouvelles de Noël. Hachette collection Lectures. Paris 1987

Kapitel 5 – Texte für das Poesiealbum

J. Charpentreau/D. Coffin: Demain dès l'aube ... Les cent plus beaux poèmes. Hachette Jeunesse. Paris 1990
Diese 100 hauptsächlich klassischen Gedichte wurden von zeitgenössischen Dichtern ausgewählt. Am Schluß des Buches finden sich kurze Abhandlungen über die Verfasser der Gedichte.
Charpentreau, Jacques: Le livre des fêtes et des anniversaires. Les Editions ouvrières. Paris 1987
222 Gedichte für viele Gelegenheiten: Geburtstag, Namenstag, 1. Mai, ...
Simon, Jacky: 50 poèmes. Collection Lectures. Hachette. Paris 1986
G. Jean/J. Charpentreau: Dictionnaire de la poésie française. Gallimard. Paris 1981
Jean, Georges: L'amour et l'amitié en poésie. Gallimard. Paris 1981
Alle Gedichte dieses Bandes haben als Thema Liebe und Freundschaft. Vom selben Autor existieren Bände über Bäume, Freiheit, Reisen und Natur.
R. Schneider: Poésie und créativité. Lyrik im Französischunterricht. Langenscheidt. München 1989
Eine Sammlung von 60 modernen Gedichten, die nach Themenbereichen geordnet ist.

Kapitel 6 – Fragen zum Sprachgebrauch und zur Landeskunde

- **Zum französischen Sprachgebrauch**

Dictionnaire étymologique. Larousse. 1971
Dictionnaire des synonymes. Robert. 1991
Dictionnaire des difficultés de la langue français. Larousse. 1971

- **Zur „Frankophonie"**

Dictionnaire québécois d'aujourd'hui. Robert. 1992
Weitere spezielle Wörterbücher sind erhältlich beim «Maison du dictionnaire» (Adresse siehe Kapitel 10). Zum Beispiel:
Dictionnaire français-créole de la Guadeloupe,
Dictionnaire «Français-cri»

Dictionnaire des artistes de langue française en Amérique du Nord.
Cousture, Arlette: Les filles de Calek. Editions de la Table Ronde. Paris 1989
Wenn Sie sich mit der Sprache des französischsprechenden Kanadas vertraut machen möchten, ist dieser Roman ein guter Einstieg.
Têtu, Préface L. S. Senghor: La francophonie. Hachette. Paris 1988

- **Zur französischen Landeskunde**

Frémy, Dominique et Michèle: Quid 1993. Laffont. Paris 1992
„Quid" ist eine Art Lexikon, in dem Sie fast alles finden, angefangen vom Alter der Brigitte Bardot über Fragen zum politischen Regime Nicaraguas bis zur Höhe des Arbeitslosengeldes in Frankreich. „Quid" erscheint jedes Jahr aktualisiert.
H. Schleuter/J. Lecaux: Cours de commerce. Cornelsen Girardet. Düsseldorf 1988
Im „Cours de commerce" finden Sie präzise Informationen über Wirtschaft, Justiz, Unterrichtswesen, Medien und politische Organisation in Frankreich.
C. Dumas/L. Laffond: Les régions de France en 100 questions. Clé international. Paris 1992
100 Fragen über zwölf Regionen Frankreichs, in sieben Themen unterteilt. Für jede Region finden Sie zusätzliche Informationen und mögliche Spielvarianten.
Borella, François: Les partis politiques dans la France d'aujourd'hui. Seuil. Paris 1988
Duhamel, Olivier: Le pouvoir politique en France. Presses Universitaires de France. Paris 1991
Mermet, Gérard: Francoscopie 1991. Larousse. Paris 1990
Dieses Buch analysiert die heutige französische Gesellschaft und die Lebensweise der Franzosen anhand von Meinungsumfragen, Statistiken und Studien.
G. Michaud/Kimmel/G. Torrès: Le nouveau Guide France. Hachette. Paris 1990
Der „Nouveau Guide France" wurde neu bearbeitet. Er enthält zahlreiche Informationen zur Geographie, Geschichte, Kultur, Politik, Wirtschaft und Gesellschaft Frankreichs.
J.-M. Cotteret/G. Mermet: La bataille des images. Larousse. Paris 1986
Dieses Buch ist eine Art „politisches Album". Es beschreibt, wie die Franzosen das politische Leben und seine Persönlichkeiten sehen und beurteilen.
Deschamps, Didier: Les institutions politiques de la France. Manz. München 1978
Eine kurze Darstellung der politischen Institutionen Frankreichs.

Kapitel 7 – Die Sprache des Klassenzimmers

Hiller, Ulrich: Pardon, je ne comprends pas. Eléments de communication scolaire. Schöningh. Paderborn 1982

Kapitel 8 – Französischsprachige Musterbriefe

Gabay, Michèle: Guide d'expression écrite. Larousse. Paris 1991
M. Danilo/O. Challe/P. Morel: Le français commercial. Presses Pocket. Paris 1985
Germann/Kern/Ziegler: Correspondance commerciale. Gehlen. Bad Homburg 1985
Kirschning/Guédon: Einführung in die Handelskorrespondenz. Winkler. Darmstadt 1983
P. Ilgenfritz/R. Sachs/P. Lindner: Correspondance commerciale. Hueber. München 1992

Kapitel 9 – Tips für Frankreichfahrten und Schüleraustausch

- **Zum Schüleraustausch**

C. Alix/C. Kodron: Coopérer et se comprendre. Deutsches Institut für Internationale Pädagogische Forschung. OFAJ/DFJW. Frankfurt am Main 1988
H. Rademacher/M. Wilhelm: Spiele und Übungen zum interkulturellen Lernen. VWB – Verlag für Wissenschaft und Bildung. Berlin 1991
Viele interessante Spiele für deutsch-französische Begegnungen.
A. Thomas: Interkulturelles Lernen im Schüleraustausch. Verlag Breitenbach Publishers. Saarbrücken 1988
Arbeitsgruppe für angewandte Linguistik Französisch, Kiel: ABC des échanges. Langenscheidt. Berlin, München 1992
In diesem Heft finden 14- bis 16jährige Schüler mit etwa zwei Jahren Französisch alles, was sie für einen Schüleraustausch brauchen: sprachliche Hilfestellungen, organisatorische Tips und landeskundliches Hintergrundwissen.

- **Zum kleinen Sprachführer**

Meissner, Franz-Joseph: Langenscheidts Wörterbuch der Umgangssprache, Französisch. München 1990
In diesem Wörterbuch finden Sie umgangssprachliche französische Wörter und Redewendungen mit deutscher Übersetzung.
Merle, Pierre: Dictionnaire du français branché. Livre de poche. Paris 1989
Walter, H.: Le français dans tous les sens. Laffont. Paris 1988
Schifres, Alain: Les Parisiens. Clattès. Paris 1990

Kapitel 10 – Nützliche Adressen

M. Mulder/S. von Borstel: Jobben, leben, Sprachen lernen in Frankreich. Cornelsen Scriptor. Frankfurt am Main 1991
Begegnung und Austausch mit Franzosen. OFAJ/DFJW 1992
Diese Broschüre des Deutsch-Französischen Jugendwerks enthält Informationen und Adressen über Begegnungen, Schulen, Hochschulen, Praktika, Arbeitsmöglichkeiten in Frankreich.

Quellenverzeichnis

S. 26 f.: *Mots-valises* 1–7 aus: Weiss, François: Activités écrites. © Editions Didier-Hatier, Paris 1985; *Mots-valises* 8–17 aus: Finkielkraut, Alain: Ralentir: mots-valises! Fiction & Cie. © Editions du Seuil, Paris 1979
S. 98 f.: *Poisson d'avril* aus: Vanham, Jean-Louis: Dans la lune. Brüssel 1974
S. 109: *Chanson d'automne* aus: Verlaine, Paul: Poèmes saturniens. Paris 1866
S. 119: *Le langage des bêtes* und *Solitude* aus: Jabès, Edmond: Petites poésies pour jours de pluie et de soleil. © Editions Gallimard, Paris 1991; *Le chat et le soleil* aus: Carême, Maurice: L'Arlequin. © Fernand Nathan, Paris 1970; *L'adieu* aus: Apollinaire, Guillaume: Alcools. Mercure de France, 1913; *Liberté* (Ausschnitt) aus: Eluard, Paul: Poésie et vérité. © Les Editions de Minuit, Paris, 1942
S. 120: *Les feuilles,* Ausschnitt des Gedichts: *Automne malade* aus: Apollinaire, Guillaume: Alcools. Mercure de France, 1913; *Ecoute l'arbre et la feuille* aus: Hugo, Victor: Océan. Imprimerie nationale, 1942; *Le travail mène à la richesse* aus: Apollinaire, Guillaume: Le bestiaire ou le Cortège d'Orphée. Editions de la Sirène, 1911; *Quand la vie est un collier* aus: Prévert, Jacques: Fatras. © Editions Gallimard, Paris 1966; *Mea culpa* aus: Prévert, Jacques: Histoires. © Editions Gallimard, Paris 1963; *Le cancre* (Ausschnitt) aus: Prévert, Jacques: Paroles. © Editions Gallimard, Paris 1949; *L'autre* aus: Clair, André: La poésie comme elle s'écrit. © Les Editions Ouvrières, Paris 1979

Register

Abendessen 67 f.
Abkürzungen 229 ff.
abréviations 229 ff.
Adressen 218 ff.
Anfrage 181, 187, 191, 193
août 106 f.
apéritif 68
Armistice de 1918 110 f.
arrondissement 160
Ascension 100
Assomption 106
automne 109
avril 98 f.

Belgien 227
Belgique 140 ff.
Beschwerdebrief 190
Beschwerde über Unterkunft 185 f.
beur 151
boissons 68
Botschaften 219
boule de gui 91, 92
Brief 176 ff.
Brieffreundschaften 194, 220
Buchungsbestätigung 181 f., 187, 192 f.

café 70
canton 160
Carnaval 95
centres culturels français 220
Chandeleur 94 f.
chant de Noël 117
charades 52 ff.
commune 160
coupure 125
créole 147 ff.
crêpes de Bretagne 86 ff.
cuisine française 66

Dankesbrief 184, 189
décembre 112 ff.
Défunts 110
déjeuner 67
Denksportaufgaben 61 ff.
département 158 f., 179 f.
desserts 83 ff.
devinettes 55 ff.
dicton du mois 90
digestif 70
dîner 67 f.
Dolmetscherinstitute 225

eau 69
enigmes 57 ff.
enquête 92 ff.
entrées 75 ff.
Epiphanie 91 f.

far breton 88
Femme aux gants rouges 60 f.
Feste 90 ff.
festival
– d'Avignon 104
– de Cannes 101
fête 91
– de la musique 102
– des mères 101
– des pères 103
– du sport 102
– du travail 100
– nationale 104
février 94
France 140
francophonie 136
Frankreichfahrten 201 ff.
Frühstück 66 f.

galette des rois 84 f.
Gedichte 119 f.
gigot d'agneau 81 f.
goûter 67

gouvernement 156
grandes vacances 104

habitudes de table 66 ff.
Haïti 149
Homme bizarre 58
Homme nu 59
hors d'œuvre 75 ff.

instituts français 219 f.

janvier 91 ff.
jeux
– de logique 61 ff.
– linguistiques 29 ff.
Jobs in Frankreich 225
Jour de l'An 91
juillet 104 f.
juin 102 f.

Kanada 228
Kochrezepte 72 ff.

landeskundliche Informationen
   226 f.
langues créoles 148
lapin à la moutarde 81 f.
Lehreraustausch 220 f.
lexique des années 90 216 f.
Luxembourg 143 f., 227 f.

mai 100 ff.
mars 96 ff.
Minitel 152 ff.
Mittagessen 67
Mots valises 26 f.
moules marinières 79
mousse au chocolat 83 f.
Musterbriefe 176, 181 ff.
Mystérieux pendu 59 f.

Noël 112, 113 ff.
novembre 110 ff.

octobre 108 ff.
œufs mimosa 75 f.

Pâques 96 f.
parlement 156
Partnerschule 206 f.
pays francophones 136 ff.
Pentecôte 101
petit déjeuner 66 f.
pied-noir 151 f.
plats de résistance 80 ff.
Poesiealbum 118
poisson d'avril 98
potage aux fanes de radis 74 f.
pot-au-feu 82 f.
pouvoir
– central 156 f., 161
– local 157 ff., 162
président de la République 156
printemps 96
prix littéraires 111

quatre heures 67
quatre-quarts 85 f.
Québec 145 ff.
questionnaire du mois 91
quiche lorraine 76 f.
Quiz 91

Rameaux 96
Ratespiele 55 ff.
Rätsel 28
Rätselfragen 55 ff.
rätselhafte Geschichten 57 ff.
recettes 72 ff.
région 158
rentrée des classes 107
République d'Haïti 150 f.
République Dominicaine 149 f.
résolutions 93
réveillon 112
Rezepte 72 ff.
rôti de bœuf 80 f.

Saint-Nicolas 112
Saint-Sylvestre 112
Saint-Valentin 95
salade martiniquaise 77 f.
Scharaden 52 ff.

Schüleraustausch 194 ff., 201 ff., 206 ff., 220 f.
Schulpartnerschaft 198 f.
Senegal 228
septembre 107
Seychelles 149
soupe à l'oignon 73 f.
souper 67 f.
soupes 73 ff.
spécialités 86 ff.
Spiele 28 ff.
– mit Buchstaben 29 ff.
– mit Sätzen 39 ff.
– mit Wörtern 36 ff.
– mit Zahlen 50 ff.
Sprachkurse 221
Sprachspiele 28 ff.
Sprichwort 90, 123 f.
Stornierung einer Buchung 183 f., 189
Studienfahrten nach Frankreich 202 ff.

Studienreisen 221 f.
Studium in Frankreich 224 f.
Suisse 144

Telefonieren 199 f.
Tischgewohnheiten 65 ff.
Tour de France 104
Touristeninformationen 222 ff.
Toussaint 110
Traditionen 90 ff.

vacances d'hiver 95
verlan 216
Victoire de 1945 100
vin 69, 70
voeux 93

Witze 11 ff.
Wortspiele 11 f., 26 f.

Zitate 121 f.
Zwischenmahlzeit 67